A LIBRARY OF
DOCTORAL
DISSERTATIONS
IN SOCIAL SCIENCES IN CHINA

中国
社会科学
博士论文
文库

较大的市立法研究

Research on the Bigger Cities Legislation

刘雁鹏　著

导师　冯玉军

中国社会科学出版社

图书在版编目（CIP）数据

较大的市立法研究/刘雁鹏著.—北京：中国社会科学出版社，2017.12
（中国社会科学博士论文文库）
ISBN 978 - 7 - 5203 - 0944 - 8

Ⅰ.①较…　Ⅱ.①刘…　Ⅲ.①城市—立法—研究—中国　Ⅳ.①D920.0

中国版本图书馆 CIP 数据核字（2017）第 217316 号

出 版 人	赵剑英
责任编辑	马　明
责任校对	任晓晓
责任印制	王　超

出　　版	中国社会科学出版社
社　　址	北京鼓楼西大街甲 158 号
邮　　编	100720
网　　址	http://www.csspw.cn
发 行 部	010 - 84083685
门 市 部	010 - 84029450
经　　销	新华书店及其他书店

印　　刷	北京君升印刷有限公司
装　　订	廊坊市广阳区广增装订厂
版　　次	2017 年 12 月第 1 版
印　　次	2017 年 12 月第 1 次印刷

开　　本	710×1000　1/16
印　　张	16
插　　页	2
字　　数	263 千字
定　　价	68.00 元

凡购买中国社会科学出版社图书，如有质量问题请与本社营销中心联系调换
电话:010 - 84083683

总　序

在胡绳同志倡导和主持下，中国社会科学院组成编委会，从全国每年毕业并通过答辩的社会科学博士论文中遴选优秀者纳入《中国社会科学博士论文文库》，由中国社会科学出版社正式出版，这项工作已持续了 12 年。这 12 年所出版的论文，代表了这一时期中国社会科学各学科博士学位论文水平，较好地实现了本文库编辑出版的初衷。

编辑出版博士文库，既是培养社会科学各学科学术带头人的有效举措，又是一种重要的文化积累，很有意义。在到中国社会科学院之前，我就曾饶有兴趣地看过文库中的部分论文，到社科院以后，也一直关注和支持文库的出版。新旧世纪之交，原编委会主任胡绳同志仙逝，社科院希望我主持文库编委会的工作，我同意了。社会科学博士都是青年社会科学研究人员，青年是国家的未来，青年社科学者是我们社会科学的未来，我们有责任支持他们更快地成长。

每一个时代总有属于它们自己的问题，"问题就是时代的声音"（马克思语）。坚持理论联系实际，注意研究带全局性的战略问题，是我们党的优良传统。我希望包括博士在内的青年社会科学工作者继承和发扬这一优良传统，密切关注、深入研究 21 世纪初中国面临的重大时代问题。离开了时代性，脱离了社会潮流，社会科学研究的价值就要受到影响。我是鼓励青年人成名成家的，这是党的需要，国家的需要，人民的需要。但问题在于，什么是名呢？名，就是他的价值得到了社会的承认。如果没有得到社会、人民的承认，他的价值又表现在哪里呢？所以说，价值就在于对社会重大问题的回答和解决。一旦回答了时代性的重大问题，就必然会对社会产生巨大而深刻的影响，你也因此而实现了你的价值。在这方面年轻的博士有很大的优势：精力旺盛，思想敏捷，勤于学习，勇于创新。但青年学者要多向老一辈学者学习，博士尤其要很好地向导师学习，在导师的指导下，发挥自己的优势，研究重大问题，就有可能出好的成果，实现自己的价值。过去12年入选文库的论文，也说明了这一点。

什么是当前时代的重大问题呢？纵观当今世界，无外乎两种社会制度，一种是资本主义制度，一种是社会主义制度。所有的世界观问题、政治问题、理论问题都离不开对这两大制度的基本看法。对于社会主义，马克思主义者和资本主义世界的学者都有很多的研究和论述；对于资本主义，马克思主义者和资本主义世界的学者也有过很多研究和论述。面对这些众说纷纭的思潮和学说，我们应该如何认识？从基本倾向看，资本主义国家的学者、政治家论证的是资本主义的合理性和长期存在的"必然性"；中国的马克思主义者，中国的社会科学工作者，当然要向世界、向社会讲清楚，中国坚持走自己的路一定能实现现代化，中华民族一定能通过社会主义来实现全面的振兴。中国的问题只能由中国人用自己的理论来解决，让外国人来解决中国的问题，是行不通的。也许有的同志会说，马克思主义也是外来的。但是，要知道，马克思主义只是在中国化了以后才解决中国的问题的。如果没有马克思主义的普遍原理与中国革命和建设的实际相结合而形成的毛泽东思想、邓小平理论，马克思主义同样不能解决中国的问题。教条主义是不行的，东教条不行，西教条也不行，什么教条都不行。把学问、理论当教条，本身就是反科学的。

在21世纪，人类所面对的最重大的问题仍然是两大制度问题：这两大制度的前途、命运如何？资本主义会如何变化？社会主义怎么发展？中国特色的社会主义怎么发展？中国学者无论是研究资本主义，还是研究社会主义，最终总是要落脚到解决中国的现实与未来问题。我看中国的未来就是如何保持长期的稳定和发展。只要能长期稳定，就能长期发展；只要能长期发展，中国的社会主义现代化就能实现。

什么是21世纪的重大理论问题？我看还是马克思主义的发展问题。我们的理论是为中国的发展服务的，决不是相反。解决中国问题的关键，取决于我们能否更好地坚持和发展马克思主义，特别是发展马克思主义。不能发展马克思主义也就不能坚持马克思主义。一切不发展的、僵化的东西都是坚持不住的，也不可能坚持住。坚持马克思主义，就是要随着实践，随着社会、经济各方面的发展，不断地发展马克思主义。马克思主义没有穷尽真理，也没有包揽一切答案。它所提供给我们的，更多的是认识世界、改造世界的世界观、方法论、价值观，是立场，是方法。我们必须学会运用科学的世界观来认识社会的发展，在实践中不断地丰富和发展马克思主义，只有发展马克思主义才能真正坚持马克思主义。我们年轻的社会科学博士们要以坚持和发展马克思主义为己任，在这方面多出精品力作。我们将优先出版这种成果。

2001 年 8 月 8 日于北戴河

摘　　要

　　较大的市①立法是我国地方立法的重要组成部分，同时也是中国特色社会主义法律体系的重要组成部分，在理论上，研究较大的市立法问题有助于中国特色社会主义法律体系的完善，在实践中，有助于解决地方立法出现的各类问题。本书分为三大部分，共七章。这三大部分是：本体论、运行论、结论。本体论主要解决较大的市立法权是什么。运行论解决的是较大的市怎么立法。结论处理的是较大的市未来如何立法。本体论主要集中在第一章、第二章；运行论集中在第三章、第四章、第五章；结论主要集中在第六章。第七章对较大的市立法进行了个案分析。

　　第一章是讲较大的市的文本、理论以及历史。在本章中，首先梳理了较大的市在宪法、地方组织法、立法法以及其他相关法律法规中的含义，对较大的市立法有了直观的认识。其次梳理了与较大的市立法有关的理论，较大的市立法实质是中央与地方分权的一种表现，其中涉及的理论有中央集权理论、地方分权理论以及均权理论。在这些理论的基础上，我国经历了权力下放—权力回收—权力再下放这样的循环，而较大的市立法的产生正是在中央权力下放的背景下产生的。在本章的第三部分通过挖掘数据，研究较大的市产生的背景、标准以及为何停滞批复较大的市，为何十八届三中全会又重提较大的市。

　　第二章是对较大的市存在的依据做进一步证明和说理。在本章中，重

---

① 十八届三中全会英文文本将较大的市翻译为 big city，但是这种翻译方法只是表明了城市很大，没有较大的含义，本文将其翻译为 the bigger city，苹果 6 发布会的广告语 bigger than bigger，其中的 bigger 的含义不仅是大，而且还有大有乾坤的含义，而此广告语也逐渐被国人内化，故本文中较大的市翻译为 "the bigger city"，也有此意，城市不仅是大，而且大有乾坤。

点论述了三个原因：合理性、合宪性、符合中国国情。对于合理性：首先是城市治理复杂性需要执行性立法；其次是城市差异性扩大需要自主性立法；再次是风险社会新情况需要先行性立法。对于合宪性，我国部分学者指出宪法对于地方立法的规定仅限于省级，对于城市立法并没有规定，笔者尝试回应违宪论，为较大的市立法披上合宪外衣。对于符合中国国情，笔者分析了中国当前城市治理的真实情况，发现即便没有立法权的城市，依然在使用"类立法"的规范性文件治理城市，而这些规范性文件存在大量的问题，要克服和避免，必须引入立法权。

第三章主要研究较大的市立法空间与权限的理论与实践。本章首先梳理了立法空间与立法权限两个概念，这两个概念在学界论文中经常交替使用，但含义略有不同。其次，就中央与地方立法权限划分进行了研究，该问题的解决有助于从理论上清晰地认识中央与地方立法权的大小和范围。本章还梳理了关于立法权限划分的标准，包括立法法采取的以"重要性"为标准，学界在此标准之上提出的"重要性＋影响范围"的标准，本章在此基础上提出了"重要性＋影响范围＋财权事权立法权相统一"的标准。在第三节讨论了较大的市立法空间的实践问题，在梳理了较大的市立法的文本内容之后，发现了若干与立法空间和立法权限相关的问题，这些问题包括：较大的市出现的立法"被越权"现象；执行性立法为主，自主性立法和先行性立法比例小；经济特区通过选择性立法扩大自身立法空间；上位法滞后，压缩地方立法空间。对此，本章提出了相应的建言和建议。

第四章主要研究较大的市地方性法规批准的理论与实践。在较大的市地方立法性法规批准的理论中，本章讨论了批准的定义、性质、功能以及必要性，在此基础上，重点讨论了批准的标准以及"不抵触"的含义，在通说之中，"不抵触"的含义是"既不得与上位法立法精神相抵触，也不得与上位法具体条文相抵触"，通过分析论证，较大的市立法只需不与上位法立法精神相抵触即可。在较大的市地方性法规批准的实践中，本章详细梳理了各个省在批准较大的市立法的做法，进行归纳整理，挖掘了在较大的市立法过程中的若干问题，并针对问题提出了建言和建议。

第五章主要研究较大的市立法评估的理论与实践。在理论部分，本章讨论了立法评估的概念、特征、功能、原则以及方法，在此基础上，对评估指标的选择与运用提出了独到的见解，原有的评估是平面式的评估，将评估指标罗列然后打分得出结论，这种评估方式存在一定的问题。本书在分析问题的基础上提出立体评估模式以克服原有模式中存在的问题。在实践部分，本章对所有有过立法评估实践的较大的市进行罗列和梳理，并提出了完善建议。

第六章主要是对较大的市立法的展望，也是本书的结论部分。在此章，主要观点是未来趋势必然是从较大的市立法到城市立法。本章首先分析了影响城市立法的因素：经济发展、城市化进程、中国大环境。然后通过挖掘数据、推理分析得出从较大的市立法到城市立法是当下中国的必然选择。而后梳理了学界对于城市立法可能存在的争议，并对争议进行了回应和反驳。

第七章主要是针对较大的市进行个案分析，以珠海立法为例，在此章中，重点阐述了珠海立法的过程、成就以及问题，这些问题是所有城市立法都会遇到的问题，因此对珠海问题的分析对于解决其他设区的市立法问题具有借鉴意义。

关键词：较大的市；地方立法；理论与实践

Abstract

The bigger cities legislation is not only an important part of local legislation, but also is one of the part of "Socialist legal system with Chinese characteristics". Theoretically, the research of the bigger cities will help improve the "Socialist legal system with Chinese characteristics"; For practice, the research of the bigger city can solve problem of local legislation. This dissertation has three parts and six chapters. These three parts are: ontology (chapter I, chapter II), operation (chapter III, chapter IV, chapter V), conclusion (chapter VI and chapter VII). Ontology is talking about: what is the bigger city? Operation is talking about: how is the bigger city? Conclusion part talks about the future of the bigger city. Chapter VII takes Zhu Hai for example.

In chapter I, this article includes: text, theory and history. For text, this article check out meaning of the bigger city in the Constitution, the local organization law, legislative law and other relevant laws and other regulations. Then this article discusses some relevant theories, which includes: centralization of authority, decentralization, average power. For our country, we have experienced decentralization—delegated—decentralization, and the bigger city is the result of delegated of authorities. In the third part of this chapter, I use some data to prove or find the reason of the following questions: why these cities became the bigger city, while other didn't, why the authority didn't approve any other bigger city after 1994? And why the authority recommitted the bigger city?

In chapter II, I talk about the foundation of the bigger city, which is the validity, rationality, conforms to China's national conditions. For the rationality reason, which include the complexity of urban governance, the expansion of difference of city, risk society. For the validity, some scholar said the legislation of bigger city violate the constitution, because constitution allows the provincial level has the power of legislation. What I want to prove is that allows the bigger city has the power of legislation is validity. For conforms to China's national conditions, I found that the other cities which have not the right to legislation, they also have make a lot of normative documents, which is exactly same of legislation. And it causes chaos in reality, so we should give these cities the power of legislation.

Chapter III mainly studies the theory and practice of the authority of legislation of the bigger city and the space of legislation of the bigger city. these two concepts are often used interchangeably in the academic, but use slightly different. In this section, I distinguish the two conceptions. Secondly, I discuss the decentralization of authority, especially in legislation. In the legislative law, it uses "importance" to distinguish the central and local legislative power, and scholars "importance + influence scope" to distinguish the central and local legislative power, and in my opinion, we should add "property and responsibility", if the central government wants local government finishes something, it must give the local government property and legislative power. In section III, this paper found some problem in legislation space: bigger cities have "unauthorized", host law did not update, and it limit lower level law, the special economic zones use its special legislative power to enlarge his legislative space, the proportion of implementation legislation is large, while the autonomy legislation and precedent legislation is small. On account of this condition, this paper comes up with some suggests.

Chapter IV mainly studies the theory and practice of approving the regulations of bigger city. In theoretically, this article discusses the function of approval and the necessity. And this article talks the meaning of "not conflict", in common saying, "not conflict" means "not only obey the upper spirit, but also obey the specific provisions". But in my opinion, "not conflict" means "only obey the upper spirit". In the practice, the article detailed carding every province in the approval of the bigger city legislation. And I found some problems, base on the problems, this article gives some advice and suggestions.

Chapter V mainly studies the theory and practice of the bigger cities' legislative assessment. In the theoretical part, the article discusses the concepts, features, functions, legislative evaluation principles and methods. In the selection of assessment indicators, this article puts forward a new opinion. The original way is the type of plane, which list the indicators and score, then give the conclusion. In this way, many problems cannot be solved, and this article gives a new model, which can help solve the problems. In practice, this article carding the legislative evaluation practice of all the bigger cities. Based on this, I put forward some improvement suggestions.

Chapter VI is the prospect of the bigger city of legislation, and also the conclusion part. In this chapter, the main point of this article is the future of the bigger city. And the trend is from bigger city legislation to urban legislation. This paper firstly analyzed the influence factors of city legislation: economic, development, city process, Chinese environment. And then through the analysis of data, get the conclusion that the bigger city legislation will become urban legislation. There are some arguments about the urban legislation, this paper gives some responds.

Chapter VII focuses on the case studies of bigger cities. This book takes Zhuhai legislation as an example. In this chapter, This book introduce the history, the achievements, and problems of Zhuhai legislation, the analysis of the problem for the Zhuhai can solve other problem of city legislative.

Key Words: Local Legislative; The Bigger City; Theory and Practice

目　　录

引　言 ………………………………………………………………（1）

第一节　概述 …………………………………………………………（1）

第二节　理论及实践意义 ……………………………………………（2）

　　一　理论意义 ……………………………………………………（2）

　　二　实践意义 ……………………………………………………（3）

第三节　研究方法 ……………………………………………………（3）

　　一　规范分析的方法 ……………………………………………（4）

　　二　实证分析的方法 ……………………………………………（4）

　　三　法经济学的方法 ……………………………………………（4）

　　四　法社会学的方法 ……………………………………………（5）

第四节　研究现状与文献评述 ………………………………………（5）

第五节　结构内容与创新 ……………………………………………（6）

第一章　较大的市立法：文本、理论、历史 ………………………（9）

第一节　较大的市立法：法律文本 …………………………………（9）

　　一　宪法 …………………………………………………………（9）

　　二　地方组织法 …………………………………………………（10）

　　三　立法法 ………………………………………………………（10）

　　四　其他规范性法律文件 ………………………………………（12）

第二节　较大的市立法：理论背景 …………………………………（12）

　　一　中央集权理论 ………………………………………………（12）

　　二　地方分权理论 ………………………………………………（15）

　　三　均权理论 ……………………………………………………（18）

四 中华人民共和国成立后关于中央与地方

权限划分的理论 …………………………………… (21)

第三节 较大的市立法：历史研究 …………………………… (25)

一 国务院批准较大的市的背景 ……………………… (25)

二 国务院批准较大的市的依据 ……………………… (27)

三 国务院批准较大的市的停滞 ……………………… (35)

四 重启较大的市的原因 ……………………………… (38)

第二章 较大的市立法权的证成 …………………………… (44)

第一节 证成理由之一：合理 ……………………………… (44)

一 城市治理复杂性需要执行性立法 ………………… (44)

二 城市差异性扩大需要自主性立法 ………………… (48)

三 风险社会新情况需要先行性立法 ………………… (51)

第二节 证成理由之二：合宪 ……………………………… (55)

一 较大的市立法违宪说 ……………………………… (55)

二 较大的市立法合宪证明 …………………………… (61)

第三节 证成理由之三：符合中国国情 …………………… (68)

一 我国城市类立法现状 ……………………………… (68)

二 红头文件的危害 …………………………………… (70)

三 赋予城市立法的利好 ……………………………… (73)

第三章 较大的市立法权限与空间的理论和实践 ………… (75)

第一节 较大的市地方立法权限与空间概述 ……………… (75)

一 立法空间与立法权限 ……………………………… (75)

二 较大的市立法权限 ………………………………… (76)

三 需要说明的几个问题 ……………………………… (77)

第二节 中央与地方立法权划分的理论 …………………… (79)

一 立法权限划分标准问题 …………………………… (79)

二 中央和地方立法分权模式及完善 ………………… (87)

三 中央与地方事权划分 ……………………………… (90)

四 结论：较大的市立法权限 ………………………… (96)

第三节 较大的市立法空间的实践 ………………………… (96)

一 较大的市立法空间概述 …………………………… (96)

　　二　较大的市立法空间存在的问题 ……………………（101）

　　三　针对较大的市立法空间完善的若干建议 …………（106）

第四章　较大的市地方性法规批准的理论与实践 …………（109）

　第一节　较大的市地方性法规批准的理论研究 …………（109）

　　一　较大的市地方性法规批准概述 ………………（109）

　　二　较大的市地方性法规批准的条件 ……………（113）

　第二节　较大的市地方性法规批准的实践 ………………（126）

　　一　较大的市地方性法规批准的实践概述 ………（126）

　　二　较大的市地方性法规批准实践中存在的问题 …（129）

　　三　较大的市地方性法规批准的完善 ……………（135）

第五章　较大的市立法评估的理论与实践 …………………（140）

　第一节　较大的市立法评估理论 …………………………（140）

　　一　较大的市立法评估概述 ………………………（140）

　　二　较大的市立法评估的方法 ……………………（144）

　　三　较大的市立法评估的指标 ……………………（148）

　第二节　较大的市立法评估实践 …………………………（154）

　　一　较大的市立法评估实践概述 …………………（154）

　　二　较大的市立法评估实践分析 …………………（160）

　　三　较大的市立法评估的完善 ……………………（162）

第六章　较大的市立法展望 …………………………………（165）

　第一节　较大的市立法发展趋势预测 ……………………（165）

　　一　影响城市立法发展趋势的因素 ………………（165）

　　二　全国城市化进程数据分析 ……………………（168）

　　三　较大的市与其他地级市数据对比 ……………（174）

　　四　权力下放的政治决策 …………………………（179）

　　五　较大的市立法趋势预测 ………………………（180）

　第二节　较大的市立法到城市立法 ………………………（180）

　　一　拥有立法权城市数量增加引发的争议 ………（180）

　　二　对争议的评论及反驳 …………………………（185）

三 完善城市立法的若干建议 …………………………（189）

第七章 较大的市个案分析——以珠海为例 ……………（193）
  第一节 珠海立法权的取得 ……………………………（193）
    一 特区立法阶段 ……………………………………（194）
    二 两法并存阶段 ……………………………………（195）
    三 两法共处阶段 ……………………………………（195）
  第二节 珠海立法的实施 ………………………………（196）
    一 珠海立法效率高 …………………………………（196）
    二 特区立法比例大 …………………………………（197）
    三 立法质量有保障 …………………………………（197）
    四 立法领域覆盖广 …………………………………（198）
  第三节 珠海立法的成就 ………………………………（199）
    一 科学民主立法举措得力 …………………………（199）
    二 立法引领改革成效显著 …………………………（199）
    三 "立法试验田"作用明显 ………………………（200）
  第四节 珠海立法存在的问题 …………………………（201）
    一 立法公开存在遗漏 ………………………………（201）
    二 立法计划有待强化 ………………………………（203）
    三 新区立法亟须加强 ………………………………（205）
    四 人大立法有待强化 ………………………………（206）
    五 一市两法仍存混乱 ………………………………（208）
  第五节 珠海立法今后的建议 …………………………（209）
    一 健全人大立法公开 ………………………………（209）
    二 公开计划执行情况 ………………………………（210）
    三 完善自贸新区立法 ………………………………（211）
    四 加强人大主导立法 ………………………………（212）
    五 克服一市两法矛盾 ………………………………（213）

参考文献 ………………………………………………（215）

索 引 …………………………………………………（227）

后 记 …………………………………………………（229）

Contents

The Introduction ··· (1)

  Section I   Summary ·· (1)

  Section II   Theoretical and Practical Significance ··············· (2)

    Theoretical Significance ·· (2)

    Practical Significance ··· (3)

  Section III   Research Methods ································· (3)

    Normative Analysis ··· (4)

    Empirical Analysis ··· (4)

    Economic Analysis ··· (4)

    Method of Sociology of Science ································ (5)

  Section IV   Current Research and Literature Review ············· (5)

  Section V   Structure Content and Innovation ····················· (6)

Chapter I   The Bigger City Legislative:

  Text, Theory, History ··· (9)

  Section I   Text ··· (9)

    Constitutional Law ··· (9)

    Local Organization Law ··· (10)

    Legislative Law ·· (10)

    Others ··· (12)

  Section II   Theory ··· (12)

Centralization ……………………………………………… (12)

Decentralization ………………………………………… (15)

Equivalency of Power ………………………………… (18)

Theory Since the founding of New China …………………… (21)

Section Ⅲ History …………………………………… (25)

The State Council Approves the Bigger City: Background … (25)

The State Council Approves the Bigger City: Basis ………… (27)

The State Council Approves the Bigger City: Sluggish ……… (35)

The State Council Approves the Bigger City: Restart ……… (38)

Chapter Ⅱ Foundation of The Bigger City ………………… (44)

Section Ⅰ Reasonable ……………………………………… (44)

Complexity of Urban Governance ……………………… (44)

Difference of Urban …………………………………… (48)

Risk Society ……………………………………………… (51)

Section Ⅱ Constitutional ………………………………… (55)

Violation of The Constitution ………………………… (55)

Presumption of Constitutionality ……………………… (61)

Section Ⅲ Conforming to National Condition …………… (68)

Current Situation of Urban Legislation ………………… (68)

The Hazards of Red Header Official Documents ………… (70)

Good for Urban Legislation …………………………… (73)

Chapter Ⅲ The Authority of Bigger City Legislative:

Theory and Practice ………………………………… (75)

Section Ⅰ Summary …………………………………… (75)

Legislative Competence ………………………………… (75)

Legislative Competence of Bigger City ………………… (76)

Several Problems ………………………………………… (77)

Section Ⅱ Division of Legislative: Theory …………… (79)

Standard of Division …………………………………… (79)

Legislation Division ··· (87)

Authorization Clarification ································· (90)

Conclusions ··· (96)

Section Ⅲ   Division of legislative: Practice ··················· (96)

Summarize ·· (96)

Problems ··· (101)

Suggestions ··· (106)

Chapter Ⅳ   Approving the Regulations of Bigger City:

Theory and Practice ·· (109)

Section Ⅰ   Approving the Regulations of Bigger City: Theory ······ (109)

Summarize ·· (109)

Condition ··· (113)

Section Ⅱ   Approving the Regulations of Bigger City: Practice ··· (126)

Summarize ·· (126)

Problems ··· (129)

Suggestions ··· (135)

Chapter Ⅴ   Legislative Assessment of The Bigger City:

Theory and Practice ·· (140)

Section Ⅰ   Theory ·· (140)

Summarize ·· (140)

Method ··· (144)

Index ··· (148)

Section Ⅱ   Practice ·· (154)

Summarize ·· (154)

Analyze ·· (160)

Complete ··· (162)

Chapter Ⅵ   Prospect of The BiggerCity of Legislation ············ (165)

Section Ⅰ   The Future of The Bigger City ····················· (165)

Influencing Factor ·· (165)

Data Analysis ·· (168)

Data Comparison ·· (174)

Political Decision-Making ······································ (179)

Trend Prediction ·· (180)

Section II　From Bigger City Legislation to Urban Legislation ······ (180)

Dispute ··· (180)

Contradict ·· (185)

Suggestions ··· (189)

Chapter VII　Case Studies of Bigger Cities ······················· (193)

Section I　History ··· (193)

Phase One ·· (194)

Phase Two ·· (195)

Phase Three ·· (195)

Section II　Implement ·· (196)

High Efficiency ·· (196)

Large Proportion ·· (197)

Quality Assurance ··· (197)

Wide Coverage ·· (198)

Section III　Achievements ······································ (199)

Scientific and Democratic Legislation ·························· (199)

Legislation Leads to Reform ···································· (199)

Legislative Test Field ·· (200)

Section IV　Problems ··· (201)

Legislation Publicity ··· (201)

Legislative Plan ··· (203)

Legislation on Free Trade Area ································· (205)

NPC-Legislation ··· (206)

Two Kinds of Legislation ······································· (208)

Section V　Suggestion ··· (209)

Strengthen Legislation Publicity ······························· (209)

Strengthen Legislative Plan ································ (210)

Strengthen Legislation on Free Trade Area ····················· (211)

Strengthen NPC-Legislation ································ (212)

Strengthen Two Kinds of Legislation ······················· (213)

References ······································· (215)

Index ··· (227)

Postscript ·· (229)

引　言

第一节　概述

较大的市立法是地方立法的重要组成部分，自 1984 年批准第一批较大的市开始，至今已有 30 年的历史。在这期间，国务院分批次共批准了19 个较大的市（1997 年重庆市升格为直辖市）。2000 年立法法将较大的市范围进一步扩张，由 18 个扩张至 49 个，除了国务院批准的较大的市外，还将省级政府所在地的市以及经济特区所在地的市纳入较大的市的范围。13 年后，党的十八届三中全会提出，逐步扩大拥有立法权的较大的市。

这是中央要进一步释放地方立法权的信号，但是学界目前缺少对较大的市立法权前世、今生、未来的讨论。在下面的问题上，学界目前没有深入研究：较大的市是在什么样的政治经济背景下产生的？是中央随意决定的结果还是经过深思熟虑后的决策？较大的市在批准过程中的标准究竟是什么？为什么在 1994 年之后国务院再也没有批准过较大的市？为何十八届三中全会又重提较大的市？较大的市立法权的运行究竟如何？存在什么理论和实践问题？较大的市未来的命运如何？扩大拥有立法权的较大的市是否合理，是否符合我国国情，是否能够促进经济发展、社会进步、环境可持续科学发展？逐步扩大拥有立法权的较大的市是否会产生副作用？是否会影响全国的法制统一？地方立法是否必须？有什么样的需求才必须赋予立法权？需要建立什么样的制度加以配合？

对于这些问题的研究和回答，需要系统地研究较大的市立法权的前世、今生以及未来，需要对较大的市立法权的理论以及实践进行深入的研究和探索。这不仅有利于解决地方立法权中存在的理论与实践问题，而且还能够为较大的市立法的下一步改革建言献策。①

第二节　理论及实践意义

本书以较大的市立法权为选题，是出于理论与现实两方面考虑。

一　理论意义

（一）探讨较大的市立法权的历史

对于较大的市是基于什么样的背景产生，国内少有探讨。而对于历史的研究和梳理能够看清较大的市立法权的本质。对于历史研究，主要包括以下几个方面：较大的市产生的经济背景以及政治背景、较大的市批准的标准、国务院停滞批准较大的市的原因、重启较大的市的原因等。对于这些问题的回答，可以解释为何像温州、东莞、佛山等年复一年申请成为较大的市却无法如愿以偿，可以清晰地认识到较大的市立法权的背后中国的大环境与大背景。

（二）理清较大的市立法权的理论问题

较大的市立法是地方立法的一种，因此存在于地方立法权中的理论争议同时也是较大的市立法权中存在的问题。本书选择了较大的市合宪性与合理性证成、中央与地方立法分权、较大的市立法批准、较大的市地方立法评估这四个比较突出的理论问题进行研究。理清这些重要的理论问题有助于在理论上推进较大的市立法的研究工作，同时能够为实践提供指导。

（三）为较大的市立法到城市立法提供理论支持

本书除了对较大的市的历史和现状进行研究之外，还对较大的市立法的未来进行了展望，即从较大的市立法到城市立法。虽然十八届三中全会提出了"逐步增加拥有立法权的较大的市的数量"，立法法草案也在紧锣

---

① 需要说明的是，本书在选题之初立法法并未开始修改，但在确定选题之后全国人大开始紧锣密鼓地修改立法法，尤其是将会对较大的市进行扩容。这是作者始料未及的，立法法的方案和对较大的市的处理和本书有部分相似，同时也有部分不同，笔者将会呈现一个新的视角观察较大的市，由于立法法修改的原因，本书所有关于立法法法条的引用全部以修改前为准。

密鼓地践行党中央的重要布局，但是此举意义重大，需要严格的理论论证。先前批准的较大的市作为试点，已经积累了30多年的经验，现在已经具备向全国逐渐推广的条件。本书的研究正是为较大的市立法到城市立法提供理论支撑。

二　实践意义

（一）针对较大的市立法中存在的实践问题提供解决方案

本书对较大的市在实践过程中存在的各种问题进行了详尽的实证研究，有的研究是从一线人大工作人员的访谈中发现的，有些问题是一些研究地方立法问题的学者提出的。笔者针对这些问题，通过搜集较大的市具体实践运作方式和规定，分析其中可能存在的问题。在这些问题的基础上，提出可能的解决思路。

（二）为较大的市人大工作提供新的思路

本书在梳理过程中，一些较大的市地方人大的工作并不能称为问题，更多的是工作方式和思路不合理。因较大的市的立法与省级立法以及中央立法有很大的不同，而较大的市人大在工作过程中更多的是按照中央和省级人大的工作思路处理问题，自身鲜有创新，这样就很难突出较大的市立法的特殊性。本书在写作过程中，除了针对地方实践中的问题提出解决方案，更多的是提供一个全新的解决问题的思路。

（三）为今后的城市立法提供借鉴

笔者所分析的较大的市立法中存在的实践问题，其他城市（其他目前尚未拥有立法权的城市）在立法中也会存在。通过分析目前存在的问题，可以为今后的城市立法提供借鉴，走过的弯路和经受的教训可以尽量避免。

第三节　研究方法

所谓"工欲善其事，必先利其器"，方法的正确运用是达成写作目的的必要手段和步骤。法学研究方法很多，就本书研究而言，最适用的有以下几种。

一 规范分析的方法

规范分析方法是法学所特有的方法。① 规范分析方法是一种关于合法/非法、有效/无效、权利/权力/义务/责任的分析方法。规范分析并不关心法律文本之外的价值判断，而仅仅从法律文本出发，探索法律法规真实之含义和内涵，寻求符合实践的法律法规解释。本文运用规范分析方法解决较大的市立法合宪问题、法律文本中"不与上位法相抵触"的内涵、省级人大常委会对较大的市立法批准条件等相关问题。

二 实证分析的方法

实证研究是当下人文社会科学普遍采用的研究方法，其采用调研、访问、问卷等经验研究以及分析、统计、对比等定量分析研究方式。近些年来的法学研究也逐渐从定性分析走向定量分析，任何结论都需要以大量的数据和素材作为支撑，正所谓"一分材料一分话，没有材料不说话"。实证分析的方法作为"价值无涉"、以事实说话的代表性方法，以独特的方式介入法学这门思辨性很强的规范学科中，为其提供了客观的材料性、证据性的研究工具，使得法学研究成了一门"踏踏实实"的"实用之学"，其特点是反映问题直观、清晰。本书对于较大的市立法实践中存在的各种问题都采用了实证分析方法，或来自访谈，或来自数据统计，所有问题都有坚实的基础。

三 法经济学的方法

法律与经济的联系一直是很密切的，法律的制定大部分用以规制和解决社会经济问题，而社会经济的发展也促成了法律的生成与转变。法经济学作为法学与经济学的交叉性学科，是一门从法与经济互动视角研究现实法律问题的重要学科。它主要运用现代经济学，特别是微观经济学、新制度经济学、福利经济学、公共选择理论等基本原理和实证分析方法分析、检验法律的形成、结构、运作过程、绩效及未来发展。② 本书在分析中央

---

① 谢晖：《论规范分析方法》，《中国法学》2009 年第 2 期。
② 参见冯玉军《法经济学范式》，清华大学出版社 2009 年版，第 14 页。

与地方立法分权的标准时，运用了法经济学的分析方法。

四　法社会学的方法

法社会学是研究法律与社会的关系的学科，是法学与社会学相互结合的产物。① 传统法学观认为，法学研究的问题在于寻找法律结构的逻辑一致性，注重法律自身存在的问题，比如法律内部是否矛盾、法律表达是否完整清晰等，要从法律自身向内寻找解决方案。事实上，法律调整着社会关系和社会行为，法律现象也是社会现象的一种，研究法律问题不仅要从法律自身来把握，更要将其置于社会关系中去把握。由此，法社会学是连接法学与社会学的纽带，其将法律现象纳入社会现实领域，通过对社会问题的调查研究、实验总结、观察以及个案分析等手段，拓展了法律问题的思考范围，真正实现了由"书本上的法"向"行动中的法"的转变。本书运用了大量数据和经验材料来分析较大的市创制、停滞、重提，通过这些数据和经验材料，以期使结论更具说服力。

第四节　研究现状与文献评述

对于"较大的市"含义及其立法权，目前学术界已有所研究。从笔者所收集的资料看，对于较大的市立法权的研究主要集中在以下几个方面：(1) 较大的市含义及立法权，如唐芬、刘永红的《较大的市及其立法权探析》、许安标的《关于较大的市的三种含义》等；(2) 较大的市立法权运行状况，如张馨元的硕士论文《较大的市地方性法规的立法空间及趋势研究》、朱清源的硕士论文《较大的市的立法权研究》、陈里程和符启林主编的《较大的市政府规章制定权限研究》；(3) 较大的市立法的比较研究，如江流的《汕头市与其他较大的市立法权比较研究》；(4) 较大的市本体论研究，如李兵的《关于划定具有立法权的较大的市的思考》。这些学术论文研究所涉猎的具体问题包括：较大的市立法的合宪性问题、较大的市立法空间问题、较大的市立法批准问题、较大的市立法权限问题、较大的市批准问题、较大的市立法的发展历史等。但上述论文或

---

① 朱景文主编：《法社会学》，中国人民大学出版社 2008 年第 2 版，第 4 页。

著作并没有对我国较大的市进行系统的实证调查，在分析较大的市立法过程中的问题时，缺乏实证材料的支持。此外，一些作者得出的结论缺乏数据和推理，如朱清源的《较大的市的立法权研究》认为较大的市拥有立法权并不能推动地区经济的发展，作者举的例子是齐齐哈尔市和东莞市，齐齐哈尔市是较大的市，而东莞不是，但东莞的经济发展远强于齐齐哈尔。笔者认为这种比较是没有意义的，我国从南到北经济发展本来就不平衡，拿经济发展相对好的省中排名第四的城市和经济发展相对差的省排名第三至第四的城市相比，进而得出结论，这种方法毫无科学性。此外，前人在论述较大的市存在的问题时，总是概述较大的市立法权限如何如何，立法审批如何如何，并没有做出细致的分类。拿立法空间来说，已有的著作大多从数量和领域上分析，认为较大的市立法空间是扩大的。但是作者并没有对较大的市进行区分，如对于经济特区所在的城市，其存在两种立法权，因此，经济特区所在市利用经济特区立法超越较大的市立法权限，而一般的较大的市的立法空间却紧紧地被束缚着。另外一个是实证研究较少，很少有作者对较大的市的立法数量、结构、立改废比率等相关数据进行分析和研究，尤其是各个领域和方向及该领域的发展问题，如经济领域立法与该市经济发展的相关性问题，社会领域立法与该市社会发展的相关性问题，环境保护领域与该市环保相关性问题。在笔者现在了解的文献中，朱立宇老师和易有禄老师做得比较科学合理，一个是针对北京市进行了实证调研和分析，另外一个对六个省的地方经济立法和经济发展进行了关联性分析。据此，笔者在本书写作过程中会引用大量的调研结果和数据，以支撑本书的结论，最终本书会是一篇基于数据和事实的很实在、很有诚意的作品。

第五节　结构内容与创新

本书分为七章内容，共三编，这三编分别为：本体论、运行论、结论。

在本体论部分有两章内容，主要解决较大的市立法是什么的问题。在这个大问题的背景下，存在以下几个问题：宪法、法律法规中较大的市的含义；较大的市立法背后可能涉及的中央与地方立法分权理论；较大的市批准的历史背景以及标准；国务院停滞批复较大的市的原因；重提较大的市的原因；较大的市拥有立法权本身是否拥有合理性、合法性，是否符合中国国情。本体论中的创新之处在于对于较大的市批准的历史背景、停滞原因的探讨及重提较大的市的原因。在以往法学学者的研究中并没有解释为何当年会有较大的市出现，也没有研究解释为何国务院停滞批复拥有立法权的较大的市，而对于现在党中央、人大重提较大的市的原因也欠缺研究和探讨。本书从经济、政治、社会等多个角度入手，分析上述问题的成因，填补在该问题上的空白。

本书的第三章、第四章、第五章是运行论。笔者挑选了较大的市立法中比较突出的问题进行研究：第三章处理的是较大的市立法权限与立法空间的问题；第四章处理的是较大的市立法批准问题；第五章着重解决较大的市立法评估的问题。这三章存在相似的结构：都是先解决理论问题，然后关注实践问题。

对于运行论中的理论问题，各章都有所不同：第三章所解决的理论问题是立法权限划分，我国立法法中划分立法权的模式采取的是重点领域，《立法法》第8条规定了法律保留条款，学者们为了克服因简单的划分模式导致的混乱，提出了重点领域标准和影响范围标准，笔者的贡献在于在此标准之上增加财权与事权相统一的标准，具体即地方要做多少事情，就应当给予相应的财权，同时也应辅之以相关领域的立法权。第四章是关于批准较大的市地方性法规的研究，书中就批准的标准进行了梳理和反驳，反对了省级人大常委会应当对较大的市立法合理性进行审查的观点。在批准的合法性标准中，最为重要的是"不与上位法相抵触"，而抵触在学界有多种观点，其中通说是"既不得与上位法的立法精神相抵触，也不得与上位法的条文相抵触"。笔者的工作是否定了通说，证明了只需"不与上位法的立法精神相抵触即可"。第五章解决的是立法评估的方式方法问题，笔者在现有的"平面式立法评估"的基础上提出了"立体立法评估"的新模式。

对于运行论中的实践问题，笔者通过搜集较大的市立法文本、进行访谈、查阅相关资料等方式进行研究。在内容上，本书通过大量的数据和材料挖掘较大的市在立法过程中存在的各类问题，并提出相应的解决之道。这些问题的提出都属于现实实践中的真问题，如在第三章较大的市立法权限中存在的现实问题之一就是，较大的市法规清理速度过慢，上位法已经修改或废止之后，下位法出现"被抵触"的现象。第四章通过对所有较大的市立法规定进行梳理，挖掘立法解释、立法批准、立法抵触的情况下各个城市的处理方式，提出不同模式的优劣，并给出相应的建言建议。在第五章的内容中，笔者梳理了所有拥有立法评估实践的较大的市评估办法和方案，进行比较研究，发现其中的问题并提出完善建议。

本书的第六章是结论部分，核心思想是未来中国较大的市立法会发展为城市立法，即城市本身拥有立法权。笔者提出了影响城市立法权的三个因素：经济发展水平、城市化进程、中国大环境及大背景。通过我国城市化进程的数据以及事实说明城市拥有立法权的必要性，通过比较较大的市经济发展情况与其他地级市经济发展情况探讨其可行性，从中国大背景来看城市拥有立法权的迫切性。本书还梳理了针对立法法草案中将立法权扩张至所有设区的市所带来的争议，并对这些争议进行了一定的回应。

本书的第七章是具体分析，主要以珠海立法为例，在此章中，重点阐述了珠海立法的过程、成就以及问题，这些是所有城市立法都会遇到的问题，因此对珠海问题的分析对于解决其他设区的市立法问题具有借鉴意义。

第 一 章

较大的市立法：文本、理论、历史

第一节　较大的市立法：法律文本

我国的《宪法》《地方组织法》《立法法》以及其他法律法规分别从不同的角度规定了较大的市。

一　宪法

宪法中较大的市是从行政区划的角度而言的，并没有赋予较大的市立法权，也看不到任何较大的市与立法进行勾连的痕迹。《宪法》中较大的市指的是设区的市。宪法文本中出现"较大的市"字样始于五四宪法第53条：中华人民共和国的行政区域划分如下：（1）全国分为省、自治区、直辖市；（2）省、自治区分为自治州、县、自治县、市；（3）县、自治县分为乡、民族乡、镇。直辖市和较大的市分为区。从五四宪法的规定可以看出，这里较大的市就是设区的市。七五宪法取消了关于较大的市的称谓，删除了相关的规定。七八宪法对较大的市的表述在宪法第33条第2款，直辖市和较大的市分为区、县。在较大的市的规定方面，七八宪法相比五四宪法的不同在于：七八宪法将县作为较大的市的下一级行政区划而存在。这实际上是增加了中国的行政层级，由原来的中央—省—县，中间增加了一个较大的市，变成了中央—省—（较大的市）—县。八二宪法沿袭了七八宪法中关于较大的市的规定，在八二宪法第30条规定，直辖市和较大的市分为区、县。

宪法对于较大的市的概念与含义集中在行政区划上，并没有赋予较大的市立法权，较大的市与立法权也没有任何关联。但是从1949年到1979年较大的市的数量并不是一成不变的，从1949年的55个增加到1982年的 109 个①，1982 年以后由于《地方组织法》的修改，较大的市在内容上不仅是宪法中行政区划的一个层级，而且已与立法权交织在一起。

二　地方组织法

1979 年第五届全国人民代表大会第二次会议通过了《地方组织法》，在 1979 年文本中并没有出现"较大的市"字样，亦没有关于较大的市是否拥有立法权的规定。1982 年修正的《地方组织法》（第一次修正）第一次出现了较大的市，此时较大的市并没有立法权，拥有的是立法"拟订"权，1982 年《地方组织法》第 27 条第 2 款："省、自治区的人民政府所在地的市和经国务院批准的较大的市的人民代表大会常务委员会，可以拟订本市需要的地方性法规草案，提请省、自治区的人民代表大会常务委员会审议制定，并报全国人民代表大会常务委员会和国务院备案。"1986 年《地方组织法》（第二次修正）明确规定较大的市立法权，第 7 条第 2 款中明确指出，国务院批准的较大的市人民代表大会可以制定地方性法规，报省、自治区的人民代表大会常务委员会批准后施行。这里较大的市立法权是"半个立法权"。1995 年的《地方组织法》（第三次修正）第 43 条第 2 款明确规定了较大的市人民政府可以制定地方政府规章。2004 年的《地方组织法》（第四次修正）在较大的市立法方面与 1995 年《地方组织法》无异。

三　立法法

2000 年通过的《立法法》进一步扩大了较大的市的范围，《立法法》第 63 条第 4 款中规定："本法所称较大的市是指省、自治区的人民政府所在地的市，经济特区所在地的市和经国务院批准的较大的市。"而且在第 63 条、第 64 条明确了较大的市的立法权及其范围。

《立法法》的规定极大地扩充了较大的市的范围，按照其规定，我国省会所在地城市（27 个），国务院批准的较大的市（18 个），经济特区所在市（4 个），这三类城市共计 49 个。但经济特区所在地的市与其他较大的市在立法上存在一定差异，这表现在：（1）经济特区所在地的市享有两种类型立法权，一种是作为较大的市拥有的立法权，另外一种是经济特

---

① 数据来源：行政区划网，http：//www.xzqh.org/old/yange/index.htm，最后访问 2014 年 9 月 12 日。

区立法权；（2）经济特区法规源自全国人大的授权，可以独立制定；较大的市立法权源自法律规定，须报省级人大常委会批准方可生效；（3）经济特区法规只能在经济特区适用，而经济特区所在市的立法可以在整个行政区域内施行。①

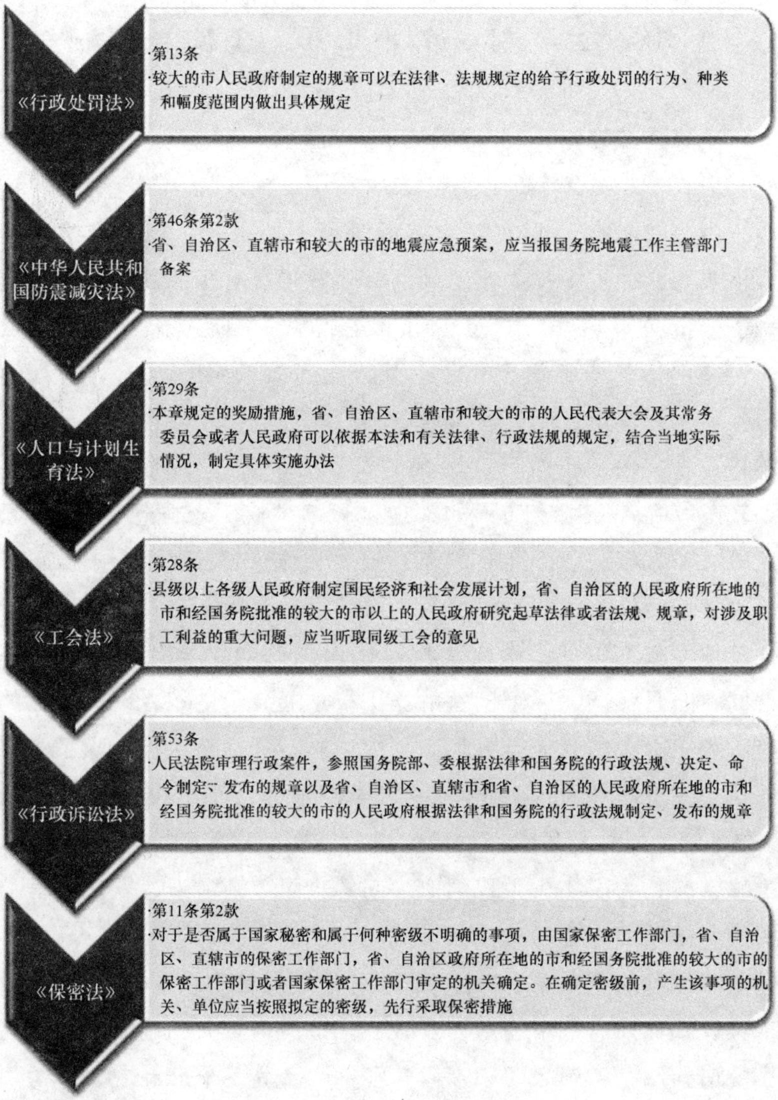

《行政处罚法》
- 第13条
- 较大的市人民政府制定的规章可以在法律、法规规定的给予行政处罚的行为、种类和幅度范围内做出具体规定

《中华人民共和国防震减灾法》
- 第46条第2款
- 省、自治区、直辖市和较大的市的地震应急预案，应当报国务院地震工作主管部门备案

《人口与计划生育法》
- 第29条
- 本章规定的奖励措施，省、自治区、直辖市和较大的市的人民代表大会及其常务委员会或者人民政府可以依据本法和有关法律、行政法规的规定，结合当地实际情况，制定具体实施办法

《工会法》
- 第28条
- 县级以上各级人民政府制定国民经济和社会发展计划，省、自治区的人民政府所在地的市和经国务院批准的较大的市以上的人民政府研究起草法律或者法规、规章，对涉及职工利益的重大问题，应当听取同级工会的意见

《行政诉讼法》
- 第53条
- 人民法院审理行政案件，参照国务院部、委根据法律和国务院的行政法规、决定、命令制定、发布的规章以及省、自治区、直辖市和省、自治区的人民政府所在地的市和经国务院批准的较大的市的人民政府根据法律和国务院的行政法规制定、发布的规章

《保密法》
- 第11条第2款
- 对于是否属于国家秘密和属于何种密级不明确的事项，由国家保密工作部门，省、自治区、直辖市的保密工作部门，省、自治区政府所在地的市和经国务院批准的较大的市的保密工作部门或者国家保密工作部门审定的机关确定。在确定密级前，产生该事项的机关、单位应当按照拟定的密级，先行采取保密措施

图1—1 较大的市立法文本

① 参见许安标《关于较大的市的三种含义》，《吉林人大》2001年第9期。

四 其他规范性法律文件

其他规范性文件中会提及较大的市的概念，大多是从立法细化的角度谈及的。

第二节 较大的市立法：理论背景

一 中央集权理论

（一）理论及背后的历史

西方中央集权理论具有代表性的学者，如布丹、马基雅维利、霍布斯、黑格尔等。而这几位大家所处的时代背景具有相似性，都是处于一种"非常状态"，这种"非常状态"可能是战争，可能是天灾，可能是国家分裂。正是这种"非常状态"下，才产生了渴望强有力的主权者的出现统一国家，实现安定，结束"非常状态"。

布丹身处文艺复兴时代，新兴的资产阶级和国王联合对抗教皇的统治，宗教改革在各个国家如火如荼地进行，主权国家概念逐渐深入人心，取代了原有的教派观念。此时的布丹发表大作《国家六论》，强调国家主权的绝对权威，认为国家不可分割，必须由一个中央集权的政府作为国家的代表行使主权，因此，中央集权是确保国家主权至高无上性的必要手段。就此，布丹强调，一个国家的立法权永远属于主权者，只有他的命令才具有法律效力，因为他具有最高的权威。布丹甚至认为，除了主权者之外，即使是议会也只能是讨论问题、提供咨询，而无权干涉主权者的立法。① 布丹的思想影响了欧洲的历史进程，在他之后，各个民族国家开始逐渐由思想转化为现实，主权国家之间的界限逐渐清晰，欧洲大地上开始出现明确以国家为中心的对抗和交流。

马基雅维利时代的意大利，处于四分五裂之中。在意大利有佛罗伦萨、米兰、威尼斯、那不勒斯以及教皇辖区五个较大的国家，同时还有一些较小的诸侯国，各国之间相互倾轧和掠夺，为了争夺霸主，不惜勾结境外势力。1494 年至 1559 年，在意大利领土上发生了波及西欧大部分国家

---

① 封丽霞：《中央与地方立法关系法治化研究》，北京大学出版社 2008 年版，第 28 页。

的战争，长期的分裂和战乱，致使意大利民众希望国家统一、社会稳定。马基雅维利在佛罗伦萨任职期间，出访各国，近距离观察到君主集权的大国给国家带来的强盛，这些游历深深地刺激了马基雅维利，在经历了人生的大起大落后，他开始闭门著述，写下《君主论》《论李维》等传世著作。在马基雅维利看来，最好的国家形式是共和政体，但是共和制度无法扭转意大利的分裂，因此，需要一个拥有无限权力的君主政体克服共和政体的弊端，只有这样才能使臣民服从，从而抵御强敌。

霍布斯所处的正是英国战火连天的时代，他出生于 1588 年，这一年，西班牙国王腓力二世派出无敌舰队试图征服英格兰，结果被英国以弱胜强，击溃于英吉利海峡。1642 年，英国爆发第一次内战，此后，英国战火不断，直到霍布斯去世，和平都没有到来。按照霍布斯自己的说法，他有另一个孪生的伙伴，叫"恐惧"。这不仅与霍布斯所身处的大环境有关，同时这种"恐惧"也伴随了霍布斯的一生：1640 年，短期国会解散，王权与国会冲突加剧，霍布斯写了一篇维护王权以求得和平的文章，引起了国会派的不满，霍布斯见情况不妙，马上出走巴黎。1651 年，在巴黎完成《利维坦》，对教会和君权神授大肆挞伐，遭到了法国当局的反对，马上离开巴黎，潜逃至英国。霍布斯一生生活在恐惧的阴影下，因此，在他的思想中，需要有一个强有力的"利维坦"平定纷争和战乱。而且，霍布斯认为，国家的权力只能够集中，不能分裂，若权力在国王和议会之间进行分割，那么首先就会在不同的政见者之间产生分歧和内战，国家就会分裂和崩溃，因此，"国分则国将不国"[①]。

（二）中央集权的优势

中央集权可以集中力量办大事，有利于国家的统一和稳定。从中国的经验来看，自秦朝实行大一统式的中央集权之后，任何分裂势力想要将中国再次变成一个又一个诸侯国都成为奢望，某一个强大的诸侯总会像着了魔一样拼命地统一中国，在中国的历史上统一是常态，分裂是偶态。同时也要看到中国历史记载的边界和领土的绝对值是逐渐扩张的，因此可以说，集权下的中国强大是常态，衰败是偶态。反观欧洲，罗马之后，再也没有任何人、任何国家能够统一欧洲，任何国家想要有统一的尝试，其结

---

① ［英］霍布斯：《利维坦》，黎思复、黎廷弼译，商务印书馆 1985 年版，第 140 页。

果总会失败，因此欧洲分裂是常态，统一是偶态。在民族国家形成之前，欧洲饱受来自中亚的欺凌和压迫，无论他们是哥特人、匈奴人、蒙古人还是土耳其人。历史上的欧洲自罗马之后，衰败是常态，强大是偶态。欧洲的兴起和集权有着密切的关系，无论是西班牙（伊莎贝尔女王）、葡萄牙（恩里克）、法兰西（路易十四）、普鲁士（威廉三世）还是英格兰，都是出现一位强大的、拥有足够权威的国王或女王，实现了民族统一和国家的独立之后，整合了国家资源，要么开发殖民地，要么发展贸易，要么强大军力，这才使得欧洲后来居上。

中央集权具有强大的优势，主要表现在以下几个方面：（1）中央集权有利于集中优势力量进行社会化大生产。苏俄的工业革命和改革起步较晚，但是后来居上，成为能够和德国、美国等老牌资本主义国家相抗衡的力量，就是将国家视为推动经济发展的强大力量，由国家制定政策和法律，引导经济运行的方向。苏联如此，日本如此，德国更是如此。（2）中央集权能够打破地方保护，为资源流通减少不必要的成本。过度分权造成的恶劣结果之一便是地方保护主义，为了扶持当地企业或者增加额外收入，地方会对外来产品额外征税，这样的行为阻碍了经济的发展、技术的交流，降低了资源的优化配置。而国家统一或是集权之后首先要做的便是统一关税和度量衡，关税统一能够极大地刺激地方经济发展，如 19 世纪德国产业革命的发展，在很大程度上就是得益于 1834 年德意志关税同盟的建立。（3）有利于后现代化国家走向现代化。历史和现实经验表明，中央集权是后现代化国家实现现代化的重要途径。亚洲四小龙经济腾飞之时，集权也达到了顶峰，如韩国朴正熙、全斗焕建立的军政权推动了国家经济现代化进程，使得韩国的 GDP 从 1962 年的 87 美元猛增到 1995 年的 1 万美元。[①] 反观那些一开始就实行分权的后现代国家，如印度，在经济发展上远远不如集权的中国。美国政治学者亨廷顿受此影响还提出了"新权威主义"的理论来解释这种现象。

（三）中央集权的劣势

中央集权固然有其优势，但历史上中央集权的王朝和国家的覆灭和灭亡数不胜数，集权也存在自身的边界以及劣势。归纳起来，中央集权的劣

---

① 金太军等：《中央与地方政府关系建构与调谐》，广东人民出版社 2005 年版，第 30 页。

势主要集中在以下几个方面。

（1）中央集权使得中央政府成为矛盾冲突的中心，任何矛盾都能牵扯到中央神经，中央承担更多的压力。历史上，我国的权力结构便是如此，地方官僚的权力来源于中央的授权，而中央的权力来自民众，若民众对中央不满，会通过起义等方式推翻中央的统治，而对地方不满，只能通过越级上告，向中央反映情况。这种权力结构模式至今没有实质的改变，这也就是为何民众总是通过信访解决问题的原因之一。这种权力结构模式导致的结果就是，任何地方的矛盾冲突最终都会将压力集中于中央，加剧了中央和民众的裂痕，甚至会出现对抗的情况。

（2）局部的地方冲突与问题由于需要中央政府插手解决，可能加剧了中央与地方之间的矛盾。各个地方之间的发展、规划等问题需要中央给出，虽然这样能够保障全国一盘棋，但是总会牺牲某些地区的利益，其结果是加剧了地方与中央的矛盾。过度集权导致中央决定地方的发展方向和程度，地方为了自身利益不断地向中央索要利好政策，这样加剧了派系之间的斗争和中央内部的分裂。

（3）集权可能导致决策过程的非理性化。由于社会发展，人受智慧等主客观因素的制约，无法掌控所有的局面和信息，因此，对某些事项做出决策之时，往往会有失误的可能性。而集权则会加深加大这一失误的可能性和危害性。不仅如此，由于集权的体制，下级机关即便发现了上级命令的荒谬性，为了迎合上级的喜好，也会拼命造假，捏造虚假数据和事实；而中央根据下级提供的不真实数据判断全国的情况，因此做出新的决策，使得错误更加严重。我国的"大跃进"和"文化大革命"等惨痛的教训，以及苏联斯大林时期的"清洗政策""集体农庄"等便是最好的明证。

二 地方分权理论

（一）地方分权理论学说

一般所提及的权力分立指的是横向的分权，即根据国家权能的性质进行分割，如孟德斯鸠将国家权能分为立法权、司法权、行政权。但此处的分权是指中央与地方之间的分权，其核心是地方自治，其前提是民主主义。① 有学者总结，关于地方分权理论有十几种之多，如保护说、钦定说、传来说、固有权说、制度保障说、人民主权说、人权保障说、法人说、权力分立制衡说。② 归纳起来，一般可以分为三种类型：（1）地方自治的理由是因为天赋（保护说、固有权说、人民主权说）；（2）地方自治的理由是中央赋予（传来说、钦定说、制度保障说）；（3）其他理论。专门研究地方自治理论的学者都是为了回应时代的要求，因此，这些理论背后的历史、政治以及社会等方面的因素非常重要。

（二）学说背后的经济与社会

像英国这样的国家，联合王国的建立是通过战争与协议，通过封建领主与国王之间的妥协完成建国的。而美国是通过各个州的代表协商成立联邦。像这样在历史上是通过实力差不多的地方协商产生的国家，其地方的权力可以说是固有的、天赋的，中央不能干涉，反而应当予以保护。这种国家的特点是：地方拥有自治权，而且国家一般情况下不能干涉，即便出现了较大的突发事件，如台风、地震，若地方不同意中央军队进驻救援，中央是无权派出军队的。地方自治机关拥有立法权，但英美国家通过违宪审查的方式保障地方立法不触及国家的根本利益。若国家成立的方式并不是地方协商的结果，而是由于统一全国的战争，出现了一支强大的军队统一各个分裂的地方势力，那么权力的终端并不是来自地方授权，而是来自中央本身。历史上单一制的国家，如古代中国便是这种类型。与这样的历史相对形成的学说就是钦定说（由中央赋予），即认为地方组织的权力并

---

① 这种民主主义的内涵包含了两个方面：（1）社会主体应当充分地享有自由、平等的权利，能自主地决定自身的事务；（2）反对任何形式的专制统治。参见熊文钊《大国地方——中国中央与地方关系宪政研究》，北京大学出版社 2005 年版，第 9 页。

② 保护说的意思是地方自治为人民所固有，国家应当对地方自治进行保护；钦定说认为，地方权力是由中央政府赋予，中央随时可以撤回；传来说认为地方自治是由国家传来的，正是由于国家的承认地方自治才被许可；固有权说认为，地方自治属于天赋的自然权利，该学说与保护说类似；制度保障说认为地方自治是一种国家制度，其目的和国家一样是提高国民生活福利，因此，地方自治是一种制度；人民主权说认为，地方人民有权实施自治；人权保障说是指地方自治的理论基础在于保障人权；法人说认为，中央政府和地方政府是法人与法人之间的关系，二者之间是对等的关系；权力分立制衡说认为，根据杰弗逊等人创立的西方民主理论，中央与地方之间要先实行分权，以防止权力腐败或走向专制。参见郑贤君《地方自治学说评析》，《首都师范大学学报》（社会科学版）2001 年第 2 期。

不是天赋的，也不可能是当地人民所固有的，而是由主权国家赋予的，国家随时可以撤回这样的权力。这样的国家有自身的特点，就是即便地方可以决定主要行政官员，但中央对地方行政官员的任免拥有绝对的影响力，可以随时裁撤认为不合格的官员，地方政府是中央政府的派出机构，代表中央政府在地方管理地方事务（这一点和中国目前的情况有些类似，尽管地方主要领导人是由地方人大决定，但上级机构或者中央层面可以随时更换地方官员）。

尽管历史会对一个国家的中央与地方分权产生重要影响，但中央与地方之间的权力划分，会随着国家社会环境的改变而改变。以法国为例，法国地处欧洲大陆的中心，四周强国林立，历史上数次遭受邻国的入侵，长期战争所消耗的资源是以城堡和骑士为基础的领地分封所无法应对的，只有建立一个强大的中央政权才能够有效地组织和对抗外来入侵。因此，从历史上考察法国属于典型的中央集权国家。此时，最适合法国地方分权的理论莫过于钦定说，而时至1982年，为了使"法式社会主义"与苏联式的专政社会主义划清界限，法国进行了地方分权改革，增加了地方民主特色。① 此时，大量关于人民主权说或是权力分立的学说开始流行。

（三）影响集权与分权的因素

各种学说的使命是为了解决当时社会中存在的各种问题，中央集权也好，地方分权也罢，都是随着环境的变化而变化的，并不是一成不变。从经验来看，中央集权需要具备以下几个条件：（1）社会生产方式比较简单，社会结构单一，市民社会尚未形成，国家管理成本较低；（2）地方无法与中央的力量抗衡，地方管理的维系依靠中央派出的官僚机构；（3）国家经常处于非常状态，要么时常有外敌入侵，要么需要集中力量抗衡天灾（如中国古代治理黄河需要集权）。而地方分权程度比较高的国家一般具有以下特点：（1）国家周边环境良好，没有外敌入侵压力；（2）市民社会形成较早，国家组成方式是自下而上式；（3）国家的组成受到

---

① 同时，法国也是为了解决国内行政成本居高不下，地方发展失衡等问题，自从实施地方分权的改革以来，从1980年至1993年；市、镇收入扩大了将近4倍，省的收入扩大了将近3倍。数据来源：INSEE，法国经济表1995—1996年，第119页，转引自 Alistair Cole, *French Politics and Society*, 2nd, Taylor & Francis eBooks, www. tanfebooks. com/doi/pdf/10. 4324/9781315837253? DrmAccessMode = offline.

势力大致相当的地方的同意与支持，没有足够强大的中央政府可以压倒地方。

三　均权理论

（一）均权理论产生的历史背景

孙中山先生关于国家和宪政的思想影响了中华民国的制度建设和发展，在横向方面是五权宪法思想，即将国家权力分为行政权、立法权、司法权、考试权、监察权。在纵向方面是孙中山先生的均权思想。孙中山先生的均权思想并不是简单地借鉴西方经验，而是在战火与革命的洗礼下不断修正和反复的过程中提炼而来的。

在辛亥革命之前，孙中山先生坚定地认为中国应当效仿美国，成立联邦制国家。1911 年，他在法国发表讲话时指出："中国革命之目的，系欲建立共和政府，效法美国，除此之外，无论何项政体皆不宜于中国。"[①]除此之外，孙中山先生还兼容并蓄，在接受法文报纸《中法新汇报》的采访时，表示希望能够借鉴西方国家中央与地方分权的各种经验。[②] 孙中山先生之所以得出这个结论是基于对当时中国国情的判断：（1）在中国国内，前有太平天国运动，后有武昌起义，导致中央权威陨落，地方势力逐渐抬头，各省在宣布独立的情况下倾向于成立地方分权式的联邦政府；（2）在国际上，列强林立，中国国势衰落，孙中山先生提出建立联邦制国家乃是寄希望于西方列强的支持与同情，以增加革命的成功概率。

1912 年 1 月 1 日，中华民国临时政府在南京成立，但这个中央政府几乎所有的实权都被地方督抚架空，也正是如此，孙中山先生在任职期间，令不出户，中央对于地方割据势力软弱无力。让位于袁世凯之后，袁世凯凭借自己的实力，逐渐推行各种改革措施：军事上，削减南方军队，扩张自己的嫡系；财政上，统一货币，限制地方政府的财政能力，剥夺地方政府的借款权；行政上，通过大总统令任免地方官员。[③] 袁世凯的种种

---

① 《孙中山全集》第 1 卷，中华书局 1981 年版，第 563 页。

② 孙中山先生表示："我个人赞同汲取美利坚合众国和法兰西共和国的长处，选择一种间于二者的共和体制。我们想借鉴其他民族的经验。"参见《孙中山集外集》，上海人民出版社1990 年版，第 340 页。

③ 参见李明强《论孙中山的均权主义》，《汉江论坛》2003 年第 6 期。

行为刺激了南方诸省的军阀，为此，南方各省提出"联省自治"以对抗北洋军阀，此时孙中山先生一方面希望通过联合南方诸军阀推翻北洋军的统治，另一方面发现南方军阀并不想要真正统一，不希望北伐。

1922 年 6 月，陈炯明兵变直接刺激了孙中山先生，从此他对军阀所谓的"联省自治"或"一省自治"有了更加清醒的认识，正像陈炯明想要将广东变为"封建领地"一样，这些军阀并不是想实现联邦组成一个国家，而是希望成为自己封地里的统治者，将中国组成一个松散的国家。清末之时，为了摆脱清王朝的控制，各个地方分别发声，提出重建地方秩序，如杨笃生在《新湖南》中提出"湖南者，吾湖南人之湖南也"等口号。这种地方的口号助长了分裂势力，形成了各种地方主义。各地军阀正是利用此口号，借自治之名，行割据之实。

至此，孙中山先生认识到"联省自治"的危害和虚伪："上足以脱离中央而独立，下足以压抑人民而武断。"[①] 尽管孙中山先生主张地方自治，但基于当时的历史以及中国的大环境，他认为施行美国式的联邦制会使中国分裂成许多国家，无法完成国家的统一。在经历过改革试验以及切肤之痛之后，孙中山先生对于西方的联邦制有了新的认识，并提出自己的均权理论。

（二）均权理论的提出

孙中山先生的均权理论经历了一个由简单到复杂的过程，其思想形成较早，早在 1900 年，孙中山先生在给香港总督的信中就有关于中央与地方权限划分的表述，但早期的孙中山先生比较倾向于地方自治，[②]并且对于中央政府与地方政府权限划分没有详尽的思考，什么样的事权应当归属于中央，哪些财权应当由地方享有并没有清晰的看法和观点。时至 1912 年，中华民国临时政府成立，孙中山先生在评价集权与分权的得失时对应当属于中央和地方之事权和财权进行了划分，他认为："中央有当然之权，军政、外交、币制、交通、关税是也。地方有地方

---

① 参见《孙大总统广州蒙难记》，正中书局 1937 年版，第 49 页。
② "立一中央政府，以总其成，于各省立一自治政府，以资分理。省之一切政治、征收、正供，皆有全权自理，不受中央政府遥制。"参见《孙中山全集》第 1 卷，中华书局 1981 年版，第 193 页。

之权，自治范围是也。"① 这种简单的划分并不是孙中山先生均权理论的终结，在 1922 年《中华民国建设之基础》一文中对于均权思想有了较为成熟的观点，在中央与地方事权划分上否定了非此即彼的划分标准，提出了中央与地方都可能涉及的中间领域。以往看来，军事属于中央，但地方的警卫队则应当由地方统辖；外交属于中央，但地方亦可开展与外邦的合作与交流；教育属于地方，但关于义务教育的年限等问题，中央应当予以规定。② 孙中山先生提出的均权理论，彻底地否定了当时的"国小民寡，或可用中央集权；地大民众，则非用地方分权，或联省自治不可"③ 的观点。

（三）均权理论对于城市立法的影响

均权主义对日后的台湾"立法"产生了深远的影响，国民党败退台湾之后，在台湾继续施行民国的法律，在地方自治方面，台湾的制度比较独特，地方享有高度的自治权。按照 1947 年的《中华民国宪法》中的规定，省、县是地方自治团体，可以制定自治法，实施地方自治。而且，台湾的地方自治团体并不是中央的派出机构，地方自治团体的权力也远大于大陆的市、县的权力。根据台湾地区"宪法"制定的"台湾地区地方制度法"中清晰地规定了地方自治的范围（第 18 条至第 20 条），规定了地方立法的范围："直辖市、县（市）、乡（镇、市）得就其自治事项或依法律及上级法规之授权，制定自治法规。自治法规经地方立法机关通过，并由各该行政机关公布者，称自治条例；自治法规由地方行政机关订定，并发布或下达者，称自治规则。"台湾地区的政治实践是孙中山先生理论的发展和延续，是中国土地上比较特殊的政治形态。

---

① 《孙中山全集》第 2 卷，中华书局 1981 年版，第 482 页。
② "权之分配，不当以中央或地方为对象，而当以权之性质为对象。权之宜属于中央者，属之中央可也；权之宜属于地方者，属地方可也。例如军事、外交，宜统一不宜分歧，此权之宜属中央者也。教育、卫生随地方情况而异，此权之宜属地方者也。更分析以言，同一军事也，国防也固宜属于中央，然警备队之设施，岂中央所能代劳，是又宜属之地方矣。同一教育也，海滨之区宜侧重于水产，山谷之地宜侧重于矿业或林业，是故宜予以地方以措置之自由，然学制及义务教育年限中央不能不为留一范围，是中央亦不能不过问教育事业矣。"转引自封丽霞《中央与地方立法关系法治化研究》，北京大学出版社 2008 年版，第 57 页。
③ 《孙中山集外集》，上海人民出版社 1990 年版，第 32—34 页。

四 中华人民共和国成立后关于中央与地方权限划分的理论

（一）毛泽东：发挥两个积极性

1. 历史背景

中华人民共和国成立之后，解放战争并没有完全结束，因此政府的财政压力比较大，需要地方缓解中央财政压力，但此时地方久经战争折磨，经济难以复苏，故中央给予了地方较大的财政管理权限，而余下的解放战争经费支出则由中央负担。1950 年，解放战争基本结束，矛盾的重心由解放中国转移到建设中国上，于是中央决定统一国家的财政经济工作。为了加强中央对地方财政的控制，中央将财政、金融、国有企业的管理权限收归中央。除此之外，中央还进行了大刀阔斧般的系列改革：1952 年 12 月，中央成立国家计划委员会，用以强化中央制定和实施计划的能力；1953 年，中央撤销了大行政区政府的经济管理职能，原有的经济管理权限收归中央；1954 年撤销了六大行政委员会（中央人民政府委员会 1954 年 6 月 19 日第 32 次会议决定），将 14 个直辖市缩减为 3 个。[①] 此外，政务院不断地增加工作部门，其中大部分是主管经济。到 1956 年底，国务院新增添的 17 个工作部门绝大多数是经济管理方面的，如国家经济委员会等。各个地方比照中央建制，也设立了对口的机构，至此，从中央到地方，从上至下形成了以部门管理为主（条条管理），按照产品和行业分类进行管理的行政体制。

中央通过集合国家现在所有的资源，推动了"一五"计划的顺利实施和实现，集中力量打下了我国的工业基础。与此相配合的是计划经济体制的形成，计划经济有自己无法克服的弊病，如对地方经济管得过死，如中央以安徽历史上工业基础差为由，限制安徽发展工业，认为省里没有资格办工厂，不能把合肥人为地"建设成工业城市"[②]。又如，中华人民共

[①] 1953 年的 14 个直辖市是：北京市、天津市、沈阳市、旅大市（1981 年改名为大连市）、鞍山市、抚顺市、本溪市、长春市、哈尔滨市、西安市、上海市、武汉市、广州市、重庆市。1954 年的直辖市被缩减为：北京市、天津市、上海市。参见中国行政区划网，http://www.xzqh.org/old/yange/1953.htm，最后访问 2014 年 9 月 15 日。

[②] 武力：《1949 年以后毛泽东对中央与地方经济关系的探索》，《毛泽东与中国社会主义建设规律的探索：第六届国史学术年会论文集》，2006 年 9 月 1 日。

和国成立后，中央只给天津地方工业安排 20 万元的基建投资，需要建设
什么项目，如何建设项目，每个项目多少人，如何分配人员，都需要经过
中央有关部门的批准或同意。不仅在工程建设上，地方基础教育同样需要
请示中央有关部门，天津市教育部门多招收了一些适龄的小学生，还需要
经过中央主管部门的同意。① 中央集权过程中限制了地方发展的活力，造
成地方经济发展停滞。1956 年，毛泽东同志听取了来自地方和中央的汇
报和报告，普遍反映，中央对于地方的经济管制过于严苛，严重地束缚了
地方经济的发展，同时企业无法发挥自身的积极性，对此，强烈要求中央
放权。在此基础上，毛泽东同志于 1956 年提出《论十大关系》，阐释了
中央与地方两个积极性的含义，为权力下放打开了闸门。

2. 主要观点

毛泽东同志在《论十大关系》第五部分专门谈到中央与地方的关系。
在该篇中重点提出了以下思考：（1）要解决中央与地方之间的矛盾，出
路是在巩固中央领导的前提下，扩大地方权力；（2）中央的发展需要地
方发挥积极性，中央要巩固，需要注意地方利益；（3）政出多门，造成
了地方经济发展和管理混乱；（4）中央在政策制定过程中应当与地方进
行协商；（5）资本主义国家处理中央与地方之间关系的有益经验，值得
研究和借鉴；（6）地方在不违背中央大方针的前提下，可根据实际需要
制定地方的章程和条例；（7）地方与地方之间的关系同样需要谨慎处理；
（8）中央与地方的关系问题，需要不断总结经验，克服缺点。②

3. 影响及评价

毛泽东同志《论十大关系》的提出在某种程度上扭转了中央过度集
权的弊端，但中央的两次努力（1953—1960、1970—1976）最终以失败
告终。③ 一些学者总结经验，认为这是因为权力下放过快、过大导致的改
革失败。另外一些学者认为中央缺乏对地方分权的科学界定和认识。④ 首
先，这是由于没有认真将这些思想转化为具有可操作性的、技术性的具体

① 辛向阳：《论毛泽东的中央与地方关系思想》，载《纪念毛泽东——纪念毛泽东同志诞
辰 110 周年理论研讨会论文集》，2003 年 12 月 1 日。
② 参见毛泽东《论十大关系》。
③ 这两次权力下放的实践分别以"大跃进"的失败和"文化大革命"的失败而告终。
④ 袁友军：《毛泽东早期地方自治思想初探》，《学理论》2009 年第 15 期。

规定，如哪些事权或者财权应当交由地方处理，哪些交由中央处理，地方的行为受制于中央，非制度化的结果容易走极端，导致中央第一次权力下放以"大跃进"的失败而告终。其次，与这种权力的下放相伴随的经济制度并不是市场经济，此时的中国，政企不分并且实施的是单一公有制的计划经济，这些因素决定了改革的失败。地方和地方之间，企业和企业之间并不是通过市场竞争，而是完成上级行政下达的任务，计划经济体制下的地方经济陷入"一管就死，一放就乱"的乱局。最后，中央废除了国民党法统的同时，也将国民党总结的中央与地方之间分权的经验抛弃，希望在实践中再尝试，再总结，再克服缺点，增加了改革成本，浪费了大量的资源。

（二）邓小平：权力下放，但中央必须有权威

1. 历史背景

党的十一届三中全会的胜利召开代表了邓小平时代的来临，此时中国进入改革发展的新阶段。从此，解放思想，实事求是的思想路线重新确立。在毛泽东时代，中央与地方的分权是在计划经济体制下的内部管理权限划分，并没有真正做到权属清晰。而以邓小平同志为核心的党的第二代领导集体，在讨论和实践中央与地方分权问题过程中，重视事权和财权两方面都下放，扩大了地方事务管理和经济管理的能力和范围，并逐步建立起社会主义市场经济，修改并完善相关的法律，开启中央与地方分权新篇章，从此，中国在中央与地方立法法治化道路上不断前进。

具体而言，这种分权主要是从以下几方面进行的：（1）在政治体制上，通过税收、投资、外贸和人事等体制改革，逐步扩大了地方政府的管理权限。（2）在经济体制上，逐步改变传统的计划经济体制，为了调动起地方的积极性，同时解决中央的财政困难，中央分别在1980年和1985年推出了"划分收支，分级包干"和"划分税种，核定收支，分级包干"的财政管理体制。总体上说，这种"摸着石头过河"的试验性改革模式是倾向于地方分权的。（3）在立法上，改变过去以党代政，开始大规模立法，提出"有法可依、有法必依、执法必严、违法必究"十六字方针，在中央立法的同时，下放立法权，在不违背上位法情况下，依据本地实际情况，制定地方性法规和规章。

随着中央不断的权力下放，中国部分地区经济获得了高速发展。但是

地方政府作为经济发展的主体，为了刺激本地经济发展，纷纷建立贸易壁垒，对国内资源的流动设置障碍。地方政府为了获得更多的社会资源，扩大自己的经济能力和调控力量，不惜动用行政力量压制外地企业的进入，而不是维护一个公平竞争的投资环境。除此之外，地方政府在投资兴办企业时，不考虑市场规律，拍脑瓜做事情的不在少数，同一区域或者不同区域的地方互相抄袭经济形式，A 市兴办了化工厂，B 市照猫画虎，也办一个化工厂，不寻找各个地区的优势，盲目跟风，结果是产业结构严重趋同。

2. 主要观点

邓小平同志在初始阶段是肯定中央对地方放权的，如 1980 年，邓小平同志指出："权力过分集中，越来越不能适应社会主义事业的发展和进步。"① "我们历史上多次过分强调党的集中统一，过分强调反对分散主义、闹独立性，很少强调必要的分权和自主权，很少反对个人过分集权。"② "调动积极性，权力下放是最主要的内容。"③

但邓小平同志在主张向地方分权的同时，强调中央一定要有权威。而权威一词可以分解为权力和威望。所谓权力是指中央要有足够大的权力；所谓威望，即中央要得到地方的真心拥护和信任，能够说一不二。中央所拥有的权威，应该是权力与威望的统一。加强中央的权威应当体现在"中央说话能够算数，不能搞你有政策，我有对策"④。

3. 影响及评价

邓小平同志引领的改革影响深远，他主要通过健全法制的手段，调整中央与地方之间的关系，使之规范化、法治化。首先，明确了中央与地方权力划分的基本原则，即在维护中央权威之前提下，最大限度地保障地方发挥积极性；其次，在宪法中明确规定了全国人大、全国人大常委会及国务院的职权划分，并明确规定了各个地方之间的职权划分；最后，增加了我国的立法体制，赋予地方立法权，修改《地方组织法》，赋予较大的市立法权。

---

① 《邓小平文选》第 2 卷，人民出版社 1993 年版，第 329 页。

② 同上。

③ 同上书，第 242 页。

④ 同上书，第 277 页。

第三节　较大的市立法：历史研究

一　国务院批准较大的市的背景

拥有立法权的较大的市的产生并不是一蹴而就的，它是中国中央和地方关系改革大背景下的一个小的分支，而改革背后的原因和起点便是财政压力。1978 年，中央财政收入只有 1121.12 亿元，这笔费用需要维持一支 500 万人的军队和一支 3000 万人左右的国家干部队伍，财政捉襟见肘。1978 年，中央财政收入在全部财政收入中只占 15.6%，地方却占 84.4%。① 但是中央依赖这 15.6% 的财政收入，管理了全国大部分事情，财权和事权严重不匹配。解决这一矛盾有两种思路：其一，压缩地方财政收入，上缴国家；其二，下放事权，缓解中央财政压力。②

这两个思路相比较而言，第二条更加有利于地方的发展。中央在这样的背景下开始第三轮下放权力，因为前两次向地方放权的尝试以失败而告终（1953—1960、1970—1976），第一次放权以"大跃进"的失败而告终，第二次放权因"文化大革命"的影响而失败。因此，两次失败的教训使得中央对权力下放持审慎态度，在开始推广之前，总是先寻找试点单位和试点地区，利好的情况下，再向全国铺开。如中央为了试验对外开放，设立了经济特区；为了试验立法权力下放，设立了较大的市；为了试验经济体制改革，设立了计划单列市。具体改革分为两个阶段，见表 1—1。

---

① 辛向阳：《大国诸侯——中央与地方关系之结》，中国社会出版社 2008 年版，第 412 页。

② 奥茨在 1971 年出版的《财政联邦主义》一书中为地方政府的存在提出了一个分权定理："对于某种公共物品来说——关于这种公共品的消费被定义为使遍及全部地域的所有人口享用，并且，关于该物品每一个产出量的提供成本无论对中央政府还是地方政府来说都是相同的——那么，让地方政府将一帕累托有效的产出量提供给它们各自的选民，则总是要比由中央政府向全体选民提供任何特定的并且一致的产出量有效得多。"这里包含了两个意思：（1）很多公共物品的生产，地方政府的生产成本比中央政府低；（2）在生产成本相同的情况下，地方政府更能满足地方居民的要求。中央此时的权力下放就是让地方政府承担更多的公共物品的生产。转引自辛向阳《大国诸侯——中央与地方关系之结》，中国社会出版社 2008 年版，第 419 页。

表1—1   城市改革两阶段

时间	阶段名称	内容
第一阶段 1978—1984 年	城市改革的实验与探索阶段	扩大企业自主权试点：1978 年，中央选择四川作为扩大企业自主权试点省份，截至 1980 年全省已有 443 个工交企业进行了试点。① 1979 年，国家经济委员会与财政部等在北京、上海、天津选择首钢等 8 个企业进行扩大企业自主权的试点。② 自此，扩大企业自主权逐步向全国中心城市推广
		城市经济体制综合改革试点：1981 年 10 月、1982 年 3 月，国务院决定将湖北省沙市、江苏省常州市作为试点城市，进行综合改革试点。重点对机构改革、企业改组、银行信贷、劳动工资等 11 个方面进行改革。之后，又批准了大连、南京、武汉、重庆等城市进行改革。被选择的城市，在经济管理权限以及财政体制方面有所不同，扩大了相应的权力。同时，中央又批准西安、广州、哈尔滨、大连、沈阳、武汉、重庆 7 个城市为计划单列市，使得这些城市的经济发展以及财政政策与国家直接挂钩。这一系列改革措施，强化了城市对自身经济的组织和管理作用，同时为进一步深化改革积累了经验。到 1987 年 2 月，全国进行经济体制改革试点城市共有 72 个③
		实行市管县体制：1982 年 11 月的五届全国人大五次会议通过了《关于第六个五年计划的报告》。报告明确规定"在经济比较发达的地区，实行地市机构合并，由市领导周围各县"。④ 并选取江苏省作为试点，江苏试点非常成功，打破了原有市县之间的行政壁垒和城乡分割问题。1983 年市管县体制在全国推行⑤
		建立经济特区：厦门、深圳、珠海、汕头

---

① 参见王向升等《关于四川扩大企业自主权的调查报告》，《计划经济研究》1981 年第 5 期。

② 参见《中华人民共和国国务院公报》1980 年第 14 期，第 419—427 页。

③ 陈亚杰：《二十世纪八十年代中国城市经济体制综合改革试点述论》，《中央党史研究》2011 年第 9 期。

④ 叶敏：《增长驱动、城市化战略与市管县体制变迁》，《公共管理学报》2012 年第 2 期。

⑤ 郭凯峰：《中国市制发展问题分析——以江苏省为例》，《重庆市科技学院学报》（社会科学版）2007 年第 6 期。

续表

时间	阶段名称	内容
第二阶段 1984—1994 年	城市改革的全面展开和调整阶段	政企分离改革试验：1986 年 5 月，经中央授意，国务院批准无锡、苏州、常州、潍坊、丹东等 16 个中等城市作为第一批城市机构改革试点城市①
		市场经济体制改革试验：1992 年国家体改委批准常州、重庆、鞍山、延吉、唐山、宁波等 13 个城市作为全国综合配套改革试点城市。以产权改革为重点，探索建立现代企业制度和市场经济制度②
		经济体制改革，扩张计划单列市：经济体制改革试点城市扩大到 72 个，其中，在原有 7 个计划单列市的基础上，将宁波、青岛、成都、南京、长春、深圳、厦门 7 市实行计划单列③
		房改试点：选择烟台、成都、石家庄、常州、佛山、深圳等城市进行房改试点④
		对外开放：为了进一步加大对外开放的深度和广度，中央设置了海南经济特区、上海浦东新区、深圳保税区。选择了 14 个沿海港口城市对外开放。对于黑河、丹东等与他国接壤的沿边城市，实行相应的优惠政策

表 1—1 详细列举了中国自 1978 年至 1994 年各种改革的试点，这些试点大多数与城市相关。可见给部分城市立法权并非中央的单独决定，而是一系列改革的重要组成部分。中央除了将部分城市作为试点进行政治体制和经济体制改革之外，还选择了较大的市作为立法体制方面的试点城市。于是从 1984 年至 1993 年先后批准了 19 个城市作为较大的市，拥有立法权。

二　国务院批准较大的市的依据

国务院 1984—1993 年间先后分批次批准了 19 个较大的市，批准批次与年月如表 1—2 所示。

---

① 何敏智：《城市机构改革的可贵实践——十六个中等城市机构改革试点工作综述》，《中国经济贸易导刊》1987 年第 12 期。

② 洪波曲：《我国城市综合配套改革试点起步》，《草原税务》1994 年第 4 期。

③ 俞荣新：《新中国成立以来我国计划单列市的历史演进》，《党史文苑》2014 年第 13 期。

④ 唐林华：《城市房改试点方案比较和全面推进房改的探讨》，《经济纵横》1991 年第 8 期。

表1—2　　　　　　　　国务院分批次批准的较大城市

批准批次	批准时间	城市			
第一批	1984 年 12 月 15 日	鞍山市	齐齐哈尔市	包头市	大连市
		抚顺市	唐山市	吉林市	洛阳市
		大同市	青岛市	淮南市	无锡市
		重庆市（1997 年 3 月升格为直辖市）			
第二批	1988 年 3 月 5 日	宁波市			
第三批	1992 年 7 月 25 日	邯郸市	淄博市		本溪市
第四批	1993 年 4 月 22 日	苏州市	徐州市		

因省会城市是综合历史、政治、经济等各方面因素形成的，无须过多考察为何会成为省会。经济特区所在地的市具有地理因素和偶然性的成分，并且样本较少，当年厦门、汕头、珠海、深圳在划定为经济特区时，其发展水平并不是很突出，只是因为地理位置占据优势，中央给予了特殊的政策照顾，因此也没有必要探讨划定原因和依据。国务院批准的较大的市，在划定原因上引起了国内学界两种不同的声音。

一种观点认为，国务院批准的较大的市是经过深思熟虑的。[①] 批准的这 19 个城市（重庆 1997 年升格为直辖市），都是我国重要的工业基地和改革开放过程中具有明显经济优势的城市，其中大同、包头、淮南、徐州、抚顺是重要的煤炭生产城市，洛阳、齐齐哈尔、吉林、淄博是国家重要的工业基地，唐山、鞍山、邯郸是国家重要的钢铁生产基地，青岛、大连、宁波是新兴的海港城市，无锡、苏州是排名靠前的工贸旅游城市。

一种观点认为，国务院批准较大的市具有随意性和任意性，是一种非理性的授权。[②] 理由如下。

（1）从审批的标准来看，国务院在批准较大的市的过程中没有清晰的标准，在国务院交付省级政府的相关批复中，没有提及批准或者不批准

---

① 陶友伦：《关于较大的市立法权讨论》，《行政与法》2003 年第 6 期。
② 李兵：《关于划定具有立法权的较大的市的思考》，《法学》2005 年第 9 期。

的原因、依据，而是简单地批准某某市成为较大的市，允许该市依照《地方组织法》制定地方性法规和政府规章。如 1992 年国务院批准邯郸市为较大的市，就是以通知的形式下发。

> 国函〔1992〕90 号《国务院关于批准邯郸市为较大的市的通知》："河北省人民政府：你省关于请批准邯郸市为较大的市的请示收悉。国务院批准邯郸市为较大的市，该市可以根据《中华人民共和国地方各级人民代表大会和地方各级人民政府组织法》的有关规定，制定地方性法规和规章。"

（2）从审批的规范性来看，国务院至今尚未出台关于较大的市审批相关办法。国务院在批准较大的市的过程中确实发布了征求意见的通知，其中对于较大的市的确定办法表述是："待取得经验以后，再定一个办法。"但是时至今日，仍然没有见官方出台审批较大的市的办法。[①]

（3）从审批的实际结果来看，在地域分布上基本是东北城市居多，东部城市居多，钢铁重工业、煤炭经济城市居多，但是其他轻工业、石油开采发达的城市并没有考虑在内，如大庆市，在 1984—1990 年间，其各项指标均居全省甚至全国前列，并没有被批准为较大的市。而且审批时间都在 1994 年之前，之后就没有批准任何城市成为较大的市，审批工作缺乏计划性。

（4）从某些地方流出的资料来看，某些城市成为较大的市与某些偶然性事件有关。根据宁波市法制局的领导回忆："宁波市在宣布成为较大的市之前，宁波市的主要领导人并不知道，之所以能够申请成功，据说是因为考虑到船王包玉刚到宁波投资，中央想要借此机会将宁波作为一个开放和投资的窗口，于是就批准了宁波市成为较大的市。"[②]

针对上述质疑，笔者通过考察这 19 个城市的各项综合指标，以证明国务院批准这 19 个城市是深思熟虑的，进而探索当年批准成为较大的市的标准。

---

① 李兵：《关于划定具有立法权的较大的市的思考》，《法学》2005 年第 9 期。
② 曹海东：《温州申要立法权 18 年持久冲动》，《经济》2005 年第 1 期。

首先是人口考察。《地方组织法》1982 年修正案赋予了省级政府所在地的市和国务院批准的较大的市立法"拟订权"，1984 年国务院开始批准较大的市，笔者尝试通过 1982 年全国第三次人口普查的数据，分析人口因素对成为较大的市的影响。如表 1—3 所示。

表 1—3　　　　　　　　人口因素对成为较大市的影响

省份	城市	人口（单位：人）	省内排名	国内排名
河北省	唐山市区	1338296	1	20
	石家庄市区	1066332	2	36
	邯郸市区	938082	3	46
山西省	太原市区	1774713	1	14
	大同市区	967608	2	42
内蒙古自治区	包头市区	1070481	1	35
	呼和浩特市区	742114	2	60
辽宁省	沈阳市区	4003405	1	4
	大连市区	1478978	2	16
	鞍山市区	1214571	3	27
	抚顺市区	1192814	4	28
	本溪市区	792401	5	54
吉林省	长春市区	1757083	1	15
	吉林市区	1079332	2	33
江苏省	南京市区	2134198	1	12
	无锡市区	812610	2	52
	徐州市区	779289	3	55
	苏州市区	673308	4	63
浙江省	杭州市区	1191582	1	29
	宁波市区	468230	8	92
安徽省	淮南市区	1025077	1	38
	合肥市区	821812	2	51
山东省	淄博市区	2231519	1	10
	济南市区	1338107	2	21
	青岛市区	1173872	5	30

续表

省份	城市	人口（单位：人）	省内排名	国内排名
河南省	郑州市区	1428316	1	17
	洛阳市区	975764	2	40
四川省	重庆市区	2634492	1	7
	成都市区	2466515	2	9
黑龙江省	哈尔滨市区	2542832	1	8
	齐齐哈尔市区	1224749	2	26

资料来源：《中国 1982 年人口普查资料》第 2 卷，中国统计出版社 1985 年版，第 58 页。

从表 1—3 可以看出，国务院批准的较大的市在人口数量上，均是 50 万人以上。在省内人口数量排名来看，基本省内第二人口或第一人口大市。但也有一些例外，如山东的青岛市、浙江的宁波市。但是，山东青岛和浙江宁波是我国重要的港口城市，其优势并不在于人口多，而在于城市的功能。

其次是经济实力的考察。以下数据均来自我国 1985 年的工业普查。考察一个城市的工业水平，包括了以下几个指标：工业总产值、年职工人数、利润总额、固定资产（见表 1—4 至表 1—7）。

表 1—4　　　　　　　　　　　工业总产值

城市所在省份	城市	工业总产值（万元）	省内排名	国内排名
四川省	重庆市	932794	1	8
辽宁省	大连市	881267	1	9
辽宁省	鞍山市	786853	2	14
山东省	青岛市	772077	1	15
江苏省	无锡市	704483	2	16
辽宁省	抚顺市	648777	3	18
山东省	淄博市	570118	4	24
吉林省	吉林市	511208	2	26
江苏省	苏州市	502081	3	27
浙江省	宁波市	457768	2	29
河北省	唐山市	412711	2	32
河北省	邯郸市	371713	3	33

城市所在省份	城市	工业总产值（万元）	省内排名	国内排名
河南省	洛阳市	348820	2	34
黑龙江省	齐齐哈尔市	342680	3	35
内蒙古自治区	包头市	333332	1	38
江苏省	徐州市	314490	4	41
辽宁省	本溪市	298140	6	45
山西省	大同市	260529	2	50
安徽省	淮南市	174140	5	79

从工业总产值来看，国务院批准的较大的市都有相当满意的成绩，重庆市、大连市、鞍山市、青岛市、无锡市、抚顺市、淄博市、吉林市以及苏州市 1984 年的工业总产值都在 50 亿元以上。[①] 余下的国务院批准的较大的市也是其所在省排名第二或第三，如浙江省宁波市工业产值排浙江第二；唐山、邯郸分别排河北省第二、第三。[②] 但是安徽省的淮南市无论省内排名还是全国排名都不尽如人意，淮南市作为 1984 年首批批准的较大的市，工业水平在数据表现上不如省内的其他城市。

表 1—5　　　　　　　　　　职工人数

省份	城市	职工人数（万人）	省内排名	国内排名
四川省	重庆市	74.28	1	6
辽宁省	鞍山市	54.13	2	11
辽宁省	大连市	46.82	3	15
山东省	青岛市	42.23	1	17
辽宁省	抚顺市	37.48	4	20
山东省	淄博市	36.24	3	21
河北省	唐山市	34.34	1	23

---

① 1984 年工业产值上 100 亿元的城市有 7 个：上海、天津、北京、沈阳、广州、武汉、南京。50 亿元至 100 亿元之间的城市有 16 个。除了国务院批准的较大的市之外，其余基本都是省会城市。参见国务院全国工业普查领导小组办公室编《中华人民共和国 1985 年工业普查资料》，中国统计出版社，1987—1989 年版。

② 参见国务院全国工业普查领导小组办公室编《中华人民共和国 1985 年工业普查资料》，中国统计出版社，1987—1989 年版。

续表

省份	城市	职工人数（万人）	省内排名	国内排名
江苏省	无锡市	32.62	2	24
河北省	邯郸市	31.46	2	26
内蒙古自治区	包头市	30.74	1	27
吉林省	吉林市	29.07	2	29
黑龙江省	齐齐哈尔市	28.02	2	30
江苏省	徐州市	27.22	3	31
江苏省	苏州市	26.73	4	33
山西省	大同市	26.65	2	34
辽宁省	本溪市	25.47	5	35
浙江省	宁波市	23.24	2	40
河南省	洛阳市	21.72	2	43
安徽省	淮南市	18.34	2	48

　　职工人数一方面反映城市就业水平，另一方面是城市化进程中的一项重要指标，它从某个方面既反映了城市的经济实力，又体现了城市对农村及外地人口的吸引力。从全部职工人数在 10 万人以上的城市的主要指标来看，这些国务院批准的较大的市 1984 年职工人数均名列国家前茅，[①]从数据来看除了直辖市和省会城市之外，这些城市的职工人数最多，有些城市的职工人数甚至超过了省会城市（如重庆）。

表 1—6　　　　　　　　　　　利润总额

省份	城市	利润总额（万元）	全省排名	全国排名
辽宁省	鞍山市	160040	2	8
	大连市	127446	3	10
	抚顺市	80416	4	17
	本溪市	38386	7	36
黑龙江省	齐齐哈尔市	19055	3	59
吉林省	吉林市	75779	2	19

---

　　① 参见国务院全国工业普查领导小组办公室编《中华人民共和国 1985 年工业普查资料》，中国统计出版社，1987—1989 年版。

续表

省份	城市	利润总额（万元）	全省排名	全国排名
山东省	淄博市	80815	1	16
	青岛市	80389	2	18
江苏省	无锡市	84047	2	15
	苏州市	57234	4	26
	徐州市	17710	7	70
河北省	唐山市	34680	2	39
	邯郸市	30256	3	46
河南省	洛阳市	39779	2	35
内蒙古自治区	包头市	35282	1	38
山西省	大同市	29024	2	48
安徽省	淮南市	—	—	—
四川省	重庆市	98379	1	11

注：安徽省淮南市数据缺失。该数据为1985年国家统计所得，1985年有些城市数据一般，仍然没有成为国务院批准的较大的市；有些市表现强劲，虽然没有纳入第一批较大的市的范围，但在第二批、第三批、第四批进入了国务院批准的较大的市的范围。

表1—7 **固定资产**

省份	城市	固定资产（万元）	省内排名	国内排名
辽宁省	鞍山市	923108	2	6
	抚顺市	584824	3	16
	大连市	584785	4	17
	本溪市	387716	5	28
黑龙江省	齐齐哈尔市	399380	3	25
吉林省	吉林市	561447	1	19
河北省	唐山市	575389	1	18
	邯郸市	395983	2	27
内蒙古自治区	包头市	509158	1	20
山东省	淄博市	469319	2	21
	青岛市	399325	3	26
山西省	大同市	450259	2	22

省份	城市	固定资产（万元）	省内排名	国内排名
河南省	洛阳市	327598	2	38
江苏省	无锡市	303974	2	42
	徐州市	261977	3	46
	苏州市	220224	4	51
安徽省	淮南市	269484	1	45
浙江省	宁波市	232905	2	49
四川省	重庆市	689350	2	12

一个城市的固定资产是该城市现代化建设的重要指标，固定资产与城市现代化程度成正比，城市固定资产越多，城市现代化水平越高。从表1—7可以看出，这19个国务院批准的较大的市在城市固定资产排名上均靠前，在平均实力上远超一般城市水准。

综上所述，这19个国务院批准的较大的市尽管在某些方面表现并不突出，但综合实力位居省内前列，甚至超越了省会城市。国务院当年批准的这些城市属于理性选择的结果，由此，也可以推断中央对于较大的市的批准的大致标准如下：人口排在省内前列；经济实力雄厚，且具有一定的发展潜能；城市现代化水平高；城市的支柱产业属于国家亟须发展的行业，如80—90年代的煤炭、90年代的钢铁等。

另外，国务院自1993年以后，再也没有启动较大的市批准工作，这也成为某些学者认为国务院批准非理性的一种表现，实际上，中央如此行为存在着深刻的经济理由。

三　国务院批准较大的市的停滞

温州、佛山、东莞等城市为了成为较大的市，年年申请，还举办了各种会议，如浙江温州出资邀请国务院法制办以及全国人大法工委相关领导举行的"较大的市"审批工作会。这些城市想尽一切办法想成为较大的市，但是仍然没有得到批复。可以说，自1994年始，国务院再也没有批准拥有立法权的较大的市，很多城市不明白中央此举背后的原因，因而耗费20多年不断地申请成为较大的市。那么1994年发生了什么事？从表1—8和

图 1—2 可以看出，1994 年，中央与地方财政收入突然发生了巨大的变化。

表 1—8 中央与地方财政收入

年份	全国（亿元）	中央	地方	比重（%）	
				中央	地方
1978	1132.26	175.77	956.49	15.5	84.5
1980	1159.93	284.45	875.48	24.5	75.5
1985	2004.82	769.63	1235.19	38.4	61.6
1989	2664.90	822.52	1842.38	30.9	69.1
1990	2937.10	992.42	1944.68	33.8	66.2
1992	3483.37	979.51	2503.86	28.1	71.9
1994	5218.10	2906.50	2311.60	55.7	44.3
1995	6242.20	3256.62	2985.58	52.2	47.8
1996	7407.99	3661.07	3746.92	49.4	50.6
1997	8651.14	4226.92	4424.22	48.9	51.1
1998	9875.95	4892.00	4983.95	49.5	50.5
1999	11544.08	5849.21	5594.87	51.5	48.5
2000	13395.23	6989.17	6406.06	52.2	47.8
2001	16386.04	8582.74	7803.30	52.4	47.6
2002	18903.64	10388.64	8515.00	55.0	45.0
2003	21715.25	11865.27	9849.98	54.6	45.4
2004	26396.47	14503.1	11893.37	54.9	45.1
2005	31649.29	16548.53	15100.76	52.3	47.7
2006	38760.20	20456.62	18303.58	52.8	47.2
2007	51321.78	27749.16	23572.62	54.1	45.9
2008	61330.35	32680.56	28649.79	53.3	46.7
2009	68518.30	35915.71	32602.59	52.4	47.6
2010	83101.51	42488.47	40613.04	51.1	48.9
2011	103974.40	51363.35	52611.05	49.4	50.6
2012	117209.75	56132.42	61077.33	47.9	52.1
2013	129143	60174	68969	46.6	53.4

资料来源：国家统计局国民经济综合统计司、农村社会经济调查司编：《中国区域经济统计年鉴（2013）》，中国统计出版社 2013 年版。

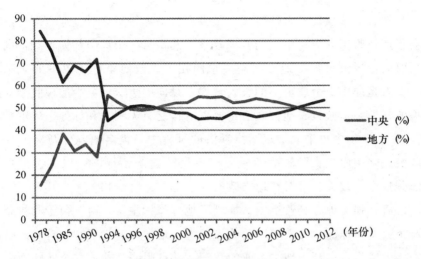

图1—2　中央与地方财政收入

随着中央对地方的进一步放权，地方经济有了较好的发展，但是我国中央政府的调控能力却不断下降。

首先，中央的财政宏观调控能力下降。1994年之前，我国的财政政策是包干制，即中央与地方签订协议规定一年的税收，税收之外由地方获益。由于包干制首先限制了中央的财政收入，导致中央财政没有随着国民经济的增长而增长，又没有随着财政总量的增长而增长。无论是定额上解包干、上解额递增包干，还是收入递增包干，都把中央财政管得死死的，于是，中央财政占国民生产总值的比重和占全国财政收入的比重逐年下降。

1978年，我国中央政府财政收入约占国民生产总值的31.2%，1980年下降为23.3%，1986年下降为18.0%，1992年更进一步下降为14.7%，1993年下降为13.9%，平均每年下降1个百分点。当时的中国在世界范围内财政收入占GNP比重绝对属于低水平的国家之一，20世纪80年代发达国家的平均比重为42.04%，其中1989年德国为45.7%，法国为46.2%，加拿大为40.3%，匈牙利为61.3%；而在发展中国家，平均比重为24.18%，80年代末为27.11%，1989年马来西亚为29.8%，埃及为 34.9% 。[①]

其次，政策执行有效性锐减。中央下放地方权力之后，地方政府逐渐学会了如何敷衍并应付中央的各项政策，几乎每一个部门都懂得如何向中央政府讨价还价来维护地方利益。它们在中央政府争夺了更多的优惠政策，或者是向中央争取更多的投入，或者是向中央交纳更少的税收。对于中央的任何一项政策，地方政府都要以对自己有无利益和好处来理解和执行，在 1993 年中央采取宏观调控举措的过程中，很多地方公开提出"宏观调控，坚决服从；微观搞活，一步不松"这类话语。可以说，中央的一部分指令、政策、号召在地方政府那边都要大打折扣。

最后，强化地方利益机制，加剧了地方保护主义。由于包干制将企业以及企业所在地的地方政府财政收入捆绑，地方政府为了增加自身的财政收入，大量出台有利于地方企业的政策，并且阻碍其他地方企业的商品进入，逐渐各个地方实行市场封锁，形成区域壁垒。它不利于国内统一市场的形成，造成资源的不合理分配，不利于企业之间的公平竞争，不利于产业结构的优化。

以上背景是我国分税制改革之前的大环境，同时也是中央停滞批复较大的市的大背景。邓小平同志反复强调中央应当有权威，但实际情况远超出中央的预料，为了解决中央权威丧失的问题，1994 年，中央开启了以分税制改革为切入点的、调整中央和地方关系的改革方案，也就是同一年，中央停滞了较大的市的批准工作，很多城市，如温州、佛山等年年提交申请成为较大的市，年年失败。

四 重启较大的市的原因

党的十八届三中全会指出，逐步扩大拥有立法权的较大的市的数量，《立法法（草案）》又欲赋予所有设区的市立法权，问题是为什么此时此刻又开启了赋予城市立法权？

（一）经济原因：经济转型 2.0

改革开放以来，我国经济取得了翻天覆地的变化，从经济接近崩溃发展到 GDP 世界第二，若以购买力来算，今年已经超越美国成为世界第一

[①] 辛向阳：《大国诸侯——中央与地方关系之结》，中国社会出版社 2008 年版，第 436 页。

大经济体。① 但是应当看到，一方面我国是世界数一数二的经济体，是世界第一的贸易大国；另一方面，也要看到我国的经济发展是基于劳动密集型的低端加工起家的，那些产品的上游以及很多高尖端技术我国并不掌握。随着我国劳动力成本近年来的不断攀升，东南沿海出现用工荒，再依靠原有的廉价劳动力发展中国经济已经不可能。现如今需要将劳动密集型产业转移至国外或者中西部，东部开始寻找新的经济增长点。30 年前中国的经济增长点是对外开放，20 年前中国的经济增长点是市场经济，10 年前中国的经济增长点是房地产。而如今的经济增长点需要不断地摸索，为此，中央开始开辟上海自贸区探索新的经济增长点，除了上海之外，在 2014 年 12 月，中央又在天津、福建、广东开辟了三块自贸区。同时，国务院开始简政放权，公开权力清单，取消或者下放行政审批。所有这些举动都是为了激发地方的经济活力，刺激经济发展，让中国经济发展进入 2.0 时代。

世界经济发展质的变化都是由于新的科学技术的出现和应用：人类进入工业时代是因为蒸汽机的广泛应用；人类进入工业 2.0 时代是因为电气和机械技术的发展；人类进入工业 3.0 时代是由于电脑技术以及互联网的发展。中国与其他通过廉价劳动力起家的拉美国家不同的是，中国成功地赶上了工业 3.0 的末班车，截至 2014 年 9 月，世界上市值最高十个互联网公司，中国就占四个。② 有学者预测人类将会在 10 年内进入工业 4.0（第四次工业革命）：以页岩气为主的能源革命、3D 打印为主的生产革命、以大数据为主的思维革命。若中国无法把握第四次工业革命，则不可能转型成功进入经济 2.0。为了成功把握第四次工业革命，需要进一步释放地方活力，让更多的企业进入以往国家垄断的行业，这包括能源和高尖

---

①　根据国际货币基金组织 10 月数据，2014 年美国经济规模是 17.4 万亿美元，中国经济规模是 17.6 万亿美元，根据购买力算法，2014 年中国已经超越美国，成为世界第一大经济体。参见《中国 GDP 世界第一真来了吗：早已不再唯数据论》，《国际金融报》2014 年 10 月 20 日，新浪网，http://finance.sina.com.cn/china/20141020/092320584451.shtml，最后访问 2015 年 1 月 9 日。

②　这十个公司及其市值分别是：谷歌，3905 亿美元；Facebook，1939 亿美元；阿里巴巴，1650 亿美元；亚马逊，1496 亿美元；腾讯，1476 亿美元；百度，739 亿美元；eBay，633 亿美元；Priceline，605 亿美元；雅虎，423 亿美元；京东，395 亿美元。参见凤凰财经：《盘点全球十大市值最高互联网公司，中国占 4 席位》，凤凰网，http://finance.ifeng.com/a/20140917/13121077_0.shtml，最后访问 2015 年 1 月 9 日。

端技术的生产。①

为了完成上述伟大的民族复兴以及经济结构转型，应当赋予地方更多的权力。经济的发展一方面来自技术的突破，另一方面则来自制度的保障，双方是相互刺激的。如工业革命只可能在资本主义制度下产生，宋明清王朝的经济数据再怎么漂亮，钢产量再怎么大，技术再怎么先进，都不可能发生工业革命，制度因素占据了主要因素。因此，需赋予地方更多的权力，这就当然包括立法权。随着中国的城市化进程，城市是未来中国经济发展的主战场，若不赋予城市立法权，则很多激发地方科技进步、经济结构转型的措施都有可能无法正常进行。如中央欲将温州市作为户籍改革的试点城市，却不赋予温州市立法权，那么温州市的户籍改革是否处于一种非法状态？

（二）社会原因：社会矛盾激化

随着我国经济的发展，城市化进程的加速，大量农民工涌入城市，原有的农村改为城镇。在此过程中，伴随的是征地纠纷、强拆纠纷，因医疗、教育、公共安全等问题引起的纠纷涌现。可以说，我国近些年群体性事件激发，社会维稳费用急升。② 然而，在群体性事件发生频率越来越高、规模越来越大的同时，地方政府处理群体性事件的手段以及方式方法并没有提升。无非是一瞒二骗三辟谣，利用政府官媒压制群体的呼声。这种典型的维稳思维在中国大地上已经无法再适用，党和国家领导人在很多场合多次提出要加强地方政府的法治思维，通过法治的方式化解矛盾，解决纠纷。③

但是法治思维的形成并非一朝一夕，很多地方领导干部并不了解法治思维的真正意涵，更不可能按照法治模式处理问题。究其原因，是地方很

---

① 国有企业在高尖端生产上并不一定占据优势，比如中国移动与华为，一个是国有企业，一个是民营企业，但华为的通信技术全球第一，远超中国移动。民营企业效率更高，技术更新更快，易于把握最新市场需求，因此，中国技术革新需要民营企业。再如，政府经营的搜索引擎"盘古搜索"投入了大量的资金，最后基本不了了之，根本无法与百度、360、搜狗等民营搜索企业匹敌，更别说与谷歌相比了。

② 据外媒报道，中国维稳费用居高不下，在 2012 年财政预算中，维稳费用约 7000 亿，超过了军费开销。参见财新网《财政部驳斥中国维稳费超过 7000 亿报道》，财新网，economy. caixin. com/2012 - 03 - 07/100365045. html，最后访问 2015 年 1 月 10 日。

③ 习近平总书记在深入推进平安中国建设中指出："法治是平安建设的重要保障，推进平安中国建设，要善于发挥法治的引领和保障作用，坚持运用法治思维方式来解决矛盾和问题。"参见新华网《习近平：坚持用法治思维和法治方式解决矛盾和问题》，凤凰网，http：//news. ifeng. com/a/20141103/42368359_0. shtml？_share = sina&tp = 1414944000000，最后访问 2015 年 1 月 10 日。

多事物无法可依。如城市要对外来人口进行管理，省级人大对此并没有制定相关的地方性法规，地方只能依赖红头文件，红头文件的制定和颁行程序与政府领导的命令别无二致，与地方性法规相去甚远，这种执政模式，容易滋生人治思维，领导早晨想到的命令，晚上就可以通过红头文件的形式下发各单位执行，久而久之，地方政府领导就习惯性地依赖不受限制的权力，以权压法，对已有的社会矛盾通过压制言论的方式处理，最终酿成群体性事件。

可以说，我国越来越严重的社会矛盾已经对原有的维稳模式宣判了死刑，取而代之的是法治思维，但是地方政府拥有法治思维的前提是有法可依，需要赋予城市立法权。因此中央扩大拥有立法权的城市范围也是基于化解社会矛盾的考虑。

（三）政治原因：权威高度强化

前文已述，对于较大的市批准停滞的原因之一是中央调控能力下降，权威丧失。因此，本届党中央在考虑权力下放之前，做好了充足的准备工作。

1. 小组治国

自十八大以来，中央成立了全面深化改革领导小组、中央财经领导小组、网络安全和信息化领导小组、中央军委深化国防和军队改革领导小组、中央巡视工作领导小组、港澳工作协调小组等。可以说，本届党中央通过这种小组治国的模式，将原有分散的权力集中，强化了执行力和决策力，提高了工作效率和工作成功的概率。这种集权的方式直接增强了中央的权威，地方或者各个行政部门受到这些工作小组的直接领导和制约，无力与中央的决策对抗或虚与委蛇。

2. 打击腐败

2014 年中央以"刮骨疗毒、壮士断腕"的决心强力反腐，截至 2015 年 1 月 10 日，各级纪检监察机关共查处违反中央八项规定问题 53085 起，处理 717748 人。查处违纪违法的纪检干部 1575 人，68 名中管干部已结案处理或者正在立案审查，涉及 28 名省级地方官员，覆盖 17 个省份。[①]

---

① 《中央纪委监察部举行新闻发布会通报 2014 年反腐成效》，人民网，fanfu. people. com. cn/n/2015/0108/c358314 - 23484056. html，最后访问 2015 年 1 月 10 日。

打击腐败一方面是因为腐败现象乃国家根基之蛀虫，若不拔出，国家大厦将倾；另一方面，反腐也是赢得民众拥护与支持，增强对地方的控制，强化中央权威的手段。

3. 巡回法庭

中央推行司法改革的重要举措之一便是设置巡回法庭，法学界往往从公平正义、防止司法地方化等角度来解读中央的意图。其实，中央设置巡回法庭的目的之一便是强化司法权威。当威廉一世刚刚开始统治盎格鲁—撒克逊人民的时候，他巧妙地设置了国王巡回法庭，该法庭以公正的判决吸引当地人民到该法庭诉讼，最终导致国王巡回法庭收到的案件越来越多，地方法庭无案可审。威廉一世通过巡回法庭推行其颁行的律令，久而久之，削弱了地方封建领主的势力，强化了威廉一世的统治。在中国古代，汉朝的刺史、唐朝的御史台、宋朝的提点刑狱司，都是中央派出通过监督具体案件判决约束地方的典型制度设置。① 因此，中央推行巡回法庭固然有保障司法公正的意涵，但更重要的是在强化中央权威。

可以说，本届党中央是继以毛泽东同志为核心的第一代领导集体和以邓小平同志为核心的第二代领导集体之后，最具影响力以及最具权威的一届领导集体。中央通过小组治国、反腐、设立巡回法庭的形式不断强化中央权威，原来因权力下放而造成的中央权威丧失的情况基本可以排除。

（四）法治原因：法治内在要求

1. 追求民主与法治相协调的结果

我国的民主法治建设两者不可偏废，民主是法治的基础，法治是民主的保障，两者应当相辅相成，齐头并进。根据我国社会主义民主理论及政治框架设计，我国建立了包括全国人大在内的省、市、县、乡镇五级权力机关。但与权力机关相对应的是自上而下、不完整的两级半立法权。借由立法而表达民意、由立法而执政的法律体制显得不平衡。身处基层的权力机关无法通过立法的途径监督和制约地方政府的行为，权力机关的监督力度也大打折扣。因此，全面推动设区的市拥有立法权是为了实现全面的三级立法效果，同时，也为实现人大及其常设机关的民主性、人民性和充分

---

① 刘雁鹏、冯玉军：《对通过司法权威化解民意审判之批判》，《法学评论》2014 年第 4 期。

的代表性提供了坚实的基础。

2. 落实依法行政的关键

中央多次强调基层政府应当依法执政，有法必依。但事实是由于我国地域广阔，社会经济发展极为不均衡，法律、行政法规等规定的内容极为原则，缺乏可操作性，因此并不能完全适用于各个地区。尤其是随着城市化的进程加快，出现了各种如强制拆迁、城管暴力执法、钓鱼执法、乱收停车费、随意限行限号等不合法、不合理的执法乱象。赋予城市立法权是通过立法的手段约束基层执政者的恣意，是实现执政模式由管理型向服务型、压制型向回应型、维稳型向法治型转变的关键。

3. 实现法制统一的要求

在过去的 30 多年里，陆陆续续有不到 50 个城市拥有了立法权，但是除了这 50 个之外的城市无论在经济上还是战略位置以及立法需求上都不逊于某些较大的市，即便可以从历史原因解释某些城市成为较大的市的原因，但时至今日，像温州、东莞、佛山等城市在经济规模以及立法需求和能力上也并不弱于像齐齐哈尔这样较大的市。这种不均衡的立法权分配方式找不到任何理由支撑。除此之外，仅有部分城市拥有立法权引发了其他城市的不满，同时也进一步影响了我国法制的统一。

第 二 章

较大的市立法权的证成

第一节 证成理由之一：合理

我国《立法法》第64条就地方立法事项范围做出规定："地方性法规可以就下列事项做出规定：（1）为执行法律、行政法规的规定，需要根据本行政区域的实际情况做具体规定的事项；（2）属于地方性事务需要制定地方性法规的事项；（3）除本法第8条规定的事项外，其他事项国家尚未制定法律或者行政法规的，省、自治区、直辖市和较大的市根据本地方的具体情况和实际需要，可以先制定地方性法规。"根据此规定，可以将较大的市立法分为三个部分：执行性立法、自主性立法、先行性立法。本节就这三类立法对于较大的市场合理性进行论证。

一 城市治理复杂性需要执行性立法

赋予较大的市立法权，存在的合理性的理由之一就是城市治理复杂化，若说在过去中国城市不需要城市根据自身情况立法应对城市管理的话，则现代社会条件下这种非法式的管理模式越来越捉襟见肘。现代社会至少出现了以下几点革命性的变化，导致城市治理复杂性加大。

（一）信息传播模式变革

以往公民获得信息是通过报纸、电视等传统媒介，这些传播方式速度慢、信息量小、内容可筛选、政府可控。政府可以选择一些有利于政府和社会的新闻和信息，自动屏蔽掉一些负面消息，尤其是地方报纸，在报道重大消息之前都会和主管的行政部门进行协商，同意之后才能刊登相关信息。而变革的第一步来自网络的普及，相比于传统传播媒介，网络传递速度快、信息内容量大，因此审核难度较大，内容控制变得困难，而地方政府对一些大型网络公司的控制力几乎为零。但这并不是城市治理变得不可控的决定因素，直到变革 2.0 的出现，即信息传播方式的变化，城市治理才变得复杂起来。原有的信息发布主体，除了政府官办的媒体，还有政府扶持的报业，以及大型网络公司。而进入 2010 年之后，随着智能手机的发展以及 3G、4G 移动网络技术的成熟，信息的传播主体数量呈现了几何倍的增长，由原来的上百家主流媒体，扩展到任何能够通过手机上网的网民。不仅信息传播主体增多，而且信息传播速度远远超过了政府的反应速度，政府的各种行为在自媒体面前一览无余，以往能够回避和遮羞的信息在自媒体时代已经成为不可能，从"表叔""房姐"到豪华政府大楼，公民通过微博、微信、论坛等平台迅速广泛地交流意见，任何政府发言人不恰当的言论（不管你信不信，反正我是信了），任何政府待争议的举动（钓鱼执法），都会让全国民众知晓和热议。政府在微博等新兴自媒体面前丢盔卸甲，丧失了原有的传播优势。对此，部分地方政府依然采用原有的压制性思维，通过威胁恐吓、跨省通缉、寻衅滋事等方式解决问题，① 其效果并不理想，反而将政府推到了风口浪尖处。关于政府如何应对自媒体的冲击，有诸多有益且有效的意见，其中，最釜底抽薪的是政府依法办事，只有依法行政的政府才不会惧怕民众的监督，才不会对流言蜚语恐慌，才能以不变应万变的姿态面对多变的社会。

（二）政府公信力丧失

地方政府公信力是地方政府的生命线，是地方政府合法性的表现，是利用自身的信用取得公众信任的能力。② 地方政府的政令能够施行，在很大程度上并不是依靠强制或者强力，而是依靠公信力。然而不得不承认，

---

① 参见《山西吃空饷副县长被指恐吓举报人》，2012 年 4 月 23 日，网易新闻网，http：//news. 163. com/12/0423/06/7VOOALVB0001124J. html；《跨省追捕发帖网友真相究竟如何》，新华网，http：//news. xinhuanet. com/comments/2010－12/02/c_12840059. htm；《涉嫌寻衅滋事罪，甘肃初中生发微博被刑拘》，《青年时报》2013 年 9 月 21 日，新浪网，http：//zj. sina. com. cn/news/zhzx/2013－09－21/0100124944. html，最后访问 2014 年 1 月 14 日。

② 周红：《政府公信力：服务型政府的基础》，《西北师大学报》（社会科学版）2007 年第 6 期。

当今社会地方政府的公信力正在逐步下降，甚至可以用丧失来形容。有些学者将政府公信力下降归因于网络时代的兴起和自媒体时代的到来。① 虽然网络时代和自媒体在一定程度上对政府公信力造成了影响，但政府本身工作的瑕疵才是公信力下降的根源，网络只是让更多的人了解了政府的行为。如杭州市政府在 2014 年前脚辟谣政府将会限制车牌，后脚一夜之间马上宣布限牌，自损政府公信力。② 政府公信力下降并不是某个地方政府的事，其范围已经扩及中国几乎所有的地方政府，甚至危及中央政府的公信力。其发生有着深刻的社会背景。随着社会的不断进步以及信息传播速度和质量的提高，民众对政府的期望值变高，不但要求地方政府能够稳定社会和市场，而且要求政府退居二线，发挥社会和市场的活力；不但要求地方政府能够建立有序的秩序，而且要求政府从管理者转变为服务者，凸显公民的主体地位。这就要求地方政府执政能力和水平有一个质的提升和拔高，但是我国地方政府的转型落后于市场与社会的变革，很多地方政府的管理方式仍然以隐瞒、欺骗、强制等简单粗暴形式为主，压迫地方民主的、正当的利益诉求，缺乏必要的说理和有效的沟通。此外，地方政府为了发展地方经济，采用卖地、强拆、强制征收等方式，不顾及当地民众的利益。同时，我国仍未建立起有效的人大机制监督地方政府的行为，法院的行政诉讼对政府的威慑效果不佳，部分地方的法院针对某些特定的行政诉讼案件基本不予立案。既没有正常的监督机制，政府职能转型又困难重重，久而久之，地方政府与民众之间的利益冲突不断加剧，最终结果是地方政府权威丧失，公信力下降。③

（三）道德伦常束之高阁

在中国古代，地方自治依靠的是村规民约，依靠的是乡绅宿老的威望

---

① 涂章志、刘丽文：《论网络舆情视角下我国地方政府公信力》，《北京邮电大学学报》（社会科学版）2011 年第 4 期。

② 《杭州多次辟谣又突然宣布限牌》，2014 年 10 月 13 日，新华网，http://www.hb.xinhuanet.com/2014-03/26/c_119948040.htm。

③ 据社科院法学所发布的《中国法治发展报告（2014）》中统计，近 14 年来，上百人以上的群体性事件 871 起，其中 2010 年、2011 年和 2012 年是群体性事件的高发期。2010 年、2011 年群体性事件都在 170 起左右，2010 年则飙升至 200 起。这些群体性事件中，因公民与政府以及官员矛盾引发的群体性事件占 44%，其中政府执法不当占 20%。参见李林、田禾主编《中国法治发展报告（2014）》，社会科学文献出版社 2015 年版，第 270—288 页。

以及道德共识的一致性，熟人社会之间的纠纷解决依靠的是调解和相互原谅，虽然民间没有一个记载于文本之中的法律条文，但依旧运行有序。而现代社会，尤其是在城市之中，生活方式悄然发生了巨大的变化：人与人之间的关系依靠的并不是身份维系，而是契约，甚至生活在一起的邻居出现了老子所说的"鸡犬相闻，老死不相往来"的局面；城市居民出现纠纷一方面仍然依靠调解和相互谅解，而更大层面上是通过司法诉讼来解决；公民所拥有的利益越来越明晰，这同时也造成了针对利益进行的诉讼越来越多，甚至出现了像"接吻权"等让人匪夷所思的诉求。这些发生在身边的变化消解了道德权威的力量，削弱了伦理的束缚，甚至违背道德伦理的事件到处横行，这样的社会充斥着大量的反淳朴优秀道德伦理的案例，在这个曾经是全世界最讲仁义道德的国度，满地都有专业碰瓷、到处都是老人倒了没人敢扶，偶尔闻得遗弃老人小孩儿。这样的劣币驱逐良币的社会环境下再想通过伦理道德约束人，希冀人心向善，基本是痴人说梦。政府本可通过树立优秀的道德榜样重塑社会道德体系，但不论是感动中国人物还是全国道德楷模，从侧面反映的都是地方政府在医疗、教育、社会福利方面的失职。如今，重塑社会价值，回归道德伦常依靠的不仅仅是道德说教，而主要是律法规制。而且，道德的重塑需要的不仅是中央规范，更多的是地方努力，地方政府针对某些大规模扩散的道德沦丧事件，及时出台相应的规章遏制发展趋势，而不是等到扩及全国由人大常委会和国务院在全国范围内灭火。

我国地域辽阔，情况复杂，发展不均衡，国家在制定大法之时，不可能详尽地规定所有情形，也不能涵盖各地的实际情况，法律法规的推行依赖于地方性立法。而在地方的层面上，真正执行中央法律最有力的单位是市而不是省。这表现在以下几个方面：首先，从人大代表来看，地级市（或设区的市）的人大代表更接近选民，比省级立法更加具有民主性，更能够代表当地民众的需求，而且，若立法监督能够顺利进行的话，比省级立法监督更加直观有力；其次，从司法制度来看，我国司法的审级制度是二审终审制，这样的体制下大部分案件是不可能达致省级人民法院的，因此地级市（或设区的市）是大多数民众能够接触的最高一级司法机关，也就是若司法适用地方立法作为判决依据，那么适用地级市规范可能会是最符合当地情况的；最后，从政府执法来看，我国地级市（或设区的市）

更加了解地方执法的特点，更能够根据具体情况制定执法的规章以及操作流程。

二 城市差异性扩大需要自主性立法

我国土地广袤，它既不是像新加坡那样的城市国家，也非现代欧洲大陆上那种——同中国相比——疆域较小、人口数量较少且有更为持久商贸传统的国家，甚至也不是如同美国那种四周临海、海岸线辽阔、平原广阔、交通发达的大国。中国东临大海，海岸线狭长，西部是高原。区域与区域之间存在较大的差异，而且随着深入发展，城市与城市之间的差距也越拉越大。尽管中国东部及沿长江的一些大城市已经相当发达，但其商贸经济的辐射能力不足以涵盖极为广阔的领土，跨越不了天山、秦岭、南岭等。一言以蔽之，中国情况复杂，东西南北发展极为不均衡，若80—90年代的中国没有办法通过中央一个层面的立法解决所有省的问题，那么，现在的中国无法通过省统一的立法解决省内所有市的问题。城市与城市之间的差异体现在以下几个方面。

（一）经济发展上的差异

同一个省内的不同城市经济的支柱产业并不相同，如山西省整体以煤炭开采和加工业为支柱，其中大同、临汾是典型的煤炭城市。但是同样身处山西的平遥，则是以旅游业为主。由于平时工作任务繁重，山西省人大或政府不可能发布关于平遥旅游的相关规定或者保护平遥古城的规章，而平遥或者晋中市又没有立法权，那么像平遥古城的保护和管理工作就缺乏法律依据，在文物维护以及罚款、门票收费等方面出现了较大的随意性，在平时的监管过程中受到掣肘。改革开放以来的城市发展，一部分是国家政策所影响，如改革开放初期划定的经济特区，但另一部分城市依靠自身的特色，以及自身的优势，闯出了属于自己的道路，如浙江省义乌的小商品市场、温州制度创新之都等。全国这样的城市很多，特别是中国地区发展以几个大城市形成了城市辐射圈，如江苏省的太仓市、昆山市依托上海市形成的长三角经济圈而发展，其自身模式区别于江苏省的其他城市，像这样的城市，自身具有极大的特殊性和原创性，由省级人大或者政府制定法规和规章确认、引导、促进、维护当地经济的发展是不现实的。在国际上，同样显示出小地方的巨大潜力。瑞士是一个人口仅有 500 万的国家，却着实"富甲天下"，究其原因，就是城市之间相互定位不同，分工清晰，城市具有较强的自主选择权，如日内瓦是国际会议中心，而洛桑则是奥委会所在地，苏黎世是瑞士的金融中心，数百家银行以及金融机构坐落在那里，达沃斯则每年举行世界经济论坛。世界上其他地方的城市和地区，虽然土地狭小，人口稀少，但在世界影响力巨大，如美国的硅谷，无数影响世界科技进程的公司都从这里起步；另外如新加坡，没有资源、没有优秀人才、没有依托，但其以非凡的战略眼光和适当的措施，专攻电子科技、旅游、金融服务业以及航运等产业，数十年间成为全世界最为富庶的国家之一。在计划经济时代，可能中央会决定地方经济发展的方向，这种发展模式已经被实践和理论所摒弃，代之以市场经济，同时，中央一级或者中央—省两级的立法体制同样与市场经济格格不入，城市的决策者比省级政府、人大更加了解地方发展的需求，更能够制定出符合当地发展的经济法规和政府规章。

（二）地理环境差异

我国同一个省内或者同一个地区的地理环境基本相似，由省内制定该地区有关地理环境的法规、规章较为合理，但城市与城市之间仍然存在一定的地理环境差异，一般地理环境因素对地方立法、城市立法提出要求主要有以下几个方面的原因：某市存在特定的自然保护区需要立法（如《郑州市黄河湿地自然保护区管理办法》），某市存在特定的水源（如《苏州市阳澄湖水源水质保护条例》），某市存在仅有的环境资源（如《杭州西湖水域保护管理条例》）。在上述情况下，需要城市立法弥补因地理环境差异造成的不便。如黄河流经 9 个省、市、自治区，对于黄河河道的治理，各个省、城市都有自己相应的任务和工作，在区域协同上，甘肃省、山西省、青海省、河南省、宁夏回族自治区、山东省等共同印发了《黄河经济协作区联合协作互惠办法》（1998 年发布，现行有效）；在省级层面，有《河南省黄河工程管理条例》《山东省黄河工程管理办法》《山东省黄河河道管理条例》《山东省防汛条例》《内蒙古自治区境内黄河流域水污染防治条例》；在市这一级出现了大量的规范：《兰州市城市规划区黄河河道采砂管理暂行规定》《兰州市黄河风情线管理办法》《郑州市黄河湿地自然保护区管理办法》《郑州市黄河风景名胜区管理办法》《银川市人大常委会关于加强黄河银川段两岸生态保护的决定》等。而有些城市，尽管没有立法权，仍然出于对自然保护区保护的需要，制定了"类法规"的文件，如山东省东营市政府出台的《山东黄河三角洲国家级自然保护区管理办法》（东营市人民政府第185号令，2014年），类似的做法在那些没有立法权的城市中较为普遍，本节稍后会详细分析。

（三）民族差异

民族问题是一个关系到民族团结、祖国稳定的大事情，当今世界上的国家内部动荡和战争在很大程度上是民族问题处理不当造成的。如波黑战争、卢旺达大屠杀等。我国很早就重视起民族团结与和谐的问题，给予了民族自治区很多的便利和特权。在立法方面，因中央制定的法律、法规与各个民族的生活习惯、历史传统、文化内涵可能有所冲突，因此中央赋予了民族自治地方相关的权能来维护民族团结。《中华人民共和国民族区域自治法》第19条赋予了民族自治地方立法权，其立法主体涵盖了自治区、自治州、自治县。第20条赋予了民族自治地方"变通执行"和"停止执行"的权力。

但是这种赋予民族自治区立法权的方式并没有能够解决所有的民族问题，尤其是城市中的民族问题。而事实上，很多民族问题的出现并不是在民族自治区中，而是在多民族交汇处，如大城市。随着人口流动的加快，越来越多的少数民族群众流入大城市，2010年，山东省城市中少数民族人口过万的民族有回族、满族、蒙古族和朝鲜族，其中青岛仅朝鲜族就有10万多人，有1200多家韩资企业和110多家主要雇用朝鲜族职工的朝鲜族法人企业。[①] 山东省的情况并不是个例，有学者统计，2010年前后，深圳、广州、宁波等一些东南沿海城市的少数民族人口均以20%以上的速度递增。[②] 少数民族人口大量进入城市，无疑给城市管理带来了巨大的压力，城市民族工作的顺利开展需要法制的支持和保障。

---

① 参见《山东城市民族工作调研报告》，山东民族宗教网，http://www.sdmw.gov.cn/zt/ztlm/mzgz/201005/065c334b-bfcc-49aa-b812-53748c7a4f65.htm，最后访问2014年10月12日。

② 郑信哲：《略论城市民族问题和城市民族工作》，《广西民族研究》2014年第2期。

（四）人文差异

文化差异性首先表现在历史沉淀中，某些城市拥有较高价值的文物、建筑、遗迹，这些城市曾经是历史上某些朝代的古都，遗留了大量具有独特风格的古城墙，以及明、清、民国等历史文化资源，如南京、西安、洛阳。而有些城市，则以现代化和高科技为标签，带有现代和国际化气息，如上海、天津、厦门等。北京的胡同、上海的外滩、江南的水乡、苏州的周庄、云南的丽江、西藏的古庙等全国各地的景观都呈现出不同的文化特征，承载着中国不同文明阶段的特质，这些差异都值得特别保护，但因文化、文物特征的差异，保护方式也应当有所区别，不能一概而论，以偏概全。因此，全国不可能规定一部大而细的文化保护法，各城市必然具有不同的特征，如南京市通过了《重要近现代建筑和近现代建筑风貌区保护条例》《南京市中山陵风景区保护和管理条例》，西安市通过了《西安古城墙保护条例》，洛阳市通过了《洛阳市隋唐洛阳城遗迹保护条例》，很难想象一部中央的立法可以囊括这些不同年代、不同对象的维护工作。同时，城市文物保护以具有鲜明特色为前提，有些城市所制定的文物保护条例与上级规定雷同而被废除，如徐州市制定的《徐州市文物保护条例》（2004 年被废止）因与上位法《江苏省文物保护条例》（2004 年实施）内容相似而被废止。

三　风险社会新情况需要先行性立法

随着科技进步和工业化的发展，人类活动范围和空间扩展到了极致，与之随行的是越来越多的天灾人祸。尤其是我国近十年来，越来越多突发流行性传染病，地震、台风、干旱等自然灾害频发；随着人们生活安全意识的增强和检验检疫技术的提高，针对食品、药品的检验检疫的频繁，发生了诸如毒大米、毒牛奶、毒胶囊等食品、药品安全事件。可以说，我国已然进入了风险社会。而且，我国的风险社会存在以下特点：首先，我国的风险社会主要是"人造"风险，所谓人造即人类活动造成的结果，而不是自然使然，如为解决人口激增而研制的转基因食物、大量人类活动导致生态链失衡、过度发展的工业导致的雾霾、极端分子制造的恐怖袭击等。其次，我国的风险社会呈现极强的关联性，即任何一个小的事件可能造成整个社会的震荡和关注，如郭美美事件，一开始人们关注的是一个普通的炫富女，随着事件的酝酿，人们更加关注郭美美背后的势力以及红十字会的回应，结果导致在郭美美事件之后的多次救灾捐助中，红十字会收到的捐助下滑。再次，在一定程度上，我国的风险是制度化风险，即由于社会制度本身不合理的漏洞而导致的风险，如三鹿奶粉事件的产生是由于我国的免检制度，大批不合格奶粉流入市场，并最终导致国产奶粉信誉被毁，进口奶粉供不应求。最后，我国的风险具有不可见性以及无法预测性，除了台风、洪水等少数可以预见的自然灾害之外，大部分自然灾难以及人造灾害是无法预见的，乃至于雾霾天气都无法准确进行预测，此外，大量的人为食品、药品造假，建筑指标不合格、不达标导致的灾难事故更是无法准确预测。①

风险社会是工业社会的一个必然结果，正如贝克所言："工业社会在给大多数成员营造一个舒适安逸环境的同时，也带来了巨大的危机，这种危机可能是核危机、生态危机等足以毁灭全人类的巨大风险。工业社会的运行机制已然悄悄地发生了变化，如今任何一项人类的决策都可能毁掉地球上所有的生命，如今的人类已经从工业社会向风险社会过渡。"②

在风险社会的环境下，政府应对的策略将会有所改变：首先，政府必须提高认识，加大风险预防与治理的力度，甚至将其作为政府的核心职能。③ 为此，需要法律、行政法规的支持与规范，在各种关于风险治理和防治的法律法规中规定制定防范措施和应急预案，如《中华人民共和国防震减灾法》第46条第2款规定了应急预案条款，要求县级以上人民政府应当根据本地区的实际情况制定应急预案。其次，风险社会要求政府进行制度改革，消除制造风险的制度温床，将风险隐患降到最低。目前我国很多制度的存在人为地制造了一些不必要的风险，如食品药品三定方案出台之前，关于各种食品的监管问题各个相关部门之间相互推诿，导致监管

---

① 楚德江：《风险社会的治理困境与政府选择》，《华中科技大学学报》（社会科学版）2010年第4期。

② 乌尔里希·贝克：《从工业社会到风险社会（下篇）——关于人类生存、社会结构和生态启蒙等问题的思考》，王武龙译，《马克思主义与现实》2003年第5期。

③ 楚德江：《风险社会的治理困境与政府选择》，《华中科技大学学报》（社会科学版）2010年第4期。

不力。① 这些制度可能是部门间权责不清（食品药品监管），也可能是人为地免除了部分主体的责任（免检制度），更可能是制度规定不符合实际情况（《活佛转世办法》中关于设区的市不准活佛转世的规定）。② 最后，风险社会要求政府提高预见能力以应对自然和社会风险。对于能够预见的风险，如台风、洪水等，政府应当提前做好应急准备；而对于像地震、瘟疫等无法预见的风险，政府应当参照其他地区以及历史的经验，做好预案工作，将风险造成的损害减少到最低。

以上简述了风险社会对政府执政的影响以及对政府执政提出的新的要求，然而，这些新要求若没有立法的保障，犹如宙斯失去雷霆、波塞冬失去三叉戟、哈迪斯失去隐身头盔。那么为什么要赋予城市先行性立法权对抗风险社会带来的危机呢？

首先，风险社会意味着政府需要极快的反应速度。风险的初始发生往往集中在极小的范围，如非典，刚开始发病时集中在广东省佛山市，当时佛山并没有采取足够强硬的阻断措施，导致非典向全国蔓延，造成了巨大的全国性灾难。而风险的发生需要政府当即做出决定，而不是层层上报，等到中央了解问题的严重性，做出评估，制定方案，层层下达中央精神和命令，实施援助或救助，此时灾难可能已然发展到无法控制的地步。即便在发生灾害和突发性事件的极短的时间内，中央层面由领导牵头，迅速组成了工作小组展开相应的工作，能应付一时，也并非长久之计。风险的突发性决定了在事发地域的决策者应当有足够的权力做出决断，阻止事件向更加不可控的方向发展。在风险社会和法治社会的双重背景下，我们应当尽量少一些"救火队长"式的总理和国务委员挺身而出，扭转乾坤，救黎民于水深火热，而是应当多一些在突发性事件下，地方有条不紊地依法进行救助，中央在地方自救的基础上提供援

---

① 国家食品药品的三定方案通过转变职能、整合职能、划定各个部门之间的界限，明确了各个部门的监管对象，消除了推卸责任的制度前提。而在此之前，地方食品药品监督管理局、地方工商管理局、地方农委、质量监督检验检疫局等各个部门相互推卸部门责任，监管效果极差。参见《国家食品药品监督管理总局三定方案》（国发 2013 年第 24 号文件）。另参见《八个部门管不好一头猪》，《南华新闻》2005 年 4 月 27 日第 2 版。

② 国家宗教事务局颁布的《藏传佛教活佛转世管理办法》第 4 条规定：申请转世活佛有下列情形之一的，不得转世：藏传佛教教义规定不得转世的；设区的市级以上人民政府命令不得转世的。

助。为此，中央需将部分事权下放地方，尤其是突发性事件的决断权。很多情况下某些地区所能出现的突发性事件类型是可以预判的，如某些地区在地震带范围内，并且历史上曾经经历过较大的地震，如唐山；而某些地区由于气候湿热、流动人口较多，极容易导致流行病的传播，如广州；某些地区矿藏丰富，但常常出现事故，如临汾。类似于这些地方在赋予事权的同时，应当赋予先行性立法权，使其能够依照自己所在地方的特点制定相关法规和规章。

其次，风险社会意味着政府需要拥有更强的手段回应。在风险社会下的某些突发性事件，如民众与地方政府发生激烈冲突，甚至出现围攻地方政府的情形时，政府需要的不仅仅是沟通，而且需要拥有强硬的手段迅速结束混乱的状态，恢复正常的秩序，回归理性的沟通。而简单的压制并不能让事件得到妥善的解决，只会火上浇油，让事情越来越糟糕。解决地方政府权威不足的方式不是加强地方政府的权力，而是强制要求地方政府行为符合法律规定，即便政府行为符合地方法规或地方政府规章亦无不可。① 此时，当各方都纳入程序的范围内，冲突自然会以最有秩序的方式得到解决。但这需要地方人大和地方政府通过的法规和规章充分吸纳民意，得到民意的认同，以至于出现不可调和的冲突，都能够以事前规定的方式进行沟通和解决。目前全国范围内仍没有一部关于如何解决突发性具体性事件的中央规定，各个地方的解决方式各不相同，可以通过地方先行性立法解决不同地方容易发生的突发事件，积累经验。

最后，风险社会意味着政府需要应对无法预料的情况。上述事件都是在全国各地已然发生的状况，无论是疾病、地震、群体性事件还是其他，都有本可循。但仍有大量无法预料的，无法参考、无法借鉴的风险隐藏在生活中。不能保证电影生化危机中的情景不会发生在现实中（参见埃博拉病毒），亦不能否定我国某个沿海城市不会出现像印尼海啸一样的灾难，同样不能不担忧坚若磐石的三峡大坝突然崩塌，周边城市成为一片汪

---

① 按照笔者一贯的观点，现代社会下的权威来源有三：权力（强力）、法律规定（程序）、民意。当民意与权力发生冲突，正确的解决方式不是一味地加强权力去压制民意，这样的思维注定要失败，中国在过去近十年的血的教训已经明确地说明了这一点，正确的解决思路是引入法律（程序），加强政府的权威，化解民意对政府权威带来的不良影响。详细请参见刘雁鹏《中国司法权威来源问题之再探讨》，《山西大学学报》（哲学社会科学版）2013 年第 3 期。

洋。这些在中央层面看来不可能发生的情况，在地方看来并不是杞人忧天，地方政府需要能够先人一步、防患未然的立法权力，将所有可能或者看似不可能的事件纳入考量范围，通过立法的形式，系统、全面、权威地提供一整套解决方案。

第二节　证成理由之二：合宪

前文分别从城市治理复杂性、城市差异扩大、风险社会三个方面详述了较大的市（或者城市立法）拥有立法权具有合理性，具有合理性并不能证明较大的市拥有立法权的正确性，除了合理性至少还需证明其不违宪。以下笔者就国内争论的较大的市立法权是否违宪问题进行梳理和分析。

一　较大的市立法违宪说

针对较大的市违宪或者不符合我国宪法精神大致可以分为以下三种理由：首先，宪法中并没有明确规定较大的市拥有立法权；其次，赋予较大的市立法权造成了我国法制秩序的混乱；最后，由国务院审批通过的城市拥有立法权，在权能上国务院有越权的嫌疑。以下详述各个观点的论证过程。

（一）宪法中并没有明确规定较大的市拥有立法权

我国宪法中有提到"较大的市"，但是并没有赋予较大的市立法权。我国《宪法》第 30 条规定："直辖市和较大的市分为区、县。"结合 1959 年全国人大常委会做出的《关于直辖市和较大的市可以领导县自治县的决定》，可以认定宪法意义上的较大的市是在行政区划的意义上描述的，不涉及任何立法权；《地方组织法》中描述的较大的市是经过国务院批准的城市，这些城市拥有立法权；《立法法》规定的较大的市包括三类，[①]这三类都有地方立法权。尽管《地方组织法》和《立法法》属于宪法类

---

① 省级政府所在地的市，国务院批准的较大的市，经济特区所在地的市。中国截至 2014 年 10 月共有 6 个经济特区，分别是：深圳、珠海、汕头、厦门、喀什、海南。其中海南是省，具有省级立法权，不在立法法所规定的范围之内。而喀什地区整体是经济特区，喀什市在经济特区内部，不像其他经济特区在城市之中。而且，喀什市属于县级市，种种因素限制，喀什市本身并不被称为较大的市。

法律，规定着国家的一些基本政权组织形式以及基本的立法制度，但仍然不能取代宪法的地位，国家的运行和权力的授予必须以宪法为基础，不能超越宪法。我国现行《宪法》第 100 条规定："省、直辖市的人民代表大会和它们的常务委员会，在不同宪法、法律、行政法规相抵触的前提下，可以制定地方性法规，报全国人民代表大会常务委员会备案。"这里提及了省、直辖市拥有立法权，但是并没有提及市或者较大的市。同时，《宪法》第 116 条关于地方立法权的规定也没有提到省级政府所在地、较大的市等，而是规定了民族自治地方拥有制定自治条例和单行条例的权力。那么《地方组织法》和《立法法》是否可以在宪法没有规定的领域授权呢？答案是否定的，原因如下：其一，拥有相同的制定主体并不能证明《地方组织法》和《立法法》一定合宪。尽管我国宪法规定全国人大有权修改宪法，人大常委会有权解释宪法，全国人民代表大会有权制定和修改法律，全国人大常委会有权解释法律，在全国人大闭会期间，全国人大常委会可以部分修改法律，这样就造成了"制宪权"主体和"立法权"主体的混同，两者主体的混同并不意味着由全国人大制定的法律不可能违宪，制定的法律内容违反宪法是一个事实，并不能因主体的趋同而混淆这个事实。① 其二，在公法领域遵循的基本法理是"法无明文规定即禁止"，宪法并没有规定较大的市拥有立法权，也没有任何条款规定全国人大可以决定全国的立法权分割问题，国家权力的最终行使依据在于宪法，任何国家机关都不能凌驾于宪法之上，这包括设定宪法之外的权力。② 作为最大的权力机关其任何行

---

① 许崇德老师的宪法史资料显示，1982 年 4 月 24 日，全国人大常委会在审议宪法修改草案时，有的委员提出，应当赋予省辖市、县有制定和颁布地方性法规的权力，但是这个提议被否定了，但同一主体在 6 天之后修改地方组织法的过程中却赋予了部分省辖市立法权（参见许崇德《中华人民共和国宪法史》，福建人民出版社 2003 年版，第 714 页）。那么这是否意味着较大的市拥有立法权就是合宪呢？郑磊老师对此进行了无情的批判，他认为："首先，宪法修改有别于普通法律的修改程序，因此不能认为地方组织法的规定是对宪法的修改和更正；其次，即便全国人大具有修宪和立法双重资格，但仍不能在一般意义上适用新法优于旧法；最后，地方组织法属于宪法部门法，我国宪法属于刚性宪法，即使是宪法性法律，虽然内容涉及宪法性内容，但仍然属于法律，无权修改宪法明确规定的事项。"参见郑磊《较大的市的权限有多大》，《国家行政学院学报》2009 年第 1 期。

② 蔡定剑：《关于什么是宪法》，人大复印报刊资料《宪法学、行政法学》2002 年第 3 期。

为应当受到宪法的规制，在宪法没有规定的前提下，就独自分割国家立法权，不能不怀疑全国人大制定的这两部法律有违宪的嫌疑。正如蔡定剑老师提出的质疑："宪法中并没有规定较大的市人大有权制定地方性法规，那么全国人大可以在立法中突破宪法的界限，规定较大的市拥有立法权吗？若可以，那么依此类推，是否可以赋予县级人大甚至乡级人大立法权呢？"①

（二）赋予较大的市立法权造成了我国法制秩序的混乱

我国是民主集中式的单一制国家，除了考虑到少数民族自治要求而赋予民族自治地方立法权之外，我国的国家立法权是统一的。根据宪法的规定，我国是两级立法体制，由全国人大、全国人大常委会和国务院制定法律及行政法规，由省级人大、省级人大常委会和省级人民政府制定地方法规和政府规章，其中并没有规定较大的市或者城市能够制定法规和规章。《地方组织法》和《立法法》对于较大的市立法的规定，实质上是打破了我国宪法对于立法体制和层级的规定，形成了我国现存的三级多元的立法体制。其后果是，打破了原有的法制秩序，增加了上位法和下位法之间的冲突与不协调。② 虽然《立法法》和《地方组织法》中反复强调，不得与宪法、法律、行政法规相抵触，但我国违宪审查和地方法规以及规章的批准、备案制度尚不完善，所谓的不抵触原则也常常被违反，而且一些过时的规范性文件也没有能够及时被清理。实践中，法规规章违反上位法被清理的情况有以下几种类型：（1）仍然认为有效，继续适用。如2003年的河南"种子案"暴露出《河南省农作物种子管理条例》与上位法《种子法》相悖，而河南省人大常委会经过研究后认为并不违背上位法，原条例继续有效。③ （2）主动废止适用。如沈阳市1996年制

---

① 蔡定剑：《关于什么是宪法》，人大复印报刊资料《宪法学、行政法学》2002年第3期。

② 陶有伦：《关于较大的市立法权讨论》，《行政与法》2003年第6期。

③ 此案中，原告主张适用《种子法》，以"市场价格"计算，而被告则要求适用《河南省农作物种子管理条例》，以"政府指导价"计算。事后，河南省人大常委会法制室发文称，经省人大常委会认为，《河南省农作物种子管理条例》第36条关于种子经营价格的规定与《种子法》没有抵触，应当继续适用。关于种子案的详细讨论，请参见张千帆《宪法学导论》，法律出版社2008年版，第189—190页。

定的《禁毒条例》涉及犯罪与刑罚问题，在 2000 年出台《立法法》之后，主动废除。（3）轰动全国的法治事件导致废止。最为典型的是孙志刚事件推动了收容遣送办法的废止，另一个是唐慧上访推动劳动教养的废止。也有一些例外，如轰动社会的黄海波嫖娼牵扯出的收容教育制度。

此外，在社会管理转型尚未完成之时，地方领导的法治观念仅仅停留在文件和大会的讲话之中，在某些地方领导看来，法治是一种可有可无的东西，在人大、媒体、政府会议中大书特书法治的重要性，在拆迁面前，一个政府红头文件就要求附近居民接受廉价的拆迁补偿。赋予较大的市立法权有违宪法的基本精神。① 在较大的市已经确立的法规和规章之中，很大一部分具有严重的地方利益保护的倾向，如跨区买盐被罚就反映了地方保护主义。② 在立法的保护伞之下，某些垄断性的红头文件通过立法程序摇身一变成了法规和规章。由于地方法律人才储备不足，立法过程中的利益表达被地方政府压制或直接忽略，这种赤裸裸的转换只会使我国的法律体系更加混乱。

（三）国务院批准的较大的市拥有立法权，在权能上有越权之嫌

要分析国务院批准较大的市这个行政行为，首先必须回答的问题是，国务院是否有资格批准较大的市？答案是肯定的。《宪法》第 89 条规定："国务院行使批准较大的市的建制和区域划分的职权。"宪法赋予了国务院批准较大市的权力。那么第二个问题，国务院批准的较大的市有无立法权？依照现行的《地方组织法》和《立法法》答案是肯定的。那么把这两个问题联系在一起，即国务院批准较大的市这个行政行为是否可以决定一个城市拥有立法权呢？这样就会有学者质疑，由《地方组织法》和《立法法》规定可知，国务院批准某城市成为较大的市之后，该城市即拥有了立法权，这相当于将地方立法权最终的决定权交给了国务院，由行政

---

① 唐芬、刘永红：《较大的市及立法权探析》，《西华师范大学学报》（哲学社会科学版）2009 年第 6 期。

② 《河南省盐业管理条例》第 23 条规定："饮食加工用盐单位、营业性饭店以及机关、企事业单位集体食堂，必须从当地食盐经营单位购买食盐。"第 28 条规定："违反本条例第二十三条规定的，由盐业行政主管部门责令停止违法行为，没收违法盐产品和违法所得，并处以违法盐产品一倍以上三倍以下罚款。"

机关而不是权力机关决定城市立法。① 这明显违反了法治精神，超出了宪法对国务院权限的规定。因此有些学者认为应当将较大的市审批权收归全国人大或者全国人大常委会。②

但这种观点也极容易反驳：首先，授权的条款是由全国人大制定的法律中的规定，相当于全国人大授权，与授权立法的法理相同，全国人大可以授权国务院执行本属于全国人大的权力；其次，交给全国人大或者其常委会审查极为不现实，全国人大会期短，议事内容多，常委会工作人员少、工作繁重，若将拥有立法权的较大市的审批权收归全国人大或其常委会，那么工作质量则无法保障；最后，相比全国人大，国务院对各地城市的发展状况和法制水平更加了解，能够灵活地制定各种标准和宏观把控各个地区的情况，并辅之以国家的战略发展，批准较大的市，促进地区的经济、政治、文化的发展与繁荣。

那么国务院批准较大的市是否就不算违宪，也不算越权了呢？答案是否定的。问题的关键和核心并不是国务院不能批准拥有立法权的较大的市，而是在批准较大的市的文件中看不到任何权力机关——全国人大或常委会的身影，仅仅体现着国务院的意志。以苏州和徐州为例：

> 江苏省人民政府：
>
> 　　你省《关于要求批准苏州、徐州两市为较大的市的请示》（苏政发〔1992〕160号）收悉。国务院同意苏州市和徐州市"较大的市"，两市可以根据《中华人民共和国地方各级人民代表大会和地方各级人民政府组织法》的有关规定，制定地方性法规和规章。
>
> 中华人民共和国国务院
一九九三年四月二十二日

如上述文件及图2—1所示，国务院宣布了两件事情：其一，某市成为国务院批准的较大的市；其二，该市依法拥有了立法权。虽然宣布

---

① 谭波、李洁：《经国务院批准的较大的市之立法权探讨》，《福建江夏学院学报》2013年第3期。

② 李兵：《关于划定具有立法权的较大的市的思考》，《法学》2005年第9期。

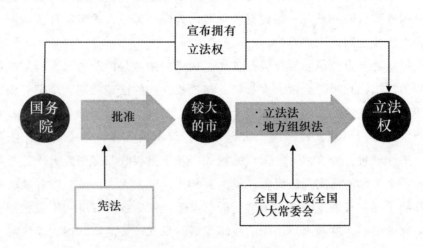

图 2—1　国务院宣布具有立法权

某市成为较大的市根据的是《立法法》和《地方组织法》，但从文件中无法直接看到全国人大和全国人大常委会。另外就是由国务院宣布某市成为较大的市没有问题，但国务院是否可以同时宣布其拥有立法权呢？根据《立法法》和《地方组织法》，拥有立法权是一件形式上的事情，但是宣布本身代表的权力却不是形式，而是一国政治制度中的重大问题。宣示权是主权者的重要权能，它的存在彰显了主权者对权力客体或对象的占有，由谁宣示是一国政治体制的表现：如由全国人大制定的法律是由国家主席签署宣示，由国务院制定的行政法规是由国务院总理签署宣示。若一件本属于全国人大的事项由国务院宣布，如宣布最高人民法院院长、最高人民检察院检察长的人选，不仅会受到普遍的质疑，甚至会动摇国家的正常政治秩序。在我国过去的政治秩序中是如何处理类似的情况的呢？在改革开放初期，全国人大批准了深圳、珠海、汕头、厦门4个经济特区，为了保障经济特区的发展，急需经济特区拥有立法权。为此，国务院提请全国人大，请求批准深圳、珠海、汕头、厦门拥有立法权。1989年4月4日，《全国人民代表大会关于国务院提请审议授权深圳市制定深圳经济特区法规和规章的议案的决定》显示，最终宣布深圳市拥有立法权的机关是全国人大，而不是国务院。

从逻辑分析和历史经验双重视角来看，都不应该也不能够由国务院宣布某市拥有立法权，而应当分成两步：首先，由国务院批准某市成为较大的市；其次，应当由国务院提请全国人大或全国人大常委会决定该市是否拥有立法权。而现行的方式导致国务院越过了全国人大或其常委会行使了宣示权。

二　较大的市立法合宪证明

对于较大的市立法违宪危机，我国有些学者也给出一定的回应：《立法法》和《地方组织法》并没有赋予较大的市完整的立法权，较大的市人大制定的地方性法规需要省级人大常委会批准，较大的市政府制定的地方政府规章需要到省级人民政府备案。这一方面是对地方立法的限制，约束了地方立法的范围和空间；另一方面，较大的市立法时时刻刻都要受到省级人大和政府的掣肘，不能完全地实施立法权。因此，我国较大的市立法权仅能算作"半个立法权"，并不违宪。①

这种证明方式并不能对违宪论给予有力的回击，若想要证明较大的市立法并不违宪，笔者将从理论上、政治实践上、结果上分析为什么较大的市拥有立法权不仅不违宪，而且还有利于宪法生态结构的发展。

（一）从理论上看，较大的市拥有立法权并不违反宪法规定

笔者从以下三个方面来证明该立论：其一，要细化合宪与违宪之间的界限；其二，公权力界限的划定问题；其三，宪法功能的实现。

首先，行为主体的行为不符合宪法规定并不意味着一定违宪。什么是合宪？什么是违宪？

所谓合宪，是指行为主体的行为符合宪法的规定。具体情况有三种：其一，行为主体的行为在宪法中能够找到明确的依据，其权力、权利以及义务在宪法中有据可考。如政府兴办公共健身设施，开辟公园为公民免费健身使用，这里政府的义务来自《宪法》第 21 条第 2 款："国家发展体育事业，开展群众性的体育活动，增强人民体质。"其二，行为是否合宪无明确表述，但可直接推导得出。如《宪法》第 67 条第 1 款规定："全国人民代表大会常务委员会有权解释宪法，监督宪法的实施。"对于全国

---

① 刘克希：《较大的市制定地方性法规应当经批准——兼论贯彻立法法第 63 条》，《人民与权力》2000 年第 12 期。

人大的职权,《宪法》第 62 条中有监督宪法的实施一项,没有解释宪法的规定,那么全国人大是否有权解释宪法?答案是肯定的,全国人大作为常委会的上级机构有权改变或者撤销人大常委会不适当的决定(《宪法》第 62 条第 11 款),当然包括了人大常委会对宪法的解释。其三,行为无明确的宪法依据,亦无法通过直接推导得出,但符合宪法的基本精神以及原则性规定。如公民对于政府某项决策不满,为了表示抗议,集体散步到政府大楼前,这样的散步行为不属于集会、游行、示威,没有经过审批,但是属于宪法中表达自由的一种方式。

所谓违宪,是指行为主体的行为违反宪法的规定。笔者将宪法条款分为四类,即价值条款、程序条款、一般条款、其他条款。所谓价值条款就是宪法中规定法治、自由、平等、人权等社会主义价值取向的条款;所谓程序条款即宪法中规定宪法修改、代表选举、提名、任职期限、罢免、执行等程序性质的条款;一般条款是排除价值和程序之外的规范权力、权利、义务和责任的条款;其他条款是除上述之外的条款,如宪法第 30 条行政区划条款。对于违宪的类型,有些学者进行了详尽细致的总结,[1] 但笔者欲分三类分析违宪。[2] 其一,违反价值条款进而违宪,宪法中规定了一些关于公民自由条款(如言论、游行、示威、集会自由)、人权条款(尊重和保障人权)、平等条款(公民在法律面前一律平等)等,有些立法或法律解释违反了这些价值条款,在立法层面如收容教育、收容遣送等相关制度违反了"国家尊重和保障人权"(《宪法》第 33 条第 3 款),在法律解释方面,如交通事故"同命不同价"的问题违反了平等条款。[3] 其二,违反程序条款进而违宪,有些地方机关轻视程序,干预司法,不执行司法判决等,陕西省国土厅召开党委会议否定法院终审判决事件就是典型

---

① 参见胡锦光、秦奥蕾《宪法实践中的违宪形态研究》,《河北学刊》2006 年第 5 期。

② 由于其他条款不涉及权力、权利、义务、责任及价值、程序等问题,仅仅是一种状态描述,如序言中大部分内容,因而被违反的可能性比较低,故此处笔者仅讨论前三类的违宪问题。

③ 最高人民法院《关于审理人身损害赔偿案件适用法律若干问题的解释》第 29 条规定了死亡赔偿金的办法:"死亡赔偿金按照受诉法院所在地上一年度城镇居民人均可支配收入或者农村居民人均纯收入标准,按 20 年计算。"该司法解释涉嫌违反《宪法》第 33 条:"中华人民共和国公民在法律面前一律平等",同样作为赔偿方面的规定,《国家赔偿法》就没有区分户籍,而直接以国家上年度职工平均工资为基数确定残疾赔偿金和死亡赔偿金。

的例证。① 其三，违反一般性条款进而违反宪法。如公务员招聘或选拔过程中明示或者暗示限制女性，或者以其他不正当的理由进行性别歧视，不仅涉嫌违反《妇女权益保护法》，最重要的是违反了《宪法》第48条。② 那么较大的市拥有立法权属于以上哪一种？都不是，即《立法法》和《地方组织法》赋予较大的市立法权，既没有违反价值条款，也没有违反程序条款，更没有违反一般性条款。至多和一般性条款规定的有出入。那么是否增加了宪法规定的内容，就是违反宪法呢？笔者对此持否定意见。

在证明较大的市拥有立法权违宪的逻辑中，既然宪法没有规定较大的市拥有立法权，那么较大的市拥有立法权则可能违宪。其合宪和违宪的关系如图2—2左，除了合宪即是违宪，而事实上合宪与违宪的关系应当是如图2—2右，在合宪与违宪之间拥有大片的空白，这些空白有待人们去论证和讨论是否合宪或者是否违宪，而且这也为宪法的解释和发展工作留下足够的空间。在新中国成立之后的历史上有大量的实例属于这种模糊与空白状态，如七八《宪法》第25条第3款规定全国人大常委会的职权是"解释宪法和法律、制定法令"，并没有规定全国人大常委会能够制定法律，但是在七八《宪法》实施期间，全国人大常委会制定了像《民事诉

---

① 北窑湾煤矿在2000年换证期间，由山东人李钊通过涂改矿产变更申请、私刻公章等手段，获得了陕西省国土资源厅的《采矿许可证》，将负责人变更成了李钊，原所有人，即樊河村村民联名要省国土厅给予更正。省国土厅行政不作为。在此情况下，樊河村村民向法院提起了行政诉讼。经过二审法院审理后，榆林市中院（2005年）做出判决：省国土厅给横山县波罗镇山东煤矿批准变更《采矿许可证》的行政行为，侵犯了原企业采矿权人的合法权益，属违反法定程序行为；李钊擅自涂改采矿变更申请登记书，骗得省国土厅颁发《采矿许可证》，系违法行为，所获得的6100000320008号采矿证应依法予以撤销，由省国土厅做出具体行政行为。判决后，省国土厅向陕西省高级人民法院提出申诉，省高院驳回其申诉，指出省国土厅向山东煤矿颁发采矿许可证的行为缺乏合法性基础，榆林市中院再审判决对此予以撤销，并判令省国土厅重新做出具体行政行为并无不当，省国土厅的申诉理由不能成立。然而在2010年，陕西省国土厅召开会议，以会议的与会人员都是权威人士，做出的认定具有权威性的理由否决法院判决，拒不执行。参见刘雁鹏《中国司法权威来源之再探讨》，《山西大学学报》（社会科学版）2014年第3期。

② 《宪法》第48条："中华人民共和国妇女在政治的、经济的、文化的、社会的和家庭的生活等各方面享有同男子平等的权利。国家保护妇女的权利和利益，实行男女同工同酬，培养和选拔妇女干部。"

讼法（试行）》《环境保护法》等法律文件，[①] 直至八二《宪法》正式确定了全国人大常委会制定法律的权力。若直接对处于模糊和边缘地位的权力行使直接贴上违宪的标签，则很多试验性的改革将无法进行。因此，应当在违宪和合宪之间画出一道空白和鸿沟，以便适应改革和社会发展的需要。

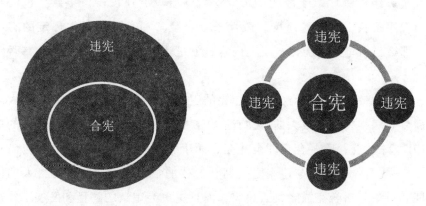

图 2—2　合宪与违宪的关系

其次，不可过度强调法无明文规定不可为。在公法领域法无明文规定即禁止已经深入人心，若想反驳需要从头梳理此法学格言是如何进入我们思想之中的。在国家不存在之时，依照霍布斯的假设，原初的状态是斗争、掠夺横行的时代，直到伟大的"利维坦"诞生，它根据国内每个人的授权，通过组织每个人的力量和意志，实现对外敌的抵御，实现国内的和平与安宁，保障人民通过合法的劳动致富。[②] 但是这样的利维坦无所不能，没有任何限制，极容易使国家走向极端，要么对外发动侵略战争，要么对内实施残酷的独裁统治。为了锁住这头洪水猛兽，洛克提出了主权在民，三权分立理论。其核心思想是通过分权限制国家的权力。此时，权力限制说开始抬头，经过无数政治学者、法学学者的论证和推广，权力导致腐败，绝对的权力导致绝对的腐败已然深入人心，权力必须关进笼子，受到民众的监督、宪法的制约。

---

① 童之伟：《良性违宪不宜肯定——对郝铁川同志有关主张的不同看法》，《法学研究》1996年第 6 期。

② ［英］霍布斯：《利维坦》，黎思复、黎廷弼译，商务印书馆 1985 年版，第 78 页。

霍布斯的利维坦主要是为了对外维护国家的完整与统一，对内保证安定的秩序；洛克的政府论意在强调政府权力的边界在于公民私权利，为了保障公民的权利能够贯彻，不受政府的非法干预，因此在公法学界提出了"法无明文规定即禁止"，其立论的基础是国家权力来源于人民的授权，一切权力属于人民、来源于人民、用于人民的福祉。无论是依据人民主权理论还是经典的社会契约论，国家权能的行使前提是人民的同意，因此，国家权力并不是无限扩张的，需要有宪法和法律的规制和限定。有学者提出了国家权力限度两条原则，法定权限原则和实质性原则。法定权限原则是指国家机关任何行为必须依法进行，法无明文规定即禁止；实质性原则是指国家权力的行使不得违背人民的意志和利益。①

然而，这种口号式的标语模糊了口号背后的法理依据，制约权力的理由不是因为其强大，而是因为其对私权利和人权侵害的可能性，在分析权力的过程中首先应当考虑权力的对立面是否是私权利，若属于私权利，则"法无明文规定即禁止"适用，若同样属于公权力，则该条款的使用应当大打折扣。从上文分析中可以得出较大的市是否拥有立法权在宪法上既找不到支持的依据，也找不到反对的依据，需要对其进行解释和分析。事实上，较大的市立法权基础在于中央与地方立法分权，是权力内部的分割，不涉及人权条款，更不可能威胁到私权利的保护问题。因此，"法无明文规定即禁止"在此不应当适用，不能以宪法没有规定较大的市可以拥有立法权就否定其合宪性。

最后，基于宪法的追求和目的，应当判定较大的市拥有立法权合宪。在我国宪法序言中，有些内容表明了立宪者代表全国人民的目标和憧憬，如"把我国建设成为富强、民主、文明的社会主义国家"，"促进各民族的共同繁荣"，"发展市场经济、发展社会主义民主、健全社会主义法制"。说这些愿景描述了一段相当长的时间内我国发展和改革的方向，但需要指出的是：国家的富强、民主、文明离不开地方的富强、民主、文明，全国的法制健全离不开地方法制的发展。虽然立法是如何刺激地方经济发展的缺少经济学详尽的证明，但以下事实不容置疑：已经拥有立法权的城市相比同省内其他城市经济发展确实领先，城市建设和发展也确实取

---

① 蔡定剑：《国家权力界限论》，《中国法学》1991 年第 2 期。

得了巨大的进步，而且仍然有一些城市年复一年地申请成为拥有立法权的较大的市，① 这样的事实证明成为较大的市，拥有城市立法权对城市的发展利大于弊。地方经济的发展、民主的完善、法制的健全有利于国家的进步。前文第一部分通过证明合宪与违宪之间存在空白区域，否定了不合宪即违宪的说法，又通过说明"法无明文规定即禁止"背后的法理依据在于保护私权利、保障人权，证明中央与地方立法权的划分不在此适用范围，最后一部分阐释了赋予较大的市立法权符合宪法的追求目标，至此，可以认定较大的市拥有立法权符合宪法的精神和追求，应当被肯定。

（二）从政治实践上看，若较大的市拥有立法权违宪则会引起严重的合法性危机

较大的市拥有立法权是否违宪的核心问题是人大或者人大常委会是否有资格对立法权进行分割，将原有的二级立法体制分割为三级立法体制。抛开宪法教义分析，若人大或者人大常委会无法通过立法的形式分割立法权，那么改革开放后的经济特区试点工作整体就违宪，这是在否定和质疑过去30多年来的经济特区存在的合法性，会造成重大的政治危机。在这种情况下，有两种解决方案：其一，修宪而不是废止较大的市拥有的立法权，但这样同样会造成另外一种危机，即频繁修宪。目前我国仍然处于高速发展阶段，除了几项基本国策之外，其他领域的任何既定方案都可能有所变动，稍有变动便修改宪法，这样频繁的修宪会对法治和宪法权威造成难以估量的伤害。另外一种方案就是接受笔者的解释，认定较大的市拥有立法权属于合宪的第三种情况，宪法虽然没有明文规定，同时也无法直接推导出其合宪，但是符合宪法的基本精神和原则。我国存在大量的宪法没有规定而现实中普遍存在的政治实践，如纪检委的权力来源于何处？我国宪法规定："任何公民，非经人民检察院批准或者决定或者人民法院决定，并由公安机关执行，不受逮捕。"（第37条第2款）为何纪检委可以绕过公检法对严重违纪的党员进行约谈并长时间限制人身自由？这样难道不是严重违宪？我国的很多政治实践的判断标准并不是合法性，而是合理性或实用性。不能仅抓着合法性不放，脑中被法学的思维缠绕和束缚，宪

---

① 参见《温州等地申请成为较大的市》，新浪网，http://news.sina.com.cn/c/2013-04-05/023926736267.shtml，最后访问2014年10月22日。

法解释应当打开思路，吸收来自政治的、社会的、经济的各种观念和建议，依托教义学的解释方法，寻求最符合现实，对国家、人民福祉最为有利的解释方案。前文已经分析了很多违宪与合宪之间存在鸿沟，不可一跃而过，而应当结合宪法文本仔细推敲。从宪法解释学的角度出发，宪法中第 3 条第 4 款规定了中央与地方权限划分的原则，即"中央和地方的国家机构职权的划分，遵循在中央统一领导下，充分发挥地方的主动性、积极性的原则"。我国《地方组织法》和《立法法》在本质上属于宪法部门法，属于中央一级的人大立法，这两部法律的内容没有否定中央的统一领导，立法法对于较大的市拥有立法权的规定实质上是对中央和地方国家机构职权的划分，这种划分是在维护中央统一的基础上做出的。因此，可以从该条宪法原则中的解释引申出赋予较大的市立法权并不违反宪法。

（三）从结果上来看，较大的市拥有立法权能够激励违宪审查制度的完善

我国违宪审查制度一直备而不用，一方面源自我国是法制统一的单一制国家，地方在立法的过程中非常重视不得与上位法相抵触，地方立法机关担忧因和上位法相抵触而承担相应的责任，因此在立法中尽量避免；另一方面，一些违反上位法的行政法规、地方性法规、政府规章等都是通过自我修改和废止的方式来避免违宪审查。但我国地方立法水平和人才储备参差不齐，难免会出现所确定之地方性法规和地方政府规章违背上位法的情况，此时，一方面需要提高地方立法质量和水平，另一方面，就需要违宪审查机制的介入。有学者会质疑较大的市拥有立法权可能会因人才储备不足而造成立法质量较低的问题。但这同时刺激了地方法律人才的大量引进和储备，通过这种方式对地方依法管理发挥了倒逼功能。

以往中央层面或者省级层面的立法都有足够的政治影响力对抗或者延缓违宪审查的开展，在中央部委层面，如《公安部的收容教育办法》至今仍然有效，从侧面说明了部门对违宪审查的抵抗力；在省级立法层面，如河南种子案中的河南省人大常委会通过开会和解释的方式证明其颁行的法规继续有效。而对于较大的市的法规和规章，其并没有足够的政治资源可以与上级对抗，因而违宪审查的难度相对不高，极有可能在较大的市立法方面出现中国违宪审查第一案，有了这样的开端和实践，中国的违宪审查制度极有可能会逐步扩大适用范围。可以说，较大的市立法是中国违宪

审查制度的试金石和战场，对中国法治的完善、宪法权威的树立具有重要的意义。

第三节　证成理由之三：符合中国国情

本节要从中国国情来证明较大的市拥有立法权的合理性。笔者将会用一些实例证明，在没有立法权的城市中，存在大量的类立法的文件，这些文件若不早日纳入我国的法律体系，将会成为一颗颗定时炸弹，威胁我国法治的发展、社会的稳定、国家的运行。笔者将从以下三个方面进行展开：（1）我国城市类立法现状；（2）红头文件的危害；（3）城市立法的利好。

一　我国城市类立法现状

在我国只有 49 个城市拥有立法权，这些立法涉及经济社会发展、文化文明建设、城市管理等方方面面，那么那些没有立法权的城市是如何完成这些工作的呢？笔者以唐山市和保定市做出对比，唐山市是较大的市，其人大和政府均有立法权，而保定市不是较大的市，其人大和政府没有立法权。但是保定市制定了很多类似于立法的规范性文件，如《保定市城镇职工生育保险实施办法》《保定市农民工参加基本医疗保险办法》等。就相同的规制内容，唐山市的很多立法在保定市都会以规范性文件的形式出现，如唐山市有《唐山市城市绿化管理条例》，保定市有《保定市城市园林绿化管理办法》；唐山市有《唐山市促进企业科技进步条例》，保定市有《保定市科学技术奖励办法》；唐山市有《唐山市供水管理条例》，保定市有《保定市用热供热管理办法》。凡是有立法需求的事项，即便中央不赋予这些城市立法权，这些城市依然存在类立法的规范性文件，这些文件在该市范围依靠政府的权威有效运行，支撑着城市的发展。两个城市立法与类立法数量对比如图 2—3 至图 2—6 所示：①

①　笔者通过北大法宝法律法规查询系统详细对比了唐山市立法和保定市类立法的数量以及类型。笔者在做保定市的统计时，将政府的批复、回应、工作方案、实施意见等不属于立法性质的规范性文件全部排出，得出了相关数据，所有数据均是 2014 年 11 月之前的，因此可能会有 11 月之后通过或者废止的规范性文件改变数据，特此说明。

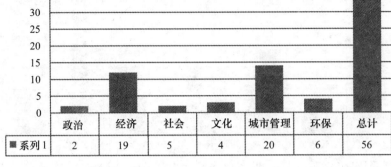

图 2—3 唐山市人大立法数量

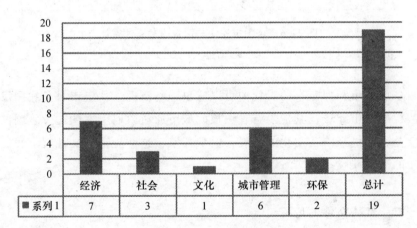

图 2—4 唐山市政府规章

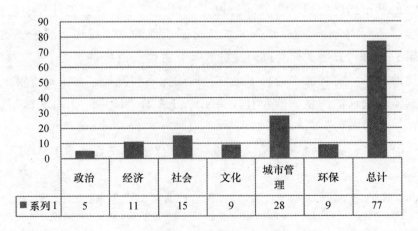

图 2—5 保定市类立法的数量

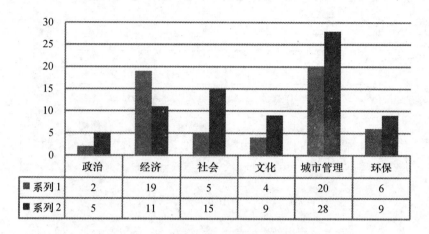

	政治	经济	社会	文化	城市管理	环保
■系列1	2	19	5	4	20	6
■系列2	5	11	15	9	28	9

图2—6　唐山市立法与保定市类立法对比

注：系列1（左边）为唐山，系列2（右边）为保定。

从唐山市和保定市的对比中可以看出一些情况，保定市只是我国没有立法权的城市缩影，其他没有立法权的城市通过政府下发的文件管理城市和社会，促进经济、文化的发展，保护环境，这些规范性文件就是我们所熟知的"红头文件"。

二　红头文件的危害

并不是拥有立法权的城市就不出台红头文件，事实上，很多拥有立法权的城市同样使用红头文件处理一些敏感问题，如拆迁补偿、限行、摇号等。① 一方面，通过红头文件绕过了正常的立法程序，减少了通过的阻力；另一方面，作为临时性的政策，方便立改废的进行。但是红头文件的存在一定程度上造成了地方管理的无序和混乱，甚至极有可能威胁到地方统治的维系。笔者对红头文件归纳了"四宗罪"，以解释其危害性。

罪行之一：混乱。红头文件的混乱不仅表现在红头文件与红头文

---

① 湖南嘉禾事件、银川出租车罢运事件等全国著名的事件背后都有红头文件，就连北京的单双号限行，以及召开 APEC 会议期间的限行工作都使用红头文件，不能说红头文件不具有法律效力就没有实效，事实上其他城市，如南京、杭州等拥有立法权的较大的市也是通过红头文件处理问题。

件之间的冲突，还表现在红头文件与上位法之间的矛盾，这直接导致
行政主体在选择适用的过程中无所适从，如"王凯锋案件"就是典型
的例证。① 虽然《宪法》《地方组织法》中规定，地方人大或常委会
有权撤销本级政府的不适当命令和决定，但在实践中很少有见到人大
行使此类职权，一些与上位法相冲突、既不合法又不合理的红头文件
长期得不到纠正，如此便形成了诸多乱象：（1）设定歧视条款，严重
违反《宪法》的法律面前人人平等原则，如有的市下发红头文件规定
招考的女性公务员乳房必须对称；②（2）擅自增加行政审批，如有的
市要求农民收割玉米必须先缴费办理"砍伐证"和准运证；③（3）维
护地方经济，为部分企业创设法外特权；④（4）执法部门发布红头文
件选择性执法。⑤

　　罪行之二：恣意。红头文件的恣意是指，某些地方的红头文件常常未
经深思熟虑，仅是领导大笔一挥，一拍脑瓜，认为应当有一个文件，于是
就产生了一个文件，如此创制方式，闹出了不少"红头笑话"。如有的红

---

　　① 福建省长乐市财政局与多家企业签订了周转资金的合同，由企业所在地的乡镇财政
提供担保，在 27 家企业先后倒闭之后，周转的资金仍有 745.8 万元未能收回，《担保法》
明文规定，国家机关不能担任担保人。王凯锋身为财政局局长，对资金周转的发放、回收
工作负领导责任。因此，长乐市人民法院以玩忽职守罪判处其 5 年 6 个月的有期徒刑。而
王凯锋之所以提供担保是为了执行福州市政府下达的市委（1999）9 号文件。也就是说王
凯锋成了红头文件与法律冲突的牺牲品。参见刘国航、陈杰人《政策和法律打架责任谁来
承担》，《法制日报》2002 年 1 月 12 日第 3 版。

　　② 席淑君、姚建：《公务员凭啥要乳房对称》，《中国妇女报》2004 年 2 月 18 日。

　　③ 参见刘文超《收玉米要办砍伐证》，《半月选读》2009 年第 1 期。

　　④ 有的红头文件明文规定，未经政府特许，任何单位或团体，没有特殊原因，不能到
重点保护企业检查，其中包括环保部门。如徽县"血铅超标"肇事企业 3 年前列入了县
"重点保护"名单，而徽县政府在红头文件中强调：重点保护企业要落实每月 25 天安静生
产日制度，未经县委、县政府批准，除税务部门外，任何单位和个人不得进入企业进行任
何形式的检查、收费。此红头文件为肇事企业保驾护航，导致了严重的血铅超标。参见
《红头文件保护排污企业》，《兰州晨报》2006 年 9 月 16 日第 A06 版。

　　⑤《新文化报》2004 年 4 月 16 日报道了吉林省长春市公安局于 4 月 15 日出台的《长
春市公安局关于治安系统进一步为经济发展创造软环境的工作意见》，该《意见》中指出，
对待发生在行业场所内的黄赌毒案件的查处，需经本部门分局长批准。对查获的因履行经
济合同来长春洽谈及其他特殊来长人员的一般违法行为，原则上不做治安拘留处罚。参见
李印印《红头文件乱象何时休矣》，中国城市发展网，http://www.chinacity.org.cn/cshb/
cssy/187342.html，最后访问 2014 年 10 月 25 日。

头文件指令领导干部职工替开发商卖房，[①] 有的下发红头文件要求政府工作人员喝酒，[②] 有的下发红头文件要求公安局代征防洪费。[③] 如此随意制定红头文件，置政府公信于不顾，长此以往，必将断送基层政府的执政之基。

罪行之三：独断。红头文件与立法相比，最为缺少的就是程序，无论是哪个级别的立法，都会有严格的程序限制，保障立法的民主性和科学性。而红头文件的制定和发布过程，在立项上缺乏上位法的支撑；在制定过程中缺少对实践的调查和论证；在表决之前没有充分进行听证，吸收民意；在红头文件与社会发展不相适应时，未能及时予以废止。可以说，一些红头文件只是将领导人的看法和观念通过一张纸的形式公布于众，在整个过程中没有进行立法式的博弈，无法充分利用和发扬民主。

罪行之四：越权。地方政府利用红头文件除了管理自己内部事务之外，还干预其他权力机关的正常工作，比较典型的就是行政发函干预司法判决。如陕西省横山发生矿权纠纷，省政府发函至最高人民法院施压；[④] 太原市晋源区人民政府直接发文，要求法院从轻判决。[⑤] 这种荒唐的事情之所以能够大行其道，一方面是地方政府习惯于使用红头文件解决问题，另一方面在于人治思维的禁锢，宪法中规定的司法独立于行政没有深入官员的内心。

[①] 2009 年 1 月，寒亭区政府下发了《关于促进房地产业加快发展的意见》（寒政发〔2009〕3 号），要求全区副科级以上现职干部，每人至少销售一套住房，完不成任务的，按照比例从所在单位已经认定的全年招商引资额中扣减。参见王志文《潍坊市寒亭区红头文件指令干部替开发商卖房》，《经济参考报》2009 年 3 月 30 日第 1 版。

[②] 湖北省汉川市政府以红头文件的形式（《关于倡导公务接待使用小糊涂仙酒的通知》，汉川政办发〔2006〕11 号），给市直机关和乡政府下达了喝酒任务，全年喝酒必须完成 200 万元，完成任务的按照 10% 奖励，完不成任务的给予通报批评。参见袁启华《小糊涂仙：酒不糊涂人糊涂》，《中国企业报》2006 年 4 月 17 日第 5 版。

[③] 王琳：《代征防洪费的背后》，《人民日报》2009 年 6 月 15 日第 5 版。

[④] 最高人民法院在审理一起矿权纠纷的官司时，收到一份来自陕西省政府办公厅的函件，内容大致如下：如果维持省高院的判决，将会产生一系列严重后果，对陕西省稳定带来较大的影响。参见田享华《地方致函最高法施压引争议》，《第一财经日报》2010 年 8 月 3 日第 A02 版。

[⑤] 参见《太原强拆者入室打死村民，政府发函要求法院轻判》，《新京报》2013 年 10 月 22 日，新华网，http://news.xinhuanet.com/legal/2013-10/22/c_125578403.htm，最后访问 2014 年 10 月 25 日。

三　赋予城市立法的利好

上述以列举和归纳的形式描述了红头文件的种种弊端。笔者提出的解决方案是赋予城市立法权，可能会有学者质疑，即便城市拥有了立法权，依旧会有大量的政府红头文件问世，已然无法解决红头文件的乱象。但笔者认为赋予立法权的影响是潜移默化的，能够逐步消除红头文件造成的恶果。

首先，赋予城市立法权是一场不可多得的法治教育。以上对于红头文件的分析反映出地方政府领导集体法治意识淡薄，法学素养严重不足。因此急需对地方领导人进行法治培训和再教育。实践是最好的老师，将立法权赋予城市，并不是简单地将红头文件改头换面，披上地方性法规或地方政府规章的外衣就成了立法文件。因为立法需要大量的法律人才储备，需要文本表述符合法律语言的要求，对于城市立法还需要省级人大常委会通过。而省级人大常委会的立法专家会严格审查，绝不允许较大的市立法出现重大瑕疵，会与较大的市立法工作者进行反复沟通与磋商，提醒并纠正出现的偏差与错误，从而不断地提高较大的市立法质量和立法水平。而地方人大和政府在实践的过程中，地方领导逐渐地由人治思维向法治思维转变，地方政府由管理型向服务型转变。这样至少会减少部分匪夷所思的"红头文件"的数量，遏制数量庞大、内容混乱的红头文件。

其次，赋予城市立法权能够激活公民法治意识，实现民主立法。通过城市立法的实践，不仅城市人大和政府受到法治的洗礼和教育，公民的法治意识和权利意识同样会觉醒。其结果是民主立法的实现：公民对于事关民生的重大立法，会积极要求参与听证，要求表达自己的利益诉求。这种民主立法不仅有利于提高立法质量，同时还会减少立法的实施和执行成本；不仅体现了公民国家主人的地位，同时也为社会矛盾的消弭和化解奠定了基础。

最后，部分红头文件转化为立法，也使行政诉讼的抽象审查成为可能。以往地方政府发布红头文件，即便严重违背上位法，除非上级指令修改或者裁撤，一般地方对此无动于衷。而且，公民在提起行政诉讼时无法将其纳入抽象审查的范围。若赋予地方立法权，一方面，省级人大常委会主动监督地方立法质量，另一方面，对于政府规章，提起行政诉讼进行抽象审查成为可能。因此，无须担心红头文件改头换面成为立法。

　　我国已然从压制型社会转向回应型社会，以往的通过命令、文件就能管好的社会环境已经悄然发生了改变，政府不得不消耗大量精力满足社会和市场对立法的需要，而赋予城市立法权既符合当下我国社会的大背景，同时也能遏制红头文件的泛滥。

第 三 章

较大的市立法权限与空间的理论和实践

第一节　较大的市地方立法权限与空间概述

一　立法空间与立法权限

为了行文的准确，需区分一下立法权限和立法空间这两个概念，立法权限是指立法主体能够行使立法权的界限，包括两种含义：（1）立法权应当以及可以达到何种界限；（2）抑或立法不能超出什么范围。[①] 对于立法空间是什么，如何定义，国内尚且没有学者对其进行准确且细致的分析，[②] 因此在使用上与立法权限多有重复之处，[③] 但仔细分析，这两个词还是有一定区别的。

首先，立法权限更倾向于应然，立法空间更倾向于实然。在应然层面，对于某些事项，较大的市是没有立法权限的，但是实践中，有些较大的市突破了《立法法》的限制，扩展了自己的立法空间，当讨论立法权限时，更多的是应然层面，而实践中使用立法空间更能形象地说明问题。其次，立法权限讨论的是"有或无"的问题，立法空间讨论的是"多或少"的问题。如学者撰文《地方环境立法空间探讨》中的重点不是讨论地方是否应当拥有环境立法权，而是研究地方环境立法权可以在多大空间

---

① 周旺生：《立法学》，法律出版社 2009 年版，第 205 页。
② 有学者对地方立法空间进行了界定，地方立法空间是指地方性法规可以做出规定的事项和内容。参见崔立文《关于地方立法空间的分析》，《人大研究》2006 年第 11 期。
③ 使用立法空间这一表述的人和著作不是很多，参见阮荣祥主编的《地方立法的理论与实践》一书直接使用立法空间而不是立法权限；宋方青教授在《拓展立法空间：经济特区授权立法若干关系思考》一文中使用的是立法空间；稽东方的《如何拓展城市立法空间》、崔立文的《关于地方立法空间的分析》等中也有相关表述。

内有所作为。最后，立法权限是从中央视角出发的概念，立法空间是从地方视角出发的概念。立法权限在于赋权和控权，只有中央有此权力，而对于地方只关心自己的权力空间的大小和范围。从大量文献中也可以看出，使用立法空间的作者都是在描写地方立法，而使用立法权限的关注点都是站在中央层面看待地方立法的。本书在写作过程中会同时使用这两个概念，但其中意义略有差异。

二　较大的市立法权限

《立法法》第 64 条规定了地方人大及其常委会的立法权限范围。

第一种是执行性立法，又叫实施性立法，即为了施行法律法规结合本地实际情况而制定的地方性法规。为保障上位法的施行，地方人大及其常委会可以对法律、行政法规所规定的事项予以细化，并制定方便实施的地方性法规。我国地域辽阔，各地实际情况很不相同，城乡的差别、东西南北的差别都非常大，我国国情复杂，文化多元，经济发展不平衡，作为一个国家的法律，只能规定最为基本的问题，对于各个地方的实际情况可能考虑不足。而地方在运用法律时，总会捉襟见肘，发现所谓的法律并不好用，而各地在执行时，需要根据实际情况做出具体的规定，这样才有利于更好地贯彻实施法律和行政法规，因此需要地方执行执行性立法。

第二种是自主性立法，即上位法对某些地方性事务没有规定，如地方志愿者的规定，此时需要较大的市根据本地实际情况制定地方性法规。对于不需要也不应当由国家统一立法的、地方性事务迫切需要的、具有浓厚地方特色的，需要自主性立法满足地方的需要。法律赋予地方自主性立法权目的就是为了地方能够根据实际情况的需要，在不同上位法相抵触的前提下，通过立法手段制定地方性法规，解决地方经济和社会发展中亟须通过立法方式解决的问题。

第三种是先行性立法，即属于中央专属立法权之外的事项，但中央对此尚未规定，而地方因经济社会发展的需要急需法规规制的情况下，率先由地方创制地方性法规。对于先行性立法，其与自主性立法的相同之处是地方管理的需要，不同之处是，先行性立法的事项可能会由中央立法确定，而中央尚未立法，此时，在不与上位法相抵触的前提下，地方可以先行性立法。

《立法法》第 73 条规定了较大的市制定地方政府规章的权限范围：

（A）为执行法律、行政法规、地方性法规的规定需要制定规章的事项；

（B）属于本行政区域的具体行政管理事项。

对于 A 类立法，有两种情况：其一，由上位法明确规定由较大的市人民政府制定规章的事项。较大的市人民政府可以根据上位法的规定，结合本市的实际情况，就如何执行上位法制定较大市人民政府规章，如《行政处罚法》第 13 条第 1 款对较大的市可在行政处罚行为、种类和幅度范围内做出具体规定；其二，上位法没有明确规定较大的市可以据此制定政府规章，但为了执行上位法而制定的配套措施，如宁波市实施《地方志工作条例》办法。在这两种情况下，较大的市人民政府可以根据实际情况制定规章。

对于 B 类立法，即属于较大的市行政区域的具体行政管理事项。较大的市人民政府管理本行政区域内的科技、文化、教育、体育、环境保护、民政等具体行政工作。较大的市人民政府可以制定具体的地方政府规章。

三　需要说明的几个问题

首先，正确对待经济特区所在地的立法。深圳、厦门等经济特区所在市存在两种立法权，一种是较大的市立法权，一种是经济特区立法权。据这些城市的立法工作人员反映，市人大常委会的立法工作重点在经济特区立法而不是较大的市立法。这是因为：对于较大的市立法权而言，其立法空间受制于中央立法和省级立法，对于较大的市执行性立法，其需要执行的上位法不仅有中央一级的立法，还有省级的地方性法规，较大的市立法仅是对上位法的细化和重复；对于自主性立法，省级人大及其常委会在很大程度上已经将可能的立法事项尽量穷尽，较大的市的自主空间较小，随着《行政处罚法》《行政许可法》的修改和施行，较大的市立法空间受到进一步的限制；对于先行性立法，由于不得与上位法相抵触，而上位法的层级较多，因此较大的市缺少先行性立法。而对于经济特区立法，根据《立法法》第 81 条第 2 款之规定，可以对法律、法规做出变通规定，① 这样减少了立法阻力，变相地扩大了立法空间。故此，对于厦门、深圳等城

---

① 《立法法》第 81 条第 2 款规定："经济特区法规根据授权对法律、行政法规、地方性法规作变通规定的，在本经济特区适用经济特区法规的规定。"

市的特殊立法都划入经济特区立法，不属于较大市立法范畴，而对于经济特区所在地的较大市立法，在内容和事项上与其他较大市没有任何区别，因此，本书对于经济特区所在地的市不做区别处理。

　　其次，较大的市人大立法与政府立法权限区别问题。有学者认为地方性法规和地方政府规章的立法权限是存在区别的：涉及本行政区域内长远、全局、根本的事项应当制定法规而不是规章；涉及保障公民人身权利、民主权利的，需要制定法规；涉及规范政府行为、司法行为和司法保障的事项，应当制定法规；先行立法事项应当制定法规，而非规章。[①] 笔者同意地方性法规和地方政府规章立法权限存在区别，但是，笔者质疑的是：对于较大的市立法而言，强调两者立法权限区别的意义有多大？在《立法法》的规定中，较大的市地方性法规和地方政府规章在调整的对象、内容、事项上有90%以上都是重合的，在实践中很难加以区分该事项应当制定地方性法规还是地方政府规章，如南宁市颁布了地方性法规《南宁市爱国卫生条例》，但太原市没有该项内容的地方性法规，却以地方政府规章的形式出台了《太原市爱国卫生管理办法》。而且，涉及公民人身权利、民主权利、司法行为、政府行为、司法保障等事项，中央立法已经有了详尽的规定，而且大部分都属于法律保留条款，即便有所遗漏，也被省级立法单位处理，留给较大的市立法空间极其狭小。强调较大的市法规和规章的权限区别没有意义，因此，本书在讨论较大的市立法权限和立法空间的问题时一律以地方性法规为主。

　　最后，较大的市立法权是半个立法权，最终由省级人大常委会批准，在某种程度上可以说较大的市立法权限是由省级人大常委会决定的，因此研究较大的市立法权限的过程中，实际上在探讨省级的立法权限。省级立法权限讨论的核心是中央和地方立法权限的划分问题。只有梳理清楚中央与地方立法权限之划分，才能清晰地了解省级立法权限与空间，同时在此基础上理清较大的市立法权限与空间。对于中央与省立法权限的划分问题，需要明确划分标准，根据标准能够轻易地了解哪项立法权属于中央，哪项立法权属于地方。

---

① 周实主编：《地方立法权限与立法程序研究》，东北大学出版社 2011 年版，第 49 页。

第二节　中央与地方立法权划分的理论

一　立法权限划分标准问题

（一）以立法权的性质（重要性程度）为标准划分

《立法法》所采用的标准是以立法权的性质（重要性程度）进行的划分。按照这种思路，立法权划分需要两步：首先判断立法权调整的对象是"宜属于中央"还是"宜属于地方"，其次判断立法事项的重要程度。

根据中央与地方立法特点的不同可以判断立法权的性质应属中央还是地方。[①] 对于中央来说：(1) 在效力上，中央的立法空间效力一般会遍及全国，与地方立法相比具有更高的效力等级；(2) 在内容上，中央立法更具有普遍性，即中央立法所调整和规定的是国家、社会和公民生活中带有根本性、全局性的事项；(3) 在立法事项上，中央立法具有重要性和专属性，即中央立法调整的一般是关乎国计民生和基本制度的重大问题；(4) 在职能和作用上，中央立法是一国立法体制的前提性环节、主导性环节和基础性环节。对于地方来说：(1) 在效力上，地方立法具有从属性，在一国立法体制中，地方立法处于相对次要的位置。具有补充、辅助、执行中央立法的功能，而且地方立法一般不得与中央立法相抵触；(2) 在内容上，地方立法具有地方性与特殊性，即地方立法所针对的是当地的特殊情况以及特殊问题，这些问题不适合也不应该由中央处理和解决；(3) 在职能与作用上，地方立法是一国立法体制的重要环节和不可或缺的一部分，它解决的一般都是社会和公民生活中的特殊性、复杂性、多样性问题，更为直接、经常、及时地向普通公民提供必要、具体的行为规范内容。

立法事项的重要程度是指：若事项关涉国家整体利益或者影响到公民的基本权利问题，则应当由中央立法；若事项仅仅关涉地方利益抑或影响到公民非基本权利，则应当由地方立法。作为第一点比较容易理解，即有关国防、外交、主权、国家基本政治结构和框架等事项当然应当由中央立法进行规定，而对于第二点，是随着人们意识的变化而变化的，如在尊重和保障人权的观念尚未深入人心之时，很多地方立法都存在对人身自由的限制和剥夺，如

---

① 参见封丽霞《中央与地方立法关系法治化研究》，北京大学出版社 2008 年版，第 131—132 页。

《沈阳市收容遣送条例》（2003 年被废止）。按照这个标准，我国《立法法》第 8 条规定了法律保留的事项，① 对于这些事项的立法，只有全国人大及其常委会方可行使。② 《立法法》运用专属立法权的方式划定了绝对属于中央的立法权。

而对于地方立法权，《立法法》的规定同样体现了立法权的性质优先，重要性其次的排列组合。《立法法》第 64 条③规定的前两项，因地方事务的特殊性而立法是考虑到了立法权的性质。而第三项创制性立法，其立法所涉及的问题全国都有，但重要程度相对较弱，国家并没有做出规定，如校园安全问题、城市养狗问题等。

（二）以立法权的影响范围为标准划分

依立法性质来划分立法权，其思路是属于中央的应当由中央处理，属于地方的应当由地方处理，共属于中央和地方的，由两者共同处理。但这个思路解决不了很多立法实践问题。

有些立法事项非常重要，但地方立法更为合适，如自贸区建设，自贸区涉及中国未来改革的方向，若试验成功极有可能推广，在天津、深圳等地设立第二个、第三个自贸区，但自贸区的大部分立法都是地方完成。有些立法事项不重要，本应该由地方立法处理，如 2008 年汶川地震出现了

---

① 《立法法》第 8 条规定以下事项只能制定法律：（1）国家主权的事项；（2）各级人民代表大会、人民政府、人民法院和人民检察院的产生、组织和职权；（3）民族区域自治制度、特别行政区制度、基层群众自治制度；（4）犯罪和刑罚；（5）对公民政治权利的剥夺、限制人身自由的强制措施和处罚；（6）对非国有财产的征收；（7）民事基本制度；（8）基本经济制度以及财政、税收、海关、金融和外贸的基本制度；（9）诉讼和仲裁制度；（10）必须由全国人民代表大会及其常务委员会制定法律的其他事项。

② 虽然《立法法》将这几项纳入专属立法的范畴，但实践中地方立法多有突破，如《立法法》第 8 条中规定对于非国有财产的征收需要由法律来规制，而杭州市出台《征收集体所有土地房屋补偿条例》（2014 年 4 月发布）就属于对非国有财产的征收，却是由较大的市人大制定。又如法律保留条款中规定诉讼仲裁只能制定法律，但是全国各地很多城市都制定了相关的仲裁条例或仲裁办法，尽管一些城市在《仲裁法》出台后主动废止（如大连市在 1996 年主动废止《城镇房地产纠纷仲裁条例》），但另外一些较大的市（福州）直到 2002 年才废止其制定的仲裁条例，而有些省直到 2012 年才废止（《重庆市人事争议仲裁条例》）。这些突破从侧面也证明了某些事项即便已经在法律保留的内容之内，若不重要，中央也会容忍地方进行立法。

③ 《立法法》第 64 条使用概括的方式规定了地方立法权限有三：一是为执行法律、行政法规的规定，需要根据本行政区域的实际情况做出具体规定的事项；二是属于地方性事务需要制定地方性法规的事项；三是除《立法法》第 8 条规定的事项外，其他尚未制定法律、行政法规的事项。

"范跑跑"事件,该事件本属于地方事务,但引发了全国的讨论和思考,促成了《中小学教师职业道德规范》的修改。

以性质(重要程度)作为标准划分中央与地方的立法权会增加不确定性,有些事项若按照性质(重要程度)来划分,说不清楚应该属于中央立法还是地方立法。以这个标准来划分不仅容易造成立法混乱,而且还增加立法重复和立法漏洞。首先,是否重要的判断标准是主观的。在很大程度上,某立法事项是否应当属于中央在于执政者的看法与观念。这就有可能在立法规划中造成立法事项的遗漏,直到出现一些轰动全国的大事件,才会引起领导人对此的重点关注,然后上马立项,几天之内通过立法。如《校车安全管理条例》的出台就是典型的应急立法。其次,是否重要的判断会随着社会环境的变化而改变。如个人信息保护问题,当下并不属于非常重要的事项,但随着智能手机以及智能穿戴设备的普及,公民隐私、群体偏好、国民健康等关键信息可能会对国家安全造成损害,若这些智能手机与设备的开发公司将信息披露给国外敌对势力,极有可能威胁到国家安全。目前我国已经明令禁止政府采购 Window8 操作系统,目的就是防止政府关键信息泄露。最后,以重要性为标准造成立法混乱。有些国防、外交、军事设施等按照重要性应当划归中央立法的事项,往往地方出于自身考虑,加以立法。如《青岛市与外国城市建立友好关系的规定》《山东省军事设施保护条例》。

针对上述按照性质进行的划分出现的混乱情况,有学者提出影响范围的标准(见图3—1)。

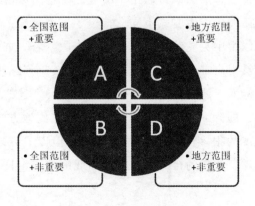

图3—1 影响范围标准

事务影响范围的标准是指：以事务的影响范围为划分标准，即凡是事务的影响范围为全国的，则由中央立法；影响范围为地方的，则由地方立法。[①] 影响范围标准克服了以立法性质加重要性作为划分标准的不确定性，具有极强的可操作性，客观性较强，某事务是涉及全国还是仅仅涉及部分地区比较容易判断，而且，客观条件的变化一般不容易改变该事务所涉及的区域。但是根据上述标准，图中 A 和 B 就会纳入中央立法，C 和 D 就会纳入地方立法，这样的划分实质上增加了中央的立法强度，同时由于立法人员有限，大部分立法只能排期等候。

为了克服影响范围标准的缺陷，学者提出应当将影响范围标准与事务的重要程度相结合，既考虑立法事项的性质（重要程度），同时考虑影响范围。[②] 但是，这种实质上的"双重标准"思路存在改进的空间。

首先，它遗漏了这两种标准适用的先后顺序。当我们在讨论一项崭新的立法事项是属于中央还是地方时，是应当先考虑影响范围还是先考虑重要性？还是应当两者一起考虑？以城市养犬为例，若优先考虑影响范围，再考虑重要性，其逻辑思路（思路 a）如下：城市养犬影响范围是全国还是部分地区？全国，那么应该属于中央立法。城市养犬是否重要？不重要。结论是可以由中央立法，但是并不紧急，立法推后。若优先考虑重要性，再考虑影响范围，其逻辑思路（思路 b）如下：城市养犬是否重要？不重要。不需要由中央统一立法，地方立法是否会影响中央的权威及法制统一？不会。若两个标准同时考虑（思路 c）：虽然城市养犬影响范围是全国，但是并不重要，那么既可以由中央立法，也可以由地方立法。适用这两个标准的先后顺序或者方式不同，得出了三个结论：由中央立法、由地方立法、既可以由中央立法又可以由地方立法。若一个划分中央和地方立法权的标准能够得出三个结论，就不能称之为一个合格的标准。

其次，上述标准无法处理跨省、跨地区事务。上述的影响范围遗漏了一个重要的层面，即除了地方和全国之外，存在比地方大比全国小的区域。现代社会出现的很多问题都是局部影响，但以一省之力尚不足以克服。如北方的雾霾、东南的台风、西南及西北的地震、长江沿岸经济环境

---

① 崔卓兰等：《地方立法实证研究》，知识产权出版社 2007 年版，第 93 页。
② 同上。

生态等各方面的互助与协作。像自然灾害及环境问题，发生时影响的往往是相关联的几个地区，往往超过一个省的范围，但是影响范围又不足以大到全国。这种跨省的情况，有两种解决方案，一种是统一由中央立法，如《中华人民共和国港口法》；另一种是由相互关联的若干地区或省协作立法，对此，我国目前已经有一些跨省联合协作的先例，如新疆、青海、甘肃、宁夏、内蒙古、陕西、山西、河南、山东等九个省区是一个单位联合通过了《黄河经济协作区联合协作互惠办法》（1998 年通过）。随着以某一核心城市为中心，辐射形成城市群的出现，未来跨地域的立法会越来越多。可以想象在上海与江苏昆山开通跨省地铁之后，关于地铁管理方面的法规必然会由上海和江苏两家立法机构通过。回到影响范围和重要程度这两个标准，几乎不能解决这种跨省的事项所产生的立法问题。

最后，双重标准同样无法解决遗漏或重复立法。若将一国立法权比喻为一个整体，那么若立法权存在二分法，除了中央立法事项就是地方立法事项；若是三分法，除了中央和地方各自的立法事项之外，还存在共同的立法事项。那么中央立法权与地方立法权之和便是国家整体的立法权，如此分配权利才是合理且周延的。但是双重标准下的中央和地方立法容易出现重叠和漏洞，图 3—1 中 A（全国且重要）当然应当属于中央立法，D（地方非重要）当然应该属于地方立法，问题就在 B（全国且非重要）和 C（地方且重要），在这个地方产生了交集。如前文所述，这两个标准思考的顺序不同，产生的结论也有异。① 那么就无法准确地确定这两项究竟

---

① 有学者认为按照影响范围和重要程度结合的标准可以克服立法重复和立法漏洞，事实上前文已述，作者没有考虑这两个标准如何适用顺位的问题，优先考虑哪个标准还是两个标准同时考虑。即便按照该学者的观点：凡属于全国范围之事项，都应当由中央立法，而不论其重要与否；凡是涉及地方的重要事项，可暂由中央立法，待时机成熟由地方调整。详细观点参见孙波《论地方专属立法权》，《当代法学》2008 年第 2 期。但是这种观点是有问题的：首先，中央立法效率远低于地方立法，全国范围内的事项不论重要与否都交给中央，那么大部分问题就无法解决；其次，一些重要的事项由地方试水是改革实践中常用的方法，对于某些新兴的重要制度可由地方先行立法，这种试错式的立法方式可以减少错误成本；最后，有些属于地方且重要的事项真的只是地方问题，影响范围确实只限于地方，要求中央立法有大炮打蚊子的感觉。如山西煤炭资源整合，这个涉及山西煤炭安全生产以及全国煤炭整合工作试点，但是中央对此没有任何一部法律或法规，只有国务院发布的《进一步规范煤炭资源整合工作的通知》以及相关部委发布的《关于煤炭整合的若干意见》，而煤炭整合的核心问题——补偿，则由《山西省煤炭整合有偿使用办法》处理。

由中央立法还是由地方立法，抑或中央和地方都可以立法。因此会出现争夺和推诿，甚至相互冲突的情况，有些立法领域，如文化遗产或文物，最容易出现中央与地方立法的抢夺：《文物保护法》第24条规定：国有不可移动文物不得转让、抵押。但在实践中由于部分文物的维护费用巨大，已经超出了当地政府所能够承受的范围，故做出了变通规定。如《苏州市古建筑保护条例》第15条规定，鼓励国内外组织和个人购买或租用古建筑。该规定明显与上位法相冲突，但是考虑到每年数额庞大的维修费用，苏州市不得不出卖包括苏绣创始人沈涛故居"绣园"、唐寅故居"桃坞别院"、精美白花木雕的"唸德园"等古宅，并且苏州市特意立法以确定购买的合法性。①

（三）以事权与财权相匹配标准为补充

综上，采用影响范围和重要程度这两个标准尽管已经对中央和地方立法做出了划分，但是仍然无法顺利地、彻底地解决中央与地方立法分权的问题。一方面，B（全国范围非重要）和C（地方范围重要）究竟应当由谁立法没有得到解决。另一方面，无法解决本书提出的标准运用顺位问题、跨省立法问题、可能会造成重复立法或遗漏立法等问题。对此，笔者提出以事权与财权相匹配为标准进行补充，即首先以影响范围和重要程度进行处理，当出现疑难无法定夺时，运用事权与财权相匹配的方式进行补充。为了证明事权与财权相匹配这个标准的可行性，笔者将会从以下几个方面进行论证：立法权之争以及立法权之分都是事权之争和事权之分；事权的关键在于财权的配置；中央与地方立法分权需考虑财权与事权相匹配。

1. 中央与地方立法分权的背后是事权之分

当我们表述中央有权对限制人身自由等方面立法的时候，背后真实的意思是中央具有以下权力：依照自己的意志限制公民人身自由。地方无权制定规范限制自由，真正的原因并不是其无权立法，而是无权做以下事情：依照自己的意志限制公民人身自由。而地方只能执行中央的意志。立法权背后隐藏了事权。作为中央集权的单一制国家，地方能做什么事情，抑或不能做什么事情，是由中央决定的，地方立法的权限和范围也是中央控制的。因此，离开事权而讨论地方与中央的立法分权是无法解释清楚很多现实的。

---

① 参见易颖、高岩《苏州园林的私有化道路》，《南方周末》2002年12月19日。

（1）某些事权即便没有法权规定，仍然能够顺利执行

北京市发布的《北京市人民政府关于实施工作日高峰时段区域限行交通管理措施的通告》，直接规定了城市限行，限制了公民出行自由，这种在广义上限制人身自由的举动居然没有任何质疑和反抗，在实践中竟能够顺利执行并获得遵守。北京市选择使用规范性文件而不是地方性法规或者政府规章一方面是考虑到便捷，不需要经过烦琐的程序；另一方面是考虑到政策的发布时效性较强。但是没有一部地方性法规或者政府规章，仅仅是政府命令就能让北京市按照限行的要求出行，一方面该命令具有合理性，北京市人民能够充分理解政府发布命令背后的目的是治理空气污染；另一方面，法治思维和观念尚未深入人心，没有大规模的质疑政府发布命令的合法性。在中国广大的土地上，很多城市通过发布行政命令完成城市管理，这些事权背后并没有法权支撑，但仍然能够顺利执行。

（2）有些事权超出了法权的规定，仍然会被继续执行和遵守

诸如城管等城市执法单位的合法性存在瑕疵，但仍然遍地开花。除了少数拥有立法权的较大的市制定了相关的城市管理规定之外，其余城市管理的合法性依据在哪里？而且在省级立法统一制定城市管理规范的省份并不在多数，全国仅有个位数的省份制定了统一的规定。① 即便一些城市管理工作制定了相关的规定，其执法方式之粗暴、执法力度之大也远远超过了任何法律的规定，甚至连警察都无权处理的事情，城管都能够以极具特色的方式解决。那么，像有些城市的城管没收小商小贩的营业小推车和货物，明显执法超过了必要限度，为何依然能够大行其道？城市管理是城市化过程中的必然产物，中国任何一个城市发展到一定程度都会出现，城管的存在是基于城市管理的需要，政府拥有城市管理的事权，即便没有城市管理的法权，在现实中仍然能够运行，政府依然会动用城管处理部分城市管理问题，小贩依然会在与城管的斗争中存在。

（3）有些事权与法权规定相违背，仍然不会被认为无效

最为典型的是国务院颁布的《卖淫嫖娼人员收容教育办法》，其中规定了公安机关不经法庭调查审判，可以对卖淫嫖娼人员进行为期6个月甚至

---

① 笔者通过北大法宝输入关键字"城市管理"，除了较大的市之外，仅有北京、上海、四川、广东、浙江、天津等为数不多的几个省制定了统一的城市管理规定。

两年的强制教育、劳动等限制人身自由的行政强制措施。该规定明显与《立法法》法律保留条款相违背。但是实践中仍然在适用，截至目前仍然没有被废止。轰动一时的黄海波嫖娼被收容教育事件，就是典型例证，这不仅是行政法规与法律相抵触，而且是背后公安机关拥有的事权与法权之间的冲突。充分印证了即便某些事权与法权相违背，仍然不会被认为无效。

2. 事权背后的基础是财权的支撑

法学界在讨论法权分割时偶尔会提及事权的分割，但是很少提及事权背后的财权。政府在做事的同时需要有人、财、力等多方面的支撑，财权是决定事权的重要影响因素，有多少钱办多少事。即便规定了地方政府拥有某项权力，若财力不予支撑，也无法落实。假设国家将高铁建设的权力下放至城市，任何两个城市之间只要双方同意皆可以修建高铁，同时也可以制定与高铁相关的立法，那么若城市财力无法承担此事，则该立法权也就一定会落空。当我们考察一国立法体制时，也应当将其财政体系纳入思考范围，这样才能更加全面真实地认识客观规律。

3. 中央与地方立法权划分应当考虑事权和财权

中央与地方事权的下放或者权力上交，都是与财政权力相同步的。[①]若研究立法权的分割、事权的分割不引入财权的视角，则可能与中国的实践不相吻合。尤其是我国正在经历高速的发展时期，权力正在逐步有节奏有秩序地下放，在若干年前学者建议将全国范围内的事项全部交由中央立法，[②] 而现在可能随着中央的简政放权，立法权下放的趋势更加明显，该

---

① 1978—1993 年，中央不断下放事权和财权，自 1980 年起，中央首先建立了 5 个经济特区（深圳、厦门、珠海、汕头、海南），对于这些经济特区，中央不仅给了立法权，还给了相应的财权和事权。如在财权方面，经济特区外商投资所得税是 15%，这大大低于国内其他地区，对于一些先进技术的企业，还可以予以减免税收。1984 年开始，中央陆续开放了 14 个沿海城市（如大连、秦皇岛等），给予这些城市项目审批、设立开放区等特权。1983 年至 1993 年，中央开始设立计划单列市，对于这些城市，中央赋予了它们省级的经济管理权限。中央在赋予这些城市较为自由的事权以及自主的财权之外，还赋予了这些城市立法权，并冠以较大的市的名义。而在 1994 年以后，中央开始分税制改革，同年至今，停止批复较大的市，拥有立法权的城市开始停滞。同时，中央对于银行、国税等实行中央垂直管理；然后对工商、地税、质检、药监实行省内垂直管理。可见，中央对地方立法权的收和放，与财权和事权的收放是同步和一致的。参见王国华、方付建《差异化授权：中央地方权力关系改革的新路向》，《华中科技大学学报》（社会科学版）2009 年第 5 期；朱长存《地方分权、晋升激励与经济增长：基于文献的思考》，《社会科学战线》2009 年第 4 期。

② 孙波：《论地方专属立法权》，《当代法学》2008 年第 2 期。

提议可能过于理想化，并没有考虑改革的大背景，没有考虑法权背后的事权与财权问题。

二　中央和地方立法分权模式及完善

前文讨论了大量的立法划分标准问题，按照影响范围和重要性的标准，全国范围＋重要事项应当归中央立法，地方范围＋非重要应当归地方立法，但是余下的两类分割问题无法解决，于是就有了以下三种方案产生。

方案Ⅰ：划定地方专属立法权，除中央专属和地方专属之外，将剩余部分划入中央与地方的共同立法事项；

方案Ⅱ：将无法确定的部分列为共同立法空间，中央和地方都可以立法，但中央立法优先；

方案Ⅲ：中央专属立法权之外，地方可任意立法，但中央增加专属立法范围或中央明令禁止的除外。

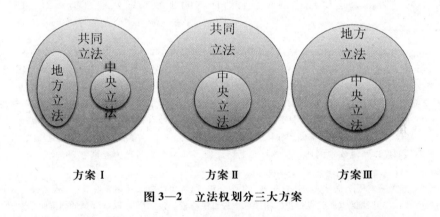

图3—2　立法权划分三大方案

对于以上三种方案没有完全对照的国家，有的划定了地方专属的立法权；①

---

① 如西班牙宪法就对自治区的专属立法权进行了详尽的规定，《西班牙宪法》第148条列举了自治区的职权，包括：（1）组织自治机构；（2）更改本区市镇区划；（3）市政建设；（4）自治区内的公共工程；（5）全线在自治区内的铁路、公路运输；（6）避风港、体育用港和飞机场；（7）管理本区域内的农业和畜牧业；（8）山脉和森林的利用；（9）环保；（10）本区域内的水利工程；（11）水产与捕鱼；（12）区内交易；（13）促进经济发展；（14）手工业；（15）区内的博物馆、图书馆和音乐厅；（16）文物；（17）文化、科研以及自治区的语言教学；（18）本区域内的旅游业；（19）体育和适当的活动；（20）社会救济；（21）卫生保健；（22）建筑物和设施；（23）对地方警察的协调及其他职权。

有的对中央与地方的共同立法权进行了划定;① 有的国家规定了中央专属立法权,② 并在宪法中规定:"宪法未授予合众国、也未禁止各州行使的权力,由各州保留,或由人民保留。"

笔者将通过对财权和事权相匹配这个标准进行论证,证明方案 I 略胜一筹。理由有如下几点。

首先,规定地方专属立法可以防范中央对地方事务的过度干预。前文已述,立法权背后的实质是事权,中华人民共和国成立之后经历数次放权和收权,其结果就是一放就乱,一管就死。放权和收权没有规范化、制度化,放权种类没有经过详尽的论证和先行试点是产生问题的主要原因之一。之所以要建立地方专属立法权,一方面是为了明确地方可以有所作为的领域,在该领域范围内,中央不得干涉,属于地方自由。这是对市场经济模式的确认,赋予地方一定范围和程度的自主权,让地方根据自身情况制定量体裁衣式的立法,保障地方最基本的政治稳定、经济发展、社会和谐。另一方面,这也是地方应当有所作为的领域,以往地方不知道自己应

---

① 《联邦德国基本法》第 73 条和第 105 条规定了联邦专属立法权,主要有:外交事务、国防、兵役、边防、联邦铁路和航空交通、知识产权、国籍、货币、度量衡、邮政和电信制度、关税和财政垄断。德国对中央和地方的共同立法在《基本法》第 72 条、第 74 条做了详细的规定:第 72 条第 1 款规定各州只有在联邦没有行使其立法权的期间和限度内才有立法权;第 74 条规定共同立法范围主要有:民法、刑法、法院组织、司法程序、律师制度、公证人制度、户籍制度、结社和集会法、外国人法、劳动法和社会保险法、土地法、医疗和器械方面的法律、交通、公务员的薪给制度以及税收中的所得税等。参见贾红梅《德国中央与地方立法权限的划分及其关系》,《人大工作通讯》1995 年第 21 期。

② 《美国宪法》就是典型的首先划定中央立法权。《美国宪法》第 1 条第 8 款规定授予联邦的权力有:(1) 赋课并征收直接税、间接税、进口税与货物税。(2) 以合众国的名义借贷款项。(3) 管理合众国与外国的、各州之间的以及与印第安部落的贸易。(4) 制定全国统一的归化条例和破产法。(5) 铸造货币,并确定度量衡的标准。(6) 制定关于伪造合众国证券和通货的罚则。(7) 设立邮局并开辟邮路。(8) 保障著作权和专利权,以促进科学与实用技艺的发展。(9) 设立低于最高法院的各级法院。(10) 明确划定并惩罚在公海上所犯的海盗罪与重罪以及违反国际法的犯罪行为。(11) 宣战。(12) 招募陆军并供应给养,但此项用途的拨款期限不得超过两年。(13) 装备海军并供应给养。(14) 规定征召民兵的组织、装备和纪律,规定可能征召为合众国服务的那部分民兵的管理办法;但民兵军官的任命和按照国会规定纪律训练民兵的权力由各州保留。(15) 在任何情况下,对由某些州让给合众国,经国会接受,充作合众国政府所在地的区域(其面积不超过 10 平方英里)行使专有的立法权;并对经州立法机构同意由合众国在该州购买的一切用于修筑要塞、军火库、兵工厂、船厂及其他必要建筑物的地方行使同样权力。(16) 制定为执行以上各项权力和依据本宪法授予合众国政府或政府中任何机关或官员的其他一切权力所必要的和恰当的法律。

续表

立法类属	中央	省	市
经济体制建设和经济发展	具有经济外部性特点的事务：全国的资源开发与保护；基本经济制度；基本民商事制度；银行、金融、保险。调节宏观经济的事务：发行货币；重要税种、税率；维护市场秩序的正常运转	承接上级政府任务，细化中央规定，在中央原则规定的范围内尽量细化规范，监督一省内的市场法律法规顺利运行	承接上级政府任务，进一步细化上级规范，监督一市之内的法律法规顺利运行
文化弘扬和文化发展	全国文物保护；全国文化遗产；全国精神文明建设	省内文物保护；省内文化事业发展；省内精神文明建设	市内文物保护；市内文化事业发展；市内精神文明建设
社会服务与管理	特大灾害救济；国家救助；社会公益性事业和社会保障事业；医疗保健、失业救济、养老保险	承接上级规定，细化中央规范，使规范具有更强的可操作性	进一步承接上级规定，进一步细化上级规范，使规范可操作性更强
国家/省/城市建设与管理	涉及全国、跨省特大基础建设项目；全国性交通干线	跨市的重大基础建设项目；省内交通干线	市内基础设施建设项目；市内交通干线
科/教/卫/体	规定科教文体基本原则和战略指导方针	承接上级规定，制定符合本省的规范，如省内精神文明建设、义务教育等	进一步承接上级规定，制定符合本市的规范，促进科学、教育、医疗卫生、体育事业的发展
环境保护	全国环境保护的法律、政策、法规	制定相应的法规与实施细则，保证中央环境保护的法律法规能够实施	制定相应的法规与实施细则，保证省级制定的环境保护的法规能够实施

　　按照影响范围和重要程度静态地划分我国三级立法体系，在表面上看已经非常详细。但是上述划分存在两个问题：（1）无法详细地得知地方

专属立法权范围；（2）共同立法事项范围及采取何种模式立法并不清晰。因为某些立法事项按照性质来说应当属于中央的范围，但是由中央立法效率过低，在实践中这些事项往往是中央原则性确定原则和方向，具体细则由地方出台。或者中央通过授权立法的形式赋予地方立法权。此时，地方立法权分割就没有那么简单，应当依照财权和事权相匹配标准进行微调。

从中央与地方事权与财权交叉处，我们可以对共同立法事项略窥一斑，表3—2为各个国家事权、财权表。

表3—2　　　　　　　　　英国、法国、美国事权、财权表

政府支出项目		英国			法国			美国		
		中	地	中：地	中	地	中：地	中	地	中：地
一般公共服务		3.6	3.1	80：20	5.8	11.19	71：29	9	4.3	69：31
国防		8.2	0.04	99.9：0.1	6.1	na	C	16.4	na	C
公共秩序安全		3.3	11.4	49：51	1.3	2.2	74：26	1.4	7	17：83
教育		3.5	29.9	28：72	6.9	19.5	63：37	1.9	36.4	5：95
健康		14.1	na	C	16.7	2.3	97：3	19.8	16.4	56：44
社会保障福利		35.6	28.5	81：19	43.5	17.4	92：8	28.8	13.4	70：30
住宅社区福利设施		2.4	7.3	53：47	1.21	22.13	20：80	2.7	1.3	69：31
娱乐、文化、宗教		0.4	4	28：72	0.6	7.7	27：73	0.4	1.7	20：80
经济事务服务		5.7	5.6	78：22	5.6	9.41	73：27	5.8	8.02	43：57
包括	燃料能源	0.8	na	C	0.14	4.5	12：88	0.2	0.01	96：4
	农业林业渔业和牧业	0.4	0.2	89：11	0.56	na	C	1.4	1.1	56：44
	矿业制造业建筑业	0.8	0.01	99：1	0.33	na	C	0.10	na	C
	交通通信	1.3	5.4	45：55	1.71	4.90	62：38	2.5	7.1	28：72
其他经济事务		2.90	0.90	92：8	2.85	na	C	1.6	0.84	67：33
其他支出		23.3	9.3	89：11	12.3	8.2	87：13	13.9	10.4	60：40
其中	利息支付	7.9	na	C	5.1	na	C	13.9	na	C
中央政府转移支付占地方支出		71.04			34.71			31.20		

续表

政府支出项目	英国			法国			美国		
	中	地	中：地	中	地	中：地	中	地	中：地
中央地方支出比重（含转移支付）			78：22			82：18			52：48

注：图表中与"中"和"地"对应的数值分别代表中央和地方政府财政支出项目占本级政府支出的比重，"na"代表不存在此项支出，"C"代表对应的财政支出项目完全由中央政府承担。

资料来源：寇铁军、周波：《政府间支出责任划分的国际经验与启示——基于发达和发展中国家政府支出结构的比较分析》，《财政研究》2007年第2期。

首先来看日本是如何解决中央与地方事权—立法权的划分问题的。[1]

表3—3　　　　　　　　　　日本立法权划分

区分	安全	社会资本	教育	福利卫生	产业经济
中央	外交、国防、司法、刑罚	高速公路、国道（指定区间）、一级河流（指定区间）	大学、资助私立大学	社会保险、医师执照等、医疗品等许可证	货币、关税、通商、邮政通信、经济政策、国有林
都道府县	警察	国道（其他）、县道，一级河流（指定区间）、二级河流、港湾、公营住宅、决定都市计划	高中、特殊学校、中小学教员工资与人事、资助私立学校（幼—高）	生活保护（町村）、儿童福利、老人福利保健、保健院	地区经济振兴、职业培训、中小企业诊断与指导
市町村	消防、户籍、居民基本台账*	城市计划事业、市町村道、准用河川、港湾、公营住宅、下水道	中小学校、幼儿园	生活保护（市）、老人福利保健、儿童福利、国民健康保险、上水道、垃圾处理、保健院	地区经济振兴、农田利用整理

注：*公民基本台账包括：国民健康保险、国民年金被保险资格、儿童津贴资格等；选举人有关资料；有关课税记录；学龄簿、生活保护、预防接种、印鉴证明等其他资料。

———————

[1]　日本共有57个税种，其中属于中央管理的有25个，属于都道府县管理的有15个，属于市町村管理的有17个。中央和地方收入分布格局大体保持在67：33。参见周波《政府财力与事权匹配问题研究》，东北财经大学出版社2009年版，第113页。

表 3—4 为政府财权与事权的支出惯例。[1]

表 3—4　　　　　　　　　　政府财权与事权的支出惯例

支出项目	事权（支出责任方）	（支出供应方）
国防	F	F
外交	F	F
外贸	F	F
环保	F	S，F
货币、银行	F	F
州际贸易	F	F
移民	F	F
待业保险	F	F
航空、铁路	F，S，L	S，L
工业、农业	F，S，L	S，L
教育、卫生	F，S，L	S，L
社会福利	F，S，L	S，L
警察	S，L	S，L
高速公路	F，S，L	S，L

注：F 代表联邦或中央政府，S 代表州或省，L 代表地方政府。

从表 3—4 中可以看到可能出现需要共同立法的事项包括：交通设施建设、产业经济、科教文卫体、社会福利、公共安全等。对于这些共同立法领域，存在三种模式。

模式一：中央制定了法律、法规，地方依照中央的法律规定，制定实施细则，以便使法律中的精神和要求能够在地方落实。例如：在教育领

---

[1]　黄佩华：《中国经济改革与财政管理》，中国财政经济出版社 1993 年版，第 74 页。

域，中央层面有《中华人民共和国义务教育法》（2001），在地方性法规层面有《四川省〈中华人民共和国义务教育法〉实施办法》（2014）、《无锡市义务教育均衡发展条例》（2014）。

模式二：由中央制定统一的法律条件尚不成熟，由地方性法规先行立法，待经验成熟之后，再由中央统一立法。例如：我国没有统一的《卫生法》，但是地方出现大量的诸如《包头市爱国卫生条例》《江苏省爱国卫生条例》等。

模式三：中央不制定法律，由地方制定相应的地方性法规。例如：我国没有一部养犬的法律或行政法规，但各个省、较大的市都制定了相应的地方性法规。《辽宁省养犬管理规定》《太原市养犬管理条例》等。

上述三种都是针对共同立法事项的选择模式。那么是否就意味着在立法上的随机性，三种模式都有可能？答案是否定的，在共同立法事项的范围内，采取某种模式乃是基于立法的成本与效益的综合考量。

从法经济学的视角来看，立法属于一种稀缺的商品资源，中央和地方的立法就相当于中央和地方提供不同的商品，而这些商品是为了更好地满足立法需求，在商品提供的过程中，存在一个提供商品的原则：能够以最小的成本满足最大的需求，即要重视成本效益的分析。立法过程中需要调研、分析、论证、研讨，最后还要根据不同等级的立法适用不同的程序，因此，各个层级立法的成本是不同的。从法经济学的角度来看，之所以出现法律保留条款，是因为这些条款由中央制定法律其整体的成本最低。拿基本民事规定来说，一国基本民事制度的统一有利于国家民事活动的顺利进行，不必担心跨省或跨地区进行交易、签订合同、结婚等出现十里不同天的局面，大大地降低了交易的成本，美国各个州都有独立的立法权，但联邦还是努力通过了《美国统一商法典》，就是为了降低整体的商事交易成本。另外，如国防、外交，并不是因为事关主权，而是因为这样的事情交由任何一个地方都会力不从心，没有足够的财力和能力解决国防外交问题。

从法经济学来看，若共同立法事项立法重心在地方，则是基于：（1）立法主要获益主体是地方；（2）该事项的实施主要依靠地方财政；（3）达致相似效果，地方立法成本更低，而中央立法成本较高。

若共同立法事项立法重心在中央，则是基于：（1）立法事项共性大于个性，基于成本效益考量，中央将共性问题一并处理，个性问题留给地方；（2）立法事项跨省、跨地区，由各个省进行沟通共同立法成本较高；（3）事项实施主要依靠中央财政拨款。

从法经济学角度来看，地方专属立法权应当符合以下条件：（1）事项的财政支出完全由地方支付；（2）立法收益完全由地方享有；（3）事项不具有外溢性，影响范围仅限于地方。

四 结论：较大的市立法权限

以上探讨了中央和地方立法权限划分的标准、模式，否定了以重要程度、影响范围为标准的中央与地方立法权限的划分，提出了以"财权和事权相匹配"为补充的标准和方案。并从财权和事权的角度研究了如何划分地方专属立法权，以及如何划分共同立法事项。从以上的讨论，笔者可以得出较大的市立法权限范围，进一步确定较大的市的立法事项，为《立法法》第64条提供一个具有可操作性的判断标准。

对于较大的市而言，在理论上，属于较大的市的立法事项应当是：（1）从影响范围的角度而言，立法事项应当属于较大的市范围之内的事务；（2）从重要程度的角度看，相对于中央和省而言，属于非重要事项；（3）从财权与事权相匹配的角度来讲，该事项背后的事权完全由地方财力支撑。

第三节 较大的市立法空间的实践

一 较大的市立法空间概述

根据《立法法》之规定，较大的市可以进行执行性立法、自主性立法（管理地方事务），以及先行性立法（法律法规尚未规定），但实践中较大的市究竟在哪些领域、哪些方向创制了地方性法规，还需要实证研究。本节重点讨论较大的市立法空间的实践问题，以下笔者欲将国务院批准的18个较大的市作为研究的样本，[①] 对实践中较大的市立法空间进行

---

① 由于省级政府所在地的市与经济特区所在地的市立法权限与国务院批准的较大的市相同，而且，相比前两者，国务院批准的较大的市更接近于一般的设区的市，因此更具有借鉴意义。故本书此处使用国务院批准的较大的市作为样本进行实证研究。

实证分析。

表 3—5　　　　　　　　　　　　　18 市立法领域

城市 \ 调整领域	城市建设与城市管理		社会管理		经济		科教文卫体		环境保护		政治建设及其他		总计
	件数	比例	件数	比例	件数	比例	件数	比例	件数	比例	件数	比例	
齐齐哈尔市	5	44.1%	5	14.7%	4	11.8%	3	8.8%	3	8.8%	4	11.8%	24
鞍山市	19	45.2%	7	16.7%	7	16.7%	2	4.8%	3	7.1%	4	9.5%	42
本溪市	17	41.5%	0	24.4%	6	14.6%	3	7.3%	1	2.4%	4	9.8%	41
抚顺市	22	36.1%	5	24.6%	9	14.8%	7	11.5%	4	6.6%	4	6.6%	49
大连市	17	30.9%	2	21.8%	11	20%	8	14.5%	4	7.3%	3	5.5%	45
邯郸市	15	44.1%	4	11.8%	3	8.8%	5	14.7%	5	14.7%	2	5.9%	34
唐山市	13	35.1%	7	18.9%	7	18.9%	7	18.9%	2	5.4%	1	2.7%	37
大同市	11	23.4%	6	12.8%	7	14.9%	7	14.9%	5	10.6%	11	23.4%	47
包头市	21	31.8%	4	21.2%	8	12.1%	11	16.7%	7	10.6%	5	7.6%	56
吉林市	28	41.8%	15	22.4%	11	16.4%	6	9.0%	3	4.5%	4	6.0%	67
淮南市	16	37.2%	8	18.6%	6	14.0%	6	14.0%	2	4.7%	5	11.6%	43
洛阳市	17	36.1%	8	17.0%	7	14.9%	11	23.4%	2	4.3%	2	4.3%	47
宁波市	24	32.9%	18	24.7%	7	9.6%	13	17.8%	4	5.5%	7	9.6%	73
青岛市	32	33.0%	26	26.8%	16	16.5%	12	12.4%	6	6.2%	5	5.2%	97
苏州市	21	37.5%	6	10.7%	6	10.7%	12	21.4%	5	8.9%	6	10.7%	46
无锡市	26	43.3%	3	21.7%	9	15%	6	10%	2	3.3%	4	6.7%	50
徐州市	24	53.3%	8	17.8%	5	11.1%	2	4.4%	2	4.4%	2	4.4%	43

资料来源：笔者通过北大法宝法律法规数据库进行的统计，截至 2014 年 11 月 15 日。

　　如表 3—5 所示，城市建设和城市管理方面的立法较多，约占整个城市立法数量的 1/3 至 1/2，在较大的市的法规数量中占据绝对的多数。在城市建设和城市管理中，各个市的立法事项大同小异，大多集中在以下几个方面：城市基础设施建设；城市绿化；城市供水、供热、供暖；城市养犬；城市规划；城市房屋管理；市容市貌等。当然，由于各个城市拥有自己的特点，拥有河道的城市规定了河道管理方面的法规，如《无锡市河道管理条例》；沿海城市规定了海域使用方面的法规，如《大连市海域使用管理条例》。在城市建设和城市管理方面，地理环境对不同的市的立法影响比较大。

对于社会管理，有些内容可能与城市管理相重合，如《青岛市控制吸烟条例》等，类似于这种法规，笔者依照法规的内容有些放入了社会管理，有些放入了城市管理。对于社会管理而言，较大的市的立法事项主要集中在：志愿者服务；特殊人群权益保障；献血；计划生育；暂住人口；消防；烟花爆竹等。对于社会管理方面，各个较大的市没有突出的特色，有部分城市为了缓解社会矛盾，制定了劳动争议调解方面的法规，如《鞍山市劳动争议调解条例》《宁波市劳动争议处理办法》，但总体而言，大多数社会立法都大同小异。这是由于这些拥有立法权的较大的市都是发展程度在全国靠前的地方，这些城市所面对的社会管理问题基本相似，因此创制性内容很少。

对于经济领域的立法，各个城市根据自己城市的产业结构和特点，制定了很多现行性立法或创制性立法。对于共同的立法事项，主要体现在以下几个方面：促进企业发展；促进地方旅游业发展；完善市场；特殊资源保护等。而立法的差异性主要体现在各个城市产业结构的不同，如对于畜牧业发达的内蒙古较大的市，包头制定了《包头市奶牛良种繁育管理条例》；对于森林资源相对丰富的东北，有《本溪市森林采伐更新管理条例》《抚顺市森林资源流转条例》；以煤炭立市的大同制定了《大同市煤炭资源保护办法》；依靠投资和港口的宁波市制定了《宁波市象山港海洋环境和渔业资源保护条例》。此外，各个较大的市还针对辖区范围内比较著名的旅游景点制定了相应的地方性法规，如《无锡市蠡湖景区条例》《吉林市松花湖国家级风景名胜区管理条例》。

对于科教文卫体方面的立法而言，各个较大的市主要在以下几个方面制定了地方性法规：促进科技进步与科技普及；中小学教育教学；校园安全与管理；当地文化遗产及文物保护；全民健身；动物检疫；爱国卫生等。其中较大的市创制性立法或自主性立法主要集中在各个地方文化保护和文物保护上，如《洛阳市汉魏故城保护条例》《大同市云冈石窟保护管理条例》等。

对于环境保护方面的立法，各个较大的市主要在以下几个方面制定了地方性法规：饮用水保护；环境法保护实施细则或实施办法；水土保持；再生资源回收利用；机动车空气污染；噪声污染等。除此之外，由于各个地方的生态环境情况各不相同，一些地方根据自身特色制定了一些别具特色的自主性立法或创制性立法，如《宁波市韭山列岛海洋生态自然保护区条例》《包头市赛汗塔拉城中草原保护条例》《苏州市湿地保护条例》等。

对于政治体制方面的立法，较大的市立法主要集中在以下几个方面：人大及其常委会立法程序；人大及其常委会议事规则；人大及其常委会预算、审批、监督规则；司法机关错案追究；政府审计监督等。在此处还有不太好分类的地方性法规，如有些城市制定了预防职务犯罪的地方性法规，如《宁波市预防职务犯罪条例》，笔者将其直接归入了其他的范畴。

以上对国务院批准的较大的市立法情况有一个直观的了解，通过笔者摸底调查的过程得出以下结论。

首先，部分较大的市立法特色性较强，取得了良好的效果。较大的市在维护国家法制统一的前提下，积极行使地方立法权，制定了一大批各具特色的地方性法规，这些地方性法规有的极具可操作性，如《青岛市实施〈妇女权益保障法〉办法》《淄博市散装水泥管理办法》《宁波市文物保护管理条例》；有的立足地方实际和特色，做出一些创制性规定，如《洛阳市邙山陵墓群保护条例》《宁波市象山港海洋环境和渔业资源保护条例》；有的在改革创新、先行先试或转型升级过程中，及时把好的经验或做法上升为地方立法，促进了当地的改革开放和转型发展，如《青岛市民营科技企业条例》《邯郸市职业教育校企合作促进条例》。总之，较大的市立法是对地方法律法规的有益补充，保障和促进了有关法律法规在较大的市范围内有效地实施，促进了当地的经济和社会发展。如无锡市 1988 年制定了《无锡市残疾人保护条例》，自此以后，无锡市保障残疾人的事业取得了巨大的进步，[①] 不仅尽量为残疾人

---

① 无锡市惠山区残联工作在全省甚至全国取得了多项第一：省内第一家精神病人农疗站，省内设施最完善的残疾人综合服务中心，省内第一个实施残疾人就业保障金先征后退办法，全国第一家盲人定向行走训练基地，等等。参见《无锡市惠山区残疾人联合会》，《江南论坛》2007年第 12 期。另外，全国残疾人托养服务实习培训基地挂牌无锡也是对无锡残疾人事业的肯定。

安排工作，让残疾人实现自身价值，而且在城市公共设施的建设中也尽量考虑了残疾人的特殊情况。①

其次，较大的市立法重点与事权高度一致。从表3—5的比例可看出较大的市立法的侧重点，虽然各个城市略有不同，但城市立法数量排序大多是按照城市建设和管理、社会管理、经济、科教文卫体、环保、政治建设。这个顺位与较大的市的功能与事权相一致，同时也印证了前文的理论，通过地方事权与财权来划分地方专属立法权。对于中央而言，政治体制立法、基本民商事立法、经济立法、刑事立法等占据了比较大的比例，这与中央的事权范围是一致的。而对于较大的市，城市建设与社会管理放在了重点，一方面是因为中央与地方分权下，留给城市发挥的立法空间有限，另一方面是因为对于城市而言，城市建设和社会和谐才是其管理的重点。此外，较大的市立法是为了满足地方事权的需要，在立法权限上并没有限制大同市不能制定河道管理规定或者制定港口使用规定，但是大同市不会因为煤炭大量通过连云港出口而制定《连云港港口煤炭存储》的规定，或者包头市不会制定河道管理规定，因为流经包头市的河流还不足以大规模航行。即便制定了此规定，也没有和上位法相抵触，之所以全国范围内的立法实践没有出现这种立法言之无物的现象，并不是立法权的局限，而是因为事权的限制。

最后，较大的市立法速度适中，易于保障立法质量。如表3—6所示，各个城市的立法效率不同，但是大多数较大的市年平均制定地方性法规在1—3部。从年平均立法数量来看，基本可以使每一部地方性法规的质量得到最大限度的保障，每一部立法都会有4个月至1年时间调研、论证、研究，最后确立。因此，对较大的市立法质量和立法水准降低的担心是多余的。事实上，很多地方立法拥有较高的立法水平，即便出现一些可能与上位法相抵触的情况，也迅速被省级人大常委会工作人员提示和纠正。

---

① 参见《爱心架起幸福的桥梁——无锡市惠山区发展残疾人事业调查》，《江苏政协》2011年第10期。

表 3—6　　　　　　　　　　　　18 市立法效率

城市	法规数量	获得地方立法权的年数	年均立法数量
青岛市	97	29	3.34
宁波市	73	27	2.7
苏州市	56	22	2.55
淄博市	56	23	2.43
吉林市	67	29	2.31
包头市	66	29	2.28
抚顺市	61	29	2.1
无锡市	60	29	2.07
徐州市	45	22	2.05
大连市	55	29	1.9
本溪市	41	23	1.78
大同市	47	29	1.62
洛阳市	47	29	1.62
邯郸市	34	23	1.48
淮南市	43	29	1.48
鞍山市	42	29	1.45
唐山市	37	29	1.28
齐齐哈尔市	34	29	1.17

二　较大的市立法空间存在的问题

以上对较大的市地方性法规做了大致的描述，以国务院批准的较大的市为样本，分析了各个较大的市在哪些领域立法。以下将会逐步分析较大的市立法权限和空间中存在的问题。

问题一：较大的市法规清理速度过慢，导致一些超越较大市立法权限的法规仍然存在，出现"被越权"现象。由于较大的市拥有先行立法权，对于一些本应当或者可以属于中央或上级的立法的事项，中央尚未规定，一些较大的市便先行立法。但随着中央重视制定相关的法律，此时地方对旧法的废除速度反应不一，就会有些较大的市由于法规清理速度过慢，导致较大的市立法越权。如在国家没有统一的《仲裁法》之前，较大的市根据社会管理需要纷纷制定了各种仲裁规定，如《福州市城镇房产纠纷仲裁办法》（1992）、《洛阳市城镇房地产纠纷仲裁条例》（1991）、《南宁市仲裁程序暂行条例》（1993）等。1994年，中央颁布了《中华人民共和国仲裁法》，由于《仲裁法》规定的内容与较大市制定的内容有出入，因此很多较大的市开始修改法规，或者直接废止较大市的仲裁规定，如《杭州市城镇房产纠纷仲裁条例》被浙江省人大常委会废止。问题并不是这些与上位法不一致的较大市立法是否被废止，而是出现在废止的时间上，《仲裁法》通过时间是1994年，生效时间是1995年，而《杭州市城镇房产纠纷仲裁条例》是1997年被废止的，《福州市城镇房产纠纷仲裁办法》是2002年被废止的，《南宁市仲裁程序暂行条例》也是2002年被废止的，《洛阳市城镇房地产纠纷仲裁条例》仍然有效。且不说1994年《仲裁法》第78条规定的"本法实施以前制定的有关仲裁的规定与本法的规定相抵触的，以本法为准"已经足够让大部分较大市的仲裁规定失效，而且《立法法》第8条第9款规定诉讼和仲裁制度只能制定法律，一些较大市的仲裁制度已经涉及仲裁的制度构建，而不是仅仅实施和细化，但部分较大市仍然迟迟不肯清理过时的立法。这种现象并不是仅限于仲裁领域，新法颁行之后，较大市的法规清理动作非常缓慢，在其他领域同样存在因法规清理速度过慢而导致被越权现象发生。在禁毒领域，很多城市在20世纪90年代颁布了《禁毒条例》，但其中很多规定都涉及人身自由方面的处罚，如《沈阳市禁毒条例》（1997）中规定的对于吸食和注射毒品成瘾人员的治疗和教育的规定，属于"限制人身自由的强制措施"，是中央专属立法权的范畴，地方无权对此进行立法。各地的禁毒条例越权发生是在2000年《立法法》制定之后，而部分较大市进行修改或废止的时间如下：《沈阳市禁毒条例》（1997年制定，2006年废止）、《西安市强制戒毒条例》（2004年修正）、《武汉市禁毒条例》（1997年制定，2002年修正）、《包头市禁毒条例》（1999年制定，2012年废止）。当然，未来中国可能还会出现中央进一步扩大专属立法权，而地方法规清理速度跟进太慢，导致立法"被越权"的现象。

问题二：较大市立法以执行性立法为主，自主立法和先行性立法比例小。表3—7对国务院批准的18个较大的市执行性立法数量及比例进行了统计。执行性立法占立法总数的50%—90%不等。较大的市立法权限范围内的三种立法形式：实施性立法、自主性立法、先行性立法，其中执行性立法占据了绝大多数，这种现象可从以下几个原因解释：（1）上级立法已经囊括了大部分可能的立法事项，较大的市可以做的就是在上级立法的基础上细化；（2）部分较大的市立法较为审慎，顾虑较多，很多具有鲜明地方特色的自主性立法以及先行性立法不敢创制；（3）城市发展水平限制自主性立法及先行性立法，有些较大的市发展速度慢，没有更多的自主性立法以及先行性立法的需要；①（4）较大的市法制人才储备不足，限制了地方创造性立法的数量及质量，更多的情况只能在上位法的基础上稍加修改；（5）某些地方较大的市解决问题的方式并不是采用立法，而是通过行政手段。之所以执行性立法过多会成为较大的市立法权限中存在的问题，是因为自主性立法和先行性立法是反映较大的市立法灵活性和自由度的一个标尺，自主性立法和先行性立法数量越多，比重越大，则反映地方在处理问题时的法治思维能力就越强，因为中央和省级立法是绝对无法完全满足各个城市的管理需要的，需要城市自主立法来解决城市自己特有的问题。而执行性立法比例较高，则说明了较大的市通过法治方式、法治思维、法治途径来解决城市发展中问题的能力不足。此外，自主性立法和先行性立法侧面反映了较大的市整体的勤勉程度，执行性立法相对比较容易，将上位法模糊和笼统之结合本市情况简单处理便可创制新法，而自主性立法和先行性立法则要复杂得多，需要考虑是否具有立法权限，是否与上位法相抵触，自主性立法需要大量调研和论证，先行性立法需要开辟一个新的领域，这都需要较大的市人大及其常委会付出更多的努力，在自主性立法和创制性立法背后是远多于执行性立法的工作量和艰辛。从这个角度，应当鼓励地方多制定具有特色的创制性法规。

---

① 可以从表中大致的分布看到，发展速度比较快的城市或者发展得比较好的城市，执行性立法比例相对较低，如青岛只有50.5%，而发展速度较慢的城市，如徐州、本溪等，执行性立法比例就比较高。

表 3—7   18 市立法数量及比例

城市	法规数量	执行性立法数量	执行性立法所占比例（%）
青岛市	97	49	50.5
吉林市	67	38	56.7
宁波市	73	50	68.5
大连市	55	35	63.6
无锡市	60	40	66.7
洛阳市	47	29	61.7
淄博市	56	39	69.6
苏州市	56	41	73.2
淮南市	43	30	69.8
抚顺市	61	48	78.7
鞍山市	42	30	71.4
邯郸市	34	24	70.6
大同市	47	38	80.9
齐齐哈尔市	34	26	76.5
唐山市	37	29	78.4
徐州市	45	37	82.2
包头市	66	58	87.9
本溪市	41	37	90.2

问题三：对于经济特区，通过选择经济特区立法扩大自己的立法空间。由于历史原因，经济特区所在市存在两套立法制度，一个是作为较大的市，拥有立法权；另一个是作为经济特区，根据 1988 年以来全国人大及其常委会多次授权决定，拥有的立法权。这两种立法权限是不同的，作为较大的市立法，其权限范围与其他任何一个较大的市没有区别，不得与上位法相抵触。而作为经济特区立法，其有以下特点：（1）属于授权立法，经济特区立法权直接来源于全国人大及其常委会的特别授权，《立法法》又进一步确定了这一权限；（2）法律效力较一般的地方立法更高，由于经济特区的立法权直接来源于全国人大及其常委会的授权，而且经济特区有权对法律、行政法规和地方性法规做进一步的规定，所以经济特区

立法所产生的规范性文件要高于一般较大的市，而且经济特区立法中的不抵触是指不与宪法、法律、行政法规抵触，而一般较大的市则还不能与省级立法相抵触；（3）立法的范围更广，国家授权经济特区立法，就是要在更加广阔的空间、更大的范围、更宽的领域内，通过特区立法发挥先行试验作用，逐步积累经验，进而在全国推广。经济特区所在的市利用上述优势，大量进行经济特区立法，而较大的市立法数量较少，而且，通过经济特区立法拓宽了立法空间。如《深圳经济特区人体器官捐献移植条例》，人体器官移植涉及公民人身权以及人格尊严，应当由中央立法，作为经济特区立法可以通过，但作为较大的市立法则可能被否决。中央给经济特区如此大的立法权限，其目的就是为经济特区做好改革开放的试验田和排头兵排除制度障碍，经济特区发展了 30 余年，很多立法已经在全国范围内铺开，可以说经济特区立法给全国及地方立法积累了大量有益的经验。但问题是时至今日，经济特区所担负的历史使命已经接近尾声，那么是否需要维持经济特区所在市的两套立法体制？既然经济特区拥有远超过特区所在地的较大市的立法权限，那么较大的市立法权是否有叠床架屋之嫌？这种人为划分的不平等立法权限是否真的有利于经济与社会的发展和进步？赋予经济特区超越较大市的立法权限对其他较大市是否公平？这些问题有待学者和理论专家进一步研究和探讨，本书此处仅是将较大市立法权限和空间中存在的问题进行列举和梳理，并不打算给出结论和答案，但经济特区所在市存在两套立法体制确实是潜在的问题。

问题四：上位法滞后，压缩地方立法空间。上位法滞后压缩地方立法空间表现在以下两个方面：其一，上位法的有些规定已不适应新的需要，难以有效解决实际问题，而较大的市因不得与上位法相抵触而无法进行规制，无法通过立法解决社会难题。如由卫生部颁布的《人类辅助生殖技术管理办法》（2001 年）明确规定：禁止以任何形式买卖胚子、合子、胚胎。任何医疗机构及医务人员不得实施任何形式的代孕。而且，2003 年，《人类辅助生殖技术规范》《人类辅助生殖技术和人类精子库伦理原则》《人类精子库基本标准和技术规范》等相关规定均对代孕予以禁止。但上述规范依然抵挡不住代孕市场的火爆，并且屡禁不止，在广州市就发生富豪通过代孕生产"八胞胎"的事件。现代社会不孕不育、失独等变得越来越普遍，① 社会大环境已经悄然发生了改变，当时所禁止的代孕背后社会伦理观念已经慢慢地发生了变化，人们逐渐能够接受代孕这一现象。但是上位法的严格限制，堵死了地方通过立法解决或引导代孕的可能性，更堵死了通过地方试错为全国立法提供经验的机会。当下需要的不是一纸禁令，禁止代孕，而是应当寻求如何将代孕的风险以及不利影响降到最低的方案，但上位法的滞后严重限制了这种可能性，并且压制了地方的立法空间，导致很多新出现的问题无法可依。其二，上位法规定的罚则太过具体，压缩了地方在城市规划、建设和管理等突显城市特色、自主决策事务等方面的立法空间，影响立法绩效，并在一定程度上导致了立法资源浪费。

问题五：地方立法空间与事权不匹配。目前我国很多地方事务的管理依据并不是依法执行而是依照行政命令，这样就会出现事权与立法权不相匹配的情况，在很大程度上造成了中国仍然属于人治社会而非法治社会的现象。如中国要开 APEC 会议，要求北京与河北工厂停产、北京行政事业单位放假，甚至要求山东限行和减产。该行为本身没有任何问题，但地方面对突如其来的命令如何去执行会产生问题，很多地方没有立法权，更没有制定限行的规定，一个红头文件便影响众多人的生产生活以及正常的秩序，这在执行中必然会面对诸多的困境。APEC 尚且能够被人们接受，若是其他事件，中央突然一纸命令要求地方履行更多的义务，承担更多的事权，但是又不赋予地方立法权，将事权规范化。这种现象在中国目前的国家治理实践中层出不穷，若要真正地实现法治社会，做到有法可依，就应当在交付地方事权的同时赋予地方与事权相对应的立法权。这样才能使地方在履行中央命令过程中有法可依，才能达至最佳效果。

三　针对较大的市立法空间完善的若干建议

面对上述立法权限和立法空间中存在的问题，应当在如下内容处着手加以解决。

首先，对地方性事务的理解要结合事权和财权相统一。以往对《立

---

① 2012 年《中国不孕不育现状调研报告》显示，如今，不孕不育的发病率高达 15%，并呈现出不断攀升与年轻化的趋势。

法法》中地方性事务的理解局限于城市管理、市容市貌、环境卫生等领域，最多涉及地方所特有的资源，如自然生态资源、文化资源、旅游资源等管理和开发，但《立法法》中所提及的地方性事务并不限于上述领域。这种理解严重地限制了地方立法空间。对地方事务的理解应当结合财权和事权相统一的原则，一些影响范围属于全国但又不是很重要的事项，只要事权主要是由地方实施，事权背后的财政基础是由地方提供，地方就应当有资格对管理或规制的对象立法（中央专属立法事项除外）。如城市养犬，在全国范围内的城市都会涉及城市养犬问题，此事可以由中央进行规定，但城市养犬的具体管理机构在地方，而且管理过程中的经费支出是由地方提供，如此地方就应当拥有对此事项的立法权。

其次，建立法规清理的常态机制。上文提到的较大的市法规被越权的例子，就是由于地方法规清理速度过慢导致的。为了解决这种被越权现象，较大的市应当建立法规清理的常态机制，与法规清理的常态机制相对应的做法是通过集中修改法规方式一次性解决若干法规。这就要求：（1）较大的市关注中央、省这两级每次修改、制定的法律、行政法规，若存在相抵触的情况，及时进行修改；（2）较大的市应当及时清理滞后的地方性法规，避免出现被抵触现象；（3）对于法规清理要形成快速启动机制，由较大的市人大常委会主导、讨论并研究方案，提请省级人大常委会决议；（4）对于一些相对比较简单、只需要小修小改的法规，可以创制"快速通道"，并不必受制于人大常委会的年度立法计划，可以随时提请常委会进入修改的程序；（5）对于可能需要废除或者修改内容和幅度较大的法规，也要尽快提上议事日程，尽快列入下一年度的立法计划，进行修改。

再次，要充分体现较大市地方性法规的地方特色。较大市的很多地方性法规都是小法抄大法，其中重复的内容居多，地方特色不明显，一部地方性法规，换一个城市名称完全可以到另一个城市适用。地方特色是地方性法规的灵魂所在，也是赋予较大市地方立法权的初衷。所有的地方性法规都应当在保持国家法制统一的前提下，尽量突出自己的地方特色，否则地方立法就完全是重复劳动，浪费资源。在这个方面，自主性立法和先行性立法能够最大限度地凸显地方特色，但是，自主性和先行性地方性法规也有一个如何更好地根据本地的实际情况，做出更有针对性的规定问题。

自主性立法和先行性立法往往需要大规模的调研，需要深入研究，听取各个方面广泛的意见，这样制定的地方性法规才能满足实际的需要，贴近当地群众的生活，充分地体现地方特色。

最后，加大创制性法规在地方立法中的比重。前文已述，我国较大的市执行性立法比例占绝大多数，执行性立法无法激发地方改革的潜力，也说明某些较大市在改革的进程中亦步亦趋，紧紧追随中央的指示和号令，不敢有所创造和突破。事实上，我国绝大多数的立法创新都是从地方立法甚至是较大的市立法开始的，如重庆市 1987 年（此时重庆市仍然是较大市）就制定了《重庆市行政诉讼暂行规定》，此乃全国首例民告官的诉讼规定，为制定全国的行政诉讼法积累了经验。其他地方的创制性立法，如1985 年广州市率先制定经济合同管理规定以处理合同问题，1991 年山东出台《关于律师执行职务的规定》，1990 年上海出台《证券交易所管理办法》，这些无一不是对后期全国的改革和立法立下了汗马功劳。因此，鼓励地方多进行创制性立法一方面是激发地方的积极性，另一方面也是为中央的改革选择提供充分的样本。

第四章

较大的市地方性法规批准的理论与实践

第一节　较大的市地方性法规批准的理论研究

一　较大的市地方性法规批准概述

（一）较大的市地方性法规批准的定义及性质

较大的市地方性法规的批准是指省、自治区的人民政府所在地的市、经济特区所在地的市和经国务院批准的较大的市人大及其常委会制定的地方性法规，需要报省级人大常委会审查同意后才能颁布生效和实施的制度和活动。①

我国《立法法》第 63 条第 2 款规定："较大的市的人民代表大会及其常务委员会根据本市的具体情况和实际需要，在不同宪法、法律、行政法规和本省、自治区的地方性法规相抵触的前提下，可以制定地方性法规，报省、自治区的人民代表大会常委会批准后施行。"对于该条款"批准"的理解，有诸多观点：有些学者认为，该条款的"批准"规定属于立法监督的一种，其目的是维护法制的同一性，避免出现与上位法的抵触，只要内容不违反上位法即可；② 也有学者认为，批准权并不仅仅是一种立法监督，而是立法权的重要组成部分；③ 还有学者认为，"批准"既属于立法活动的一道程序，又属于某些立法活动的一种监督形式，是一种

---

① 阮荣祥主编：《地方立法的理论与实践》，社会科学文献出版社 2008 年版，第 167 页。

② 参见王林《地方立法批准权性质之我见》，《福建人大》1994 年第 8 期。持相同观点的学者认为："对于地方性法规的规定是否适当、立法技术是否完善、文字是否优美，不做审查。"参见张春生主编《中华人民共和国立法法释义》，法律出版社 2000 年版，第 178 页。

③ 赖祖盛：《对地方立法批准权性质之我见一文的异议》，《人民政坛》1995 年第 4 期。

兼具立法程序和立法监督两种性质的立法活动。[①]

笔者比较赞成第三种观点，认为批准权是一种兼具立法程序和立法监督这两种性质的立法活动，而不是立法权的组成部分。理由如下：（1）我国《地方组织法》中关于较大的市立法权经历了"拟制权"到"制定权"的变迁，说明了国家已经决心将立法权下放给较大的市，因此较大市立法不应当是省级人大常委会立法的附庸或组成部分；（2）从程序上看，尽管较大的市地方性法规和省级地方性法规的批准单位都（可能）是省级人大常委会，但两者的程序略有不同，不能简单地认为较大市的地方性法规等同于省级人大常委会的立法，属于省级人大常委会所行使的立法权的组成部分；（3）从效力上看，《立法法》第 63 条第 2 款规定较大市地方性法规除了不得和法律、行政法规相抵触之外，还不得和省级地方性法规相抵触，因此，可以推导出较大市地方性法规效力要低于省级地方性法规，因而也不可能是省级人大常委会行使立法权的结果；（4）我国宪法规定上级人大常委会可以撤销下级人大的不适当决定，并不能改变，因此，对于较大的市制定的地方性法规，上级只能撤销，并不能实质更改，因此也不能说省级人大常委会批准较大市地方性法规的行为是常委会的立法行为；（5）批准本身不一定就是立法行为，如在英国这样的君主立宪的国家，君主批准后立法才会生效，但君主批准仅仅是立法的最后一道程序，而不是某种立法行为，对于较大市立法虽然要进行合法性审查，但最后通过的法规文本并不体现省级人大常委会的意志，体现的是较大市人大的意志，因此不能算作省级人大常委会的立法行为。

综上，就立法批准的性质而言，它属于立法活动的一道程序，同时又是一种立法监督。通过省级人大常委会的批准，维护国家法制的统一，保障地方法规的合法性，同时能够兼顾我国的具体国情，在一定程度上保证立法质量。

（二）较大的市地方性法规批准的功能

（1）监督功能：立法批准首先是一种立法监督的形式，与其他监督形式一样，立法批准能够保障下级人大正当行使自己的权力。建立健全以

---

① 转引自周旺生《中国现行立法批准制度》，《立法研究》第 6 卷，北京大学出版社 2005 年版，第 2 页。

及完善对较大市立法的批准制度，是上级人大常委会对较大市人大立法的一种监督，一方面可以防止地方人大滥用立法权，另一方面，可以保障地方人大按照人民意志行使权力。（2）评价功能：对报请批准的法规进行批准的过程，同时也是对其进行评价的过程。一部逻辑清晰、结构完整、内容合法、用语用词恰当的较大市地方性法规本身就比较容易获得通过，而逻辑混乱、结构残缺、用词不当的较大市地方性法规则容易被否决。对较大市地方性法规的批准是对立法机关及其工作人员工作的肯定或否定，只有公正的评价，才能奖勤罚懒，才能激励工作人员提高立法质量，实现科学立法。（3）预防功能：通过法规的批准，能够避免一些不符合上位法的地方性法规获得通过并予以施行，能够防止一些保护地方利益并不合宪、不合法的法规大行其道。同时，经过数次的批准实践与沟通，较大的市也能够把握立法空间和立法权限，使其在立法权限范围内创制地方性法规。（4）补救功能：对存在问题的较大市地方性法规，省级人大常委会可以采取相关措施予以补救，如有些省规定对于不适当的地方性法规可以提出修改意见，由原单位修改后审议通过。通过省级人大常委会的批准，能够对不适当的较大市立法进行尽可能的补救，从而使损失得到弥补。（5）改进功能：通过立法审批，能够使较大市在实践中不断地发现自己的问题和漏洞，在立法过程中学习和进步，通过反复不断的努力，吸取立法中的经验和教训，认识立法活动的客观规律，在此基础上提高立法质量。

（三）较大的市地方性法规批准的必要性

既然中央赋予较大的市立法权，为何又要设置省级人大常委会批准这一程序？笔者认为，设置批准程序具有必要性。理由如下。

（1）为了兼顾宪法之规定。我国宪法并没有明文规定较大的市拥有立法权，如今《立法法》和《地方组织法》赋予较大的市立法权是否合宪在理论上存在争议，虽然笔者在前文已经对此问题进行了论证，但仍然需要有省级人大常委会的批准作为挡箭牌，使较大的市拥有立法权并不违宪在宪法解释上成为可能。有些学者正是从该思路出发，认为较大的市制定的地方性法规是半个立法权，是省级人大常委会的一种授权，而较大的市立法权若没有省级人大常委会的批准是无法生效并运转的，这样并没有突破宪法的规定。①

（2）为了顾及较大市法制人才储备。我国地域经济发展不平衡在立法人才上的体现也是非常明显的，对于东南沿海城市，拥有顶尖的法学院校，培养了一大批优秀的法学人才，而那些中西部城市，尽管已经取得了几十年的立法权，但是由于地域劣势，吸引不到优秀法制人才，同时原有的优秀法制工作者不断流失，造成了法制队伍稳定性差，立法力量仍然不足。因此，需要省级人大常委会的批准，一方面，省级人大常委会的批准过程也是纠错的过程；另一方面，同时也是地方人大不断学习和进步的过程。

（3）为了考虑较大市立法质量。立法是一项复杂的社会系统工程，需要全方位多层次地考虑问题，不仅需要丰富的立法理论知识，还需要经由大量立法实践积累的经验辅助，这样才能超越地方和局部利益的限制，做到科学立法。而对于较大的市人大，一则人才储备不足；二则地方利益影响。前者造成大量重复立法，上位法出台，下位法马上照搬照抄，毫无地方特色；后者造成地方利益法制化，影响社会经济民生的健康发展。因此需要省级人大常委会通过批准的形式在一定程度上保证较大市的立法质量。

（4）为了全省发展之平衡。较大的市相比省内的其他城市，在影响力、经济发展、人口数量、产业结构等各个方面都占据了优势。而较大的市可能利用立法权进一步扩大自己的优势，进一步拉大与其他城市之间的距离。一省之内总会有发达和欠发达的地区，但总体上应当保持适度的平衡，因此，需要省级人大常委会通过批准把握这个平衡的尺度。

（5）为了保障法制统一。若不采取批准形式，则极有可能采用备案形式监督较大的市立法，而备案制度由于法规、规章数量极多，淡化了负

① 观点来自阮荣祥主编《地方立法的理论与实践》，社会科学文献出版社 2008 年版，第170 页。笔者以为这种论证思路并不高明，首先，宪法是否规定省级人大可以授权立法给较大的市？没有，目前为止的宪法实践及宪法性法律仅确认了全国人大有这样的权力，就不能以授权的方式解释较大的市立法；其次，这种解释方法，将较大的市立法权与省级人大常委会的立法权交织到了一起，在立法实践中导致各种混乱，较大的市不敢放手立法，省级人大常委会对较大市立法过度干预；最后，这种解释方式将立法行为一分为二，人为地分割了较大市的立法权，不符合中央赋予较大的市立法权的精神。

责备案的主体责任，在实践中常常没有效果，因此采取备案制度无法保障我国法制的统一。采取批准的形式，既强化了省级人大常委会的责任，同时也实现了对较大的市立法的监督。

二　较大的市地方性法规批准的条件

（一）是否应当进行合理性审查

《立法法》第 63 条第 2 款表达了两层含义，前半段讲述的是较大的市立法空间和权限：（1）应当根据本市的具体情况和需要；（2）不同宪法、法律、行政法规和本省、自治区的地方性法规相抵触。后半部分讲述的是省级人大常委会审查的内容，即合法性审查。

对于较大市立法审查内容是否应当包括合理性或可行性，学界有不同的看法和观点：有的学者认为，《立法法》仅仅规定了合法性审查，则省级人大常委会仅能在合法性上对较大市地方性法规进行评价和判断；[1] 有的学者持不同观点，认为省级人大常委会并不仅仅是机械式地批准较大市的立法，还应当就立法的合理性、可行性进行审查。[2] 那么究竟批准条件应当全面审查还是仅就合法性进行审查呢？笔者赞同第一种观点，仅就合法性进行审查，理由如下。

（1）从审查成本来看，若省级人大常委会进行全面审查费时多、效率低。省级人大常委会对地方实际情况的了解必然不如较大的市人大，若对较大的市报批的地方性法规的合理性、针对性、地方特色等诸多方面进行全面细致的审查，一来会增加审查批准的时间，二来会增加立法成本，使得地方性法规长期处于悬置状态，无法生效施行，错过了最佳的实施时间。（2）从《立法法》规定来看，《立法法》中仅仅规定了合法性审查。按照《立法法》的规定，只要较大的市制定的地方性法规与上位法不抵触就应当获得通过，并没有任何附加条件，即是否根据本市的具体情况和需求。若认为省级人大常委会应当对较大市地方性法规进行全面审查，则可能突破了《立法法》规定的权限，有违反《立法法》的嫌疑。（3）从立法审批的实践来看，全面审查对于省级人

---

① 季宏：《较大市法规的批准审查制度》，《经济导刊》2010 年第 4 期。

② 王中夷：《审查批准地方性法规也要进行合理性审查》，《人大建设》2001 年第 6 期。

大常委会来说并不现实。省级人大常委会平日工作繁重，要处理的事项很多，如省级人大常委会的立法工作、省政府规章的备案工作、省级地方性法规的解释工作，等等，同时要求省级人大常委会做好自己的立法、监督、解释等各方面工作的同时，还要对较大市地方性法规进行全面审查，考虑到省级人大常委会的规模和人才储备，这种要求并不现实。（4）从立法的内容和性质来看，省级人大常委会全面审查可能会破坏较大市立法特色。较大市立法内容大多是凸显城市特色、满足该市特殊管理需要，而省级人大常委会身处高位，并不一定能够了解到城市的特殊要求，若令前者进行全面审查，则可能会出现唯领导意志立法，严重脱离实际情况，立法无法凸显地方特点。

（二）合法性审查中的四个问题

《立法法》修改将拥有立法权的城市从原有的 49 个较大的市扩张至所有设区的市，中国地方立法开启了新时代，全国所有的设区的市今后均可以通过立法的方式来管理城市和社会。但对于地方立法的核心问题——抵触的标准和判定，至今学界仍没有讨论清楚，以至于地方立法过程中要么畏首畏尾，不敢发挥地方的主动性和积极性；要么忽略上位法的规定，我行我素，突破上位法的界限。研究清楚抵触一词的标准，对于完善中国立法体制，推进地方立法的有序发展具有积极意义。

对于抵触标准，目前学界有如下观点：[①] 观点一，地方立法的创制必须有上位法的立法依据，凡是超出宪法、法律、行政法规和上位阶地方性法规内容范围的，则构成相抵触。[②] 观点二，地方立法既不得与上位法的精神和原则抵触，也不得与上位法的具体规定相抵触。[③] 观点三，不抵触

[①]　孙波：《地方立法不抵触原则探析——兼论日本法律先占理论》，《政治与法律》2013 年第 6 期。

[②]　如有的学者认为，在中央未予以立法的事项上，地方立法不得先行涉足。因为不抵触隐含着要有中央法律为地方依据的前提，在这个前提下，地方立法不得先于中央。李林：《走向宪政的立法》，法律出版社 2003 年版，第 379 页。持有同样观点的学者如苗连营《论地方立法工作中不抵触标准的认定》，《法学家》1996 年第 5 期。

[③]　如有的学者认为，不抵触是指不得与宪法、法律、行政法规相冲突、相违背。一是不得与宪法、法律、行政法规的具体条文的内容相冲突、相违背（即直接抵触）；二是不得与宪法、法律、行政法规的精神实质、基本原则相冲突、相违背（即间接抵触）。参见周旺生主编《立法学》，法律出版社 2000 年版，第 379 页。

的意思是不与上位法的精神和基本原则相违背。① 笔者针对上述观点提出若干问题，通过对这些问题的梳理和回应，希望能够对抵触的标准有更清晰的认识。

问题一：没有上位法依据就是抵触？

《立法法》第 72 条规定了省、自治区、直辖市、设区的市在不与上位法相抵触的前提下，可以制定地方性法规。该规定涉及抵触问题，其考察的前提是地方立法存在上位法，地方立法的上位法可以分为两种：一种是明显存在的上位法，如《青岛市学前教育条例》的上位法是《教育法》，该教育条例第 1 条中明文指出："根据《教育法》，结合本市实际情况，制定本条例。"这种情况很容易考察是否与上位法相抵触；另外一种是隐藏存在的上位法，如《无锡市刑事被害人特困救助条例》就没有明确的上位法，而是依照《宪法》及相关法律法规，结合本市实际情况制定该条例，对于此条例，其上位法依据在《宪法》第 45 条之中。② 刑事被害人特困救助属于公民在特殊情况下的社会救济，符合宪法的基本精神。最为极端的是有些地方立法确实找不到上位法，无论是明显的上位法还是隐藏存在的上位法。如《青岛市旅游条例》（2010）在制定之时并不存在明显或者隐藏的上位法。③ 那么对于不存在上位法的情况下如何处理？《立法法》第 73 条规定了地方可以根据实际情况和实际需要，先行制定地方性法规，在国家制定的法律或者行政法规生效后，地方性法规同法律或者行政法规相抵触的规定无效。这就说明，在此之前，即便没有上位法的依据，仍可以就某一方面的内容制定地方性法规，当且仅当事后法律在此领域做出规定且在某一事项与下位法做出相反规定之时，下位法才有可能被认定为抵触。那么在此之前，地方就可以在中央立法未涉及之处制定地方性法规，在没有上位法的情况下不能认定抵触，从一般的理解来

① 如有的学者认为，抵触的实质是要求合乎国家法律的基本精神，朝着发展社会主义民主，健全社会主义法制的方向发展，地方立法顺着这个精神和方向去补充、增添、延伸、完善，尽管不一致，甚至有了新的规定，国家法律都是允许的，能容纳的，从根本上讲就不存在抵触的问题。参见沈关成《对地方立法权的再认识》，《中国法学》1996 年第 1 期。

② 我国宪法第 45 条规定：公民在年老、疾病或者丧失劳动能力的情况下，有从国家和社会获得物质帮助的权利。国家发展为公民享受这些权利所需要的社会保险、社会救济和医疗卫生事业。

③ 《旅游法》2013 年颁行实施，因此在《青岛市旅游条例》出台之时是没有上位法的。

看，抵触一词至少需要两个主体，在仅有地方立法的情况下不存在被抵触对象。

问题二：不一致就一定是抵触？

下位法规定与上位法不一致是普遍现象，下位法一则为了让上位法的规定更加具有可操作性，二则为了适应当地的具体情况。如有些学者提出："从立法本意来看，并不是将地方性法规局限于上位法既有规定，而是在不抵触的原则下突出地方特色。"① 所以下位法的规定与上位法不一致并不一定就叫抵触，最为典型的例子就是目的性扩张，如《大连市法律援助条例》对《法律援助条例》的援助范围进行了扩张，对工伤、环境污染、食品药品安全等造成的人身伤害都列入了法律援助的范围。因为两者的目的和功能相同，都是为了更好地让弱势群体获得法律援助，因此不能算作抵触。在分析和考虑是否抵触时应当引入规范冲突和功能主义思考，② 若下位法的目的是为了更好地实现上位法的精神，其功能是为了更好地贯彻上位法的实质要求，则不能认定为抵触。例如，青岛市制定的《青岛市城市房屋拆迁管理条例》在赔偿标准上与上位法不同，但是更加符合上位法的精神，更加有利于被拆迁户。这种虽然与上位法规定不一致，甚至是违反上位法，也不应被认为是抵触。

问题三：违反上位法的具体规定就是抵触？

违反上位法的具体规定是问题三所提及的不一致的极端情况，在不一致的情况下不一定属于抵触，那么违反是否属于抵触呢？学者总结违反上位法的具体规定的若干情况，认为具备如图4—1所示几种情形就构成抵触。③

上述总结虽然道出了抵触的一些具体情况，但每一种情况都存在例外，就（4）而言，若下位法相对于上位法增加了公民的权利范围和幅度

---

① 姚明伟、许晓蕊：《对地方立法中不抵触问题的思考》，《人大建设》2007年第5期。

② 希尔使用功能主义的观点把规范冲突分成三类：规范抵触、规范碰撞和规范竞争。规范抵触是指纯粹的义务规范的冲突，它可以用"不可能同时遵守原则"来说明，每个规范为了实现特定的功能，当其中一个规范所希望的行为不能实现，则两个规范就冲突了。规范碰撞是指，如果一个规范影响或者阻碍另一个规范的功能或目的的实现，则产生了规范碰撞。规范竞争是指两个规范分别来自两个不同管辖权，相互产生了竞争。参见 H. Hammer Hill, "A Function Taxonomy of Normative Conflict", *Law and Philosophy*, Vol. 6, No. 2., Aug, 1987, pp. 227 – 247.

③ 苗连营：《论地方立法工作中不抵触标准的认定》，《法学家》1996年第5期。

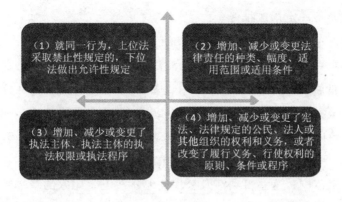

图4—1 抵触的四种情形

是否算作抵触？如关于义务教育的法律规定免除义务教育阶段的学杂费，而某市教育条例规定，本市除了学杂费之外，教材费也由政府免费提供是否是对上位法的抵触？这里的规定明显地增加了义务教育阶段学生的权益，应当被认为是有效的。就（3）而言，下位法相对于上位法增加了执法主体的义务和责任，执法标准更加严格，如中央对食品添加剂的规定是1—5，即1—5的添加剂都被认为是合法的，而地方规定为了市民的身体健康和食品安全，执行的是更加严格的标准，规定1—3属于合法，4和5属于非法添加剂，原本在全国范围内合法的添加剂到了地方就属于非法，那么地方立法是否构成对上位法的抵触？程序更加合理、高效、便民，那么是否就算作抵触？一般行政罚款要求到银行支付，假设某地方立法规定可以通过微信或支付宝转账并出具网上收据，这样更加便民，是不是对上位法的抵触？就（2）而言，若地方立法将党规党纪中的条款引入作为机关工作人员的法律责任，明显扩大了责任的范围和适用条件，是否构成抵触？如地方在预防职务犯罪条例中将"与他人通奸"作为处分的条件之一，其规定没有上位法的依据，而是依照党规党纪的规定，明显扩大了法律责任和适用条件，是否构成对上位法的抵触？就（1）而言，我国宪法和法律中规定经济特区法规和民族自治条例都有变通法律和行政法规的权力，在中国法律体系中有大量的特区法规和自治条例与上位法相左，但特区法规和自治条例依然有效，难道这些规定也构成抵触？故违反上位法的具体规定亦不一定构成抵触。

问题四：超出了自身立法权限和范围就是抵触？

有些观点认为，"违反了《立法法》关于立法权限的规定，越权立法"属于抵触。[①] 该观点有一前提，即中央与地方立法权限之分是清晰明确的。但事实上，中央与地方立法权限划分并不是那么清晰，无法将是否超出立法权限作为抵触的认定标准。

首先，中央立法权限不明确。我国《立法法》第 8 条规定了中央专属立法权限范围，这些事项涉及公民的基本权利、国家的基本制度，只能由法律规定。除此之外，哪些领域需要制定法律，哪些方面需要制定行政法规都没有具体的规定。有些问题并不涉及全国但仍然是中央立法，如《长江三峡水利枢纽安全保卫条例》，而有些内容虽然是全国问题但中央尚未统一立法，如城市养犬问题一般由城市立法解决。

其次，地方立法权限不清晰。第 72 条第 2 款规定了设区的市立法权限范围，但是对于省级人大及其常委会的立法权限范围并没有明确规定。除了中央专属立法权之外，省级人大及其常委会仍然有广阔的立法空间，有些甚至可能在中央立法之前。如关于民间融资的问题浙江省就走在前列，在 2013 年就制定了《温州市民间融资管理条例》。即便是设区的市，除了"城乡建设与管理""环境保护""历史文化保护"这三个领域之外，法律中还规定了一个"等"，这个"等"显然囊括了一些尚未列举的、属于地方事务的内容。

最后，中央与地方立法权限混乱。很多地方染指了本应由中央专属的立法事项，造成了中央与地方立法权限出现混乱，导致很多违背《立法法》第 8 条规定的内容出现。如《青岛市收容教育卖淫嫖娼人员的规定》《大同市收容教育卖淫嫖娼人员暂行规定》等与收容教育有关的地方立法，这些地方性法规中有不经过司法审判就限制人身自由长达两年的规定。

---

① 顾建亚老师也将超越立法权限作为抵触的判断标准之一，参见顾建亚《行政法律规范冲突的适用规则研究》，浙江大学出版社 2010 年版，第 42—47 页。持有相同观点的还有张春生老师，参见张春生《中华人民共和国立法法释义》，法律出版社 2000 年版，第 249 页。

可以说，中央与地方之间的立法权限是不清晰的，仍然有广阔的共享范围，对于共享范围内的立法空间，地方立法可以先行性立法进行处理。那么除了明显侵犯中央专属立法权之外，就不存在超出自己立法权限一说了，因此，对于超出立法权限即抵触应当改为：侵犯中央专属立法权限即抵触。

（三）抵触标准的实践例证

根据上述问题，可以初步得出以下结论：（1）没有上位法依据不构成抵触；（2）与上位法规定不一致也不一定构成抵触；（3）违反上位法的规定同样不一定构成抵触；（4）超出立法权限并不一定构成抵触，但侵犯中央专属立法权一定构成抵触。地方立法与上位法抵触的标准已经非常清楚了，就是前文提到的观点三：不抵触的意思是不与上位法的精神和基本原则相抵触。若如此理解，是否会破坏我国法制统一，造成我国法制混乱无序呢？答案是否定的，事实上，我国立法实践中有大量的鲜活例证，证明实践中践行的抵触标准并不是与具体条文相违背，更不是超出立法权限。这些例证覆盖了中国政治、经济、社会、文化等诸多方面的立法。

1. 政治领域立法实践

此处涉及立法机构权限问题，根据宪法及法律，有些机构是没有立法权的，但由于时代发展的需求却实施了立法活动。最鲜活的例证便是全国人大常委会，1978 年《宪法》规定全国人大常委会有解释宪法和法律、制定法令的权力。此处人大常委会只能够制定法令，不能制定法律。直到1982 年 12 月《宪法》修改时才将其改为全国人大常委会有制定法律的权力。然而就在 1979 年及 1982 年 10 月（此时八二《宪法》尚未修改），全国人大常委会制定了像《环境保护法》及《民事诉讼法》这样的法律。此时的全国人大常委会明显地超出了自身的立法权限，但是实践中并没有因为人大常委会越权而认为这两部法律存在抵触的情况，更没有因为人大常委会无权立法而判定这些法律无效。同样，在地方立法中也存在大量的超前立法，有存在超越自身立法权限的嫌疑，但仍然不被认为是抵触，反而被中央立法所吸收，成为优秀经验。如重庆市 1987 年（此时重庆市仍然是较大市）就制定了《重庆市行政诉讼暂行规定》，此乃全国首例民告官的诉讼规定，为制定全国的行政诉讼法积累了经验。再如 1985 年广州市率先制定经济合同管理规定以处理合同问题，1990 年上海出台《证券交易所管理办法》等，这些规定所涉及领域无一不是应当由中央立法，但特殊时代下，这些地方立法创新为解决当时改革过程中的难题提供了规范，同时也为中央立法提供了样本和借鉴。

2. 经济领域立法实践

中国经济高速发展的 30 多年，也是法制建设爆发的 30 多年，但法律制定和修改的速度往往滞后于经济发展，因此在经济领域往往会出现先实践后修法的例子。如 1983 年中共中央《关于印发农村经济政策的若干问题的通知》（以下简称《通知》），全国农村开始推行包干到户。而在 1982 年的《宪法》中并未承认家庭承包制，到了 1993 年修宪时才承认家庭承包制。如此说来，《通知》的内容与当时的宪法是相抵触的，1983 年至 1993 年期间的所有家庭承包制尝试都是违宪的。另外一个典型例证发生在上海，2013 年 9 月，由上海市工商局发布的《关于中国（上海）自由贸易试验区内企业登记管理的规定》取消了有限责任公司、一人有限责任公司、股份有限公司的最低注册资本。而这与当时《公司法》中关于注册资本的规定显然是相违背的，但在上海自贸区践行的这一规定并没有被认为抵触而被废止，反而于 2013 年 10 月在国务院常委会议上作为经验推广至全国。2013 年 12 月 28 日，通过修订《公司法》确认了上述规定的合法性。在经济领域中的例证充分说明，即便某些文件规定与宪法及法律相抵触，事后若改革成功，也会通过修改宪法和法律将顺法律体系，确认规定的合法性，而非因抵触被废止。

3. 文化领域立法实践

由于文化领域并不属于中央专属立法，而且我国地域民族文化差异极大，各个地方的文化产业、文化保护、文化扶持等方面的内容不可能由中央统一规定，故中央赋予了地方更为宽松的立法空间。由此产生了一些地方立法与中央立法不一致的例子。如《文物保护法》第 24 条规定：国有不可移动文物不得转让、抵押。但在实践中由于部分文物的维护费用巨大，已经超出了当地政府所能够承受的范围，故做出了变通规定，《苏州市古建筑保护条例》第 15 条规定，鼓励国内外组织和个人购买或租用古建筑。该规定明显与上位法相冲突，但是考虑到每年数额庞大的维修费用，苏州市不得不出卖包括苏绣创始人沈涛故居"绣园"、唐寅故居"桃坞别院"、精美白花木雕的"唫德园"等古宅，并且苏州市特意立法以确定购买的合法性。① 《文物保护法》的立法精神是加强文物的保护，苏州市的变通规定表面上与上位法规定不一致，实质通过出卖或租赁强化了文物的保护，符合上位法的立法精神。

4. 社会领域立法实践

很多领域的立法实践是为了适应社会生活中出现的各种问题而存在的，并不受上位法的约束和限制。如《物权法》第 73 条规定：建筑区划内的道路、绿地以及其他公共场所、公用设施属于业主共有。而 2016 年 2 月国务院发布了《关于进一步加强城市规划建设管理工作的若干意见》，其中提出"已建成的住宅小区和单位大院要逐步打开，实现内部道路公共化"，该规定将原本属于业主共有的内部道路公有化，与《物权法》的规定明显不符。但是该规定的出台是为了缓解日益拥堵的城市交通，也确实是为数不多的良方之一，并没有因为与《物权法》相违背而被废止。相同的例证还有劳动教养制度以及收容教育制度，并没有因为这两个制度与《宪法》《立法法》相违背而自动无效。

（四）地方立法抵触的判定

以上所列举的例证只是中国立法实践中极小的一部分，在中国的法规体系中，存在大量与上位法具体规定不一致的情况，甚至是超出立法权限的情况。这种现象的出现再次否定了法规体系本身是一个逻辑严谨、完美无缺的自洽体系，无论是同级立法之间还是上下级之间，"立法打架"现象在实践中比比皆是。一个科学的理论必然符合客观实际，若坚持认为缺少上位法的支持便构成抵触，则地方立法会故步自封，大量地方经验无法通过法治途径解决，中央立法也会损失大量的立法经验。若坚持认为抵触是与上位法的具体规定不一致，则导致立法与实践脱节，理论与实际越走越远，使地方立法的实效大打折扣。若坚持认为抵触是与上位法的立法精神与原则不一致，还可以从理论上构建一套完整的抵触判定体系，在激发地方立法活力的同时规范地方立法。

1. 对列举式方法的否定

最高人民法院在回应地方各级法院的请示过程中，梳理了地方立法与

---

① 参见易颖、高岩《苏州园林的私有化道路》，《南方周末》2002 年 12 月 19 日。

上位法抵触的情形，① 并希望通过列举抵触情形加以比对，作为判定地方立法是否抵触的方法。部分学者根据最高人民法院的司法解释构建了判断抵触的方法，② 而学者构建的抵触标准仍然是列举为主，只不过更加详细、更加复杂罢了。笔者认为这种列举情形的方式不宜作为判定抵触的方法，原因如下。

其一，抵触情形不免存在例外。诚如最高人民法院的总结，罗列了很多地方立法与上位法抵触的情形，但所罗列之情形皆存在例外情况。以全国各大城市的限行、限购为例，此举限制了购买机动车的主体范围，限制了部分车主的财产使用权，同时限购、限行还增加了城市管理部门的部分权力，如对违法出售机动车、违法购买机动车、违规出行的处罚权。但是这些举措的依据仍然被认为是合法的，可见通过列举式的方法罗列抵触的标准并不可靠。

其二，列举难以穷尽所有情况。在最高人民法院研究的基础上，有学者从各个角度分析抵触的情形，归纳了 17 种情况，③ 有的学者根据规范的属性，区分了异类抵触与同类抵触，在不同立法关系中的抵触情况，尽管做了诸多努力，但是作者承认仍然没有能够穷尽所有的情况，④ 如果沿着这样的思路继续研究，只会令判定依据越发繁多，方法越发复杂。这种繁杂的判定方法并不是最佳的选择。

2. 通过立法精神判定抵触

除了通过列举式的判定方法之外，还有通过立法精神判定的模式，即

---

① 最高人民法院从审判实践中总结，下位法不符合上位法的常见情形有：（1）下位法缩小上位法规定的权利主体范围，或者违反上位法立法目的扩大上位法规定的权利主体范围；（2）下位法限制或者剥夺上位法规定的权利，或者违反上位法立法目的扩大上位法规定的权利范围；（3）下位法扩大行政主体或其职权范围；（4）下位法延长上位法规定的履行法定职责期限；（5）下位法以参照、准用等方式扩大或者限缩上位法规定的义务或者义务主体的范围、性质或者条件；（6）下位法增设或者限缩违反上位法规定的适用条件；（7）下位法改变上位法已规定的违法行为的性质；（8）下位法超出上位法规定的强制措施的适用范围、种类和方式，以及增设或者限缩其适用条件；（9）法规、规章或者其他规范文件设定不符合行政许可法规定的行政许可，或者增设违反上位法的行政许可条件；（10）其他相抵触的情形。参见刘德权主编《最高人民法院观点集成：行政及国家赔偿卷》，人民法院出版社 2014 年版，第 507 页。

② 胡建淼：《法律规范之间抵触标准研究》，《中国法学》2016 年第 3 期。

③ 董书萍：《法律适用规则研究》，中国人民公安大学出版社 2012 年版，第 101—102 页。

④ 胡建淼：《法律规范之间抵触标准研究》，《中国法学》2016 年第 3 期。

在判定是否抵触时，判定地方立法与上位法的立法精神是否一致。在判定过程中一般遵循如下步骤：首先，若地方立法与上位法内容重复，则不发生抵触。其次，若地方立法内容与上位法内容不一致，要判定立法内容是否有利于上位法立法目的的实现，是否符合上位法的立法精神和原则，若更能使上位法的立法目的得以实现，符合上位法的立法精神和原则，则不构成抵触。最后，若在判定中发现，下位法与上位法的立法精神不一致，如在安全生产领域的地方性立法不利于安全生产，在食品卫生方面的立法不利于食品安全等，则应当判定为抵触。[①] 对于一般地方立法的判定，上述方法完全够用，但需要指出的是，若出现以下复杂情况，则上述步骤应当适当改变。

情况一：地方立法的上位法既有法律又有行政法规，法律与行政法规在具体内容上不一致。这种情况下，地方立法要么符合法律，要么符合行政法规，但绝对不可能既符合法律也符合行政法规。如《计量法》第30条规定行政处罚主体是县级以上地方人民政府计量行政部门，而《计量法实施细则》（行政法规）第60条规定：行政处罚由县级以上地方人民政府计量行政部门决定。罚款1万元以上的，应当报省级人民政府计量行政部门决定。这种情况下，应当先行判断上位法的立法目的，《计量法实施细则》的规定目的是防止地方政府滥用行政处罚权，有利于保护行政相对人的合法权利，因此不应判定为抵触，故地方立法选择任何一种模式都是合适的。若经判定认为行政法规有抵触的嫌疑，则地方立法只能保持与法律相一致，否则就构成抵触。

情况二：地方立法有多个相同位阶的上位法，且上位法之间立法目的不一致。这种情况一般遵循以下原则：（1）新法优于旧法，即当上位法存在新法和旧法的关系，下位法符合旧法的立法精神和原则，却与新法的立法精神和原则不一致，则应当被认定为抵触。若符合新法的立法精神和原则，却与旧法立法精神不一致，则不被认为抵触。如2007年修订的《律师法》的立法目的是保障律师依法执业，因而在律师会见、阅卷等方面要求公安机关予以配合，而同时期的《刑事诉讼法》的立法目的是为了确保刑法准确实施、惩罚犯罪、保护人民。这两者的立法目的存在冲

---

① 谢立斌：《地方立法与中央立法相抵触情形的认定》，《中州学刊》2012年第5期。

突，2012 年《刑事诉讼法》的修改使两个规范得以衔接，但若在 2012 年之前，地方出台律师管理相关规定，则应当符合《律师法》而非《刑事诉讼法》。（2）特别法优于一般法，若上位法之间的关系属于特别法与一般法，下位法的立法精神符合特别法，则不应当被认定为抵触，若下位法的立法精神符合一般法，但不符合特别法，则应当被判定为抵触。如《山西省劳动合同条例》的上位法是《劳动合同法》和《合同法》，其中《劳动合同法》的立法目的是更好地保护劳动者的利益，《合同法》的立法目的是保护合同双方的利益，因此若地方立法不符合特殊法，而符合一般法，可以判定为抵触。

3. 通过宪法原则判定抵触

除了上述情况之外，还存在一种极端的情形，即地方立法有两个相同位阶的上位法，且两个上位法无法适用新法与旧法、一般法与特殊法的判定方法，此时如何通过立法目的判定抵触呢？此时应当通过宪法来判定抵触。《宪法》第 5 条第 3 款规定：一切法律、行政法规和地方性法规都不得同宪法相抵触。宪法作为我国的根本法，具有最高的法律效力。但宪法为何具有最高法律效力呢？答案在《宪法》序言中："宪法规定了国家的根本制度和根本任务，是国家的根本法，具有最高的法律效力。"通过这段描述，我们得知宪法之所以是根本法是因为其规定了国家的根本制度和根本任务，因此结合宪法文本，可以概括出中国宪法的五大根本原则，即"①党的领导；②社会主义制度；③民主集中制；④现代化建设；⑤基本权利"①。在宪法中这五条根本原则构成了宪法的精神和核心，所有的抵触归根到底都是对这五条原则的抵触。从最高人民法院对地方法院请示的批复可以看出，一些被最高人民法院判定为抵触的地方立法，如《福建

---

① 宪法第 1 条第 1 款规定：中华人民共和国是工人阶级领导的、工农联盟为基础的人民民主专政的社会主义国家。工人阶级是国家的领导阶级，共产党是工人阶级的先锋队，因此第一大根本原则就是"党的领导"；宪法第 1 条第 2 款规定：社会主义制度是中华人民共和国的根本制度，所以作为根本制度的"社会主义制度"成为第二大根本原则；作为中国的权力组织原则，民主集中制作为第三大根本原则；宪法序言表明："国家的根本任务是，沿着中国特色社会主义道路，集中力量进行社会主义现代化建设。"因此作为根本任务的"现代化建设"属于第四大根本原则；"基本权利"是宪法能成为高级法的最重要理由，因此属于第五大基本原则。参见陈端洪《论宪法作为国家的根本法与高级法》，《中外法学》2008 年第 4 期。

省实施〈渔业法〉办法》①《重庆市林业行政处罚条例》②《河南省公路管理条例》③ 等都属于触犯了"基本权利"这一宪法根本原则。同时还有一些例外情况，某些地方立法虽然表面上侵犯了"基本权利"这一宪法根本原则，但仍然没有被判定为抵触。这是因为宪法根本原则之间存在一定程度的冲突，即便某些地方立法触犯了其中一个宪法根本原则，可能符合另外一个宪法根本原则，所以没有被判定为抵触。如大城市出台的有关限行、限购等地方立法，这些规定侵犯了公民的财产权（"基本权利"原则），但这些举措的出台是为了解决环境污染、治理城市拥堵等"现代化建设"过程中产生的问题，符合"现代化建设"这一宪法根本原则，因此依然不能简单地判定为抵触。引入宪法五大根本原则是判定抵触最后的撒手锏，地方立法若严重违背宪法五大根本原则，则应当判定为抵触。

（五）结论

《立法法》赋予了所有设区的市立法权，今后会出现更多的地方立法与上位法的规定不一致，因此明确抵触的标准和判定方法至关重要。将抵触标准确定为"与上位法的立法精神和原则不一致"能够更好地激发地方立法积极性，让地方能够放开手脚，破除不必要的限制，根据地方的实际需要，大胆立法，为地方的改革创新提供制度支撑。而在判定地方立法是否与上位法抵触时应当遵循以下步骤：（1）是否存在与上位法规定不一致的内容，若存在则判定是否符合上位法的立法目的，若符合则不抵触，若不符合则抵触。（2）若地方存在多个上位法，且上位法之间存在冲突，此时应当分情况讨论：①上位法既有法律又有行政法规，若行政法规符合法律的立法精神，则地方立法符合任一上位法即可；若行政法规不符合法律的立法精神，则地方立法只能与法律保持一致，否则构成抵触；②上位法之间处于相同位阶，则适用新法优于旧法、特殊法优于普通法的原则；③若通过上述方法仍然无法判定，则引入宪法五大根本原则进行判定。符合宪法五大原则的则不被认为抵触，若严重违背宪法五大根本原

---

① 《福建省实施〈渔业法〉办法》第34条在《渔业法》的基础上增加了没收渔船的规定。

② 《重庆市林业行政处罚条例》第22条第1款第（1）项增加了没收无运输证的林产品的规定，超出了《森林法》规定的没收范围。

③ 《河南省公路管理条例》增加了欠缴养路费扣押车辆的规定，超出了《公路法》和《公路管理条例》规定的处罚范围。

则，应当被判定为抵触。

第二节 较大的市地方性法规批准的实践

一 较大的市地方性法规批准的实践概述

一般而言，较大的市地方性法规从报请批准到批准需要经历如下程序：（1）报送前征询意见；（2）报送材料；（3）报送前初步审查；（4）列入会议议程；（5）正式审查（批准或不批准）；（6）立法解释。

（一）报送前征询意见

为了批准工作的顺利进行，一方面使省级人大常委会能够充分了解较大的市的立法动机和目的，另一方面使较大的市充分掌握省级人大常委会的意见和想法，很多省份规定了，较大的市在报送地方性法规批准前，要与省级人大常委会充分地沟通。如《黑龙江省人民代表大会及其常务委员会立法条例》第60条、第61条分别规定："较大的市人民政府有关部门分在起草地方性法规草案时，应当在法规草案提交市人民代表大会常务委员会审议之前，征求省人民政府有关部门的意见。""较大的市的地方性法规草案经其常务委员会会议第一次审议后，较大的市的人民代表大会常务委员会法制工作机构应当向省人民代表大会常委会法制工作委员会及时通报情况。"有的省还规定了征询意见的具体时间，如《山西省地方立法条例》第56条规定："报请批准的法规，应当在该法规草案交付表决的三十日以前，送省人民代表大会常务委员会法制工作委员会征求意见。"但是规定有事前沟通的省份并不多，据笔者统计，只有黑龙江、江苏、青海、山西、四川、浙江、河北、内蒙古8个省级人大规定了事前沟通机制。这种事前沟通有两种方式，其一，如山西省的规定，由较大的市主动和省人大常委会进行沟通，征询意见；其二，如《江苏省制定和批准地方性法规条例》第9条中的规定，由省级人大常委会法制工作委员会征求各方意见，并将意见转达给制定机关。

（二）报送材料

对于报送材料，各个省规定的基本材料是：书面报告、法规文本及其说明、有关参阅材料。如《山东省制定和批准地方性法规条例》第42条规定报请提交的材料应当包括：地方性法规的书面报告、地方性法规的文本和说明。具体到每一个省级单位略有不同，有些省级单位增加了合理性、必要性等内容的说明材料，如《江苏省制定和批准地方性法规条例》第 10 条第 2 款规定，提交地方性法规案，应当按照格式和数量要求提交地方性法规草案、对法规草案的说明及相关资料。对法规草案的说明应当包括制定该法规的必要性和主要内容。

（三）报送前初步审查

较大的市地方性法规在常委会审查之前，一般都会进行初步审查，由专门机关提出意见。初步审查的主体大体有三种：其一是省级人大常委会法制委员会；其二是省级人大常委会专门委员会；其三由省级人大常委会法制委员会会同专委会一同审查。各个省、自治区具体情况如表 4—1 所示。

表 4—1　　　　　　　　　较大的市地方法规初步审查主体

审查主体	省份
省级法制委员会	安徽省、广东省、河北省、河南省、黑龙江省、山东省、西藏自治区、新疆维吾尔自治区、云南省
省级专门委员会	甘肃省、内蒙古自治区、广西壮族自治区、湖南省、青海省、四川省
省级法制委员会 + 专门委员会	贵州省、江苏省、福建省、辽宁省、宁夏回族自治区、浙江省、湖北省、吉林省、江西省、山西省

其中，法制委员会会同专门委员会有两种情况：其一，规定强制要求两个单位一起审查；其二以一方为主（通常是法制委员会），另一方为辅并提供意见。

对于初步审查的结果，一般都是审查之后，提出相关的意见，由主任会议决定是否提请常委会审议。大多数省份并没有规定在出现抵触时的处理，有些省份规定，若出现相抵触的现象，由主任会议决定退回处理，如宁夏回族自治区的立法程序中规定若出现抵触现象，由法制委员会报经主任会议同意退回报请批准机关进行修改。但有些省份赋予了法制委员会更广泛的权力。①

（四）列入会议议程

关于列入会议议程，最为重要的是决定列入会议议程的主体，除了湖北省对列入会议议程的主体没有规定之外，其余所有省、自治区都规定了由主任会议决定是否列入会议议程。其中，湖南省虽然没有直接规定，但在《湖南省地方立法条例》第 42 条规定由主任会议决定列入常委会议程。②

（五）正式审查

关于正式审查都是由省级人大常委会进行的，省级人大常委会关于较大的市立法的批准条件有法律明文规定，而且各个省都有自己的补充或细化，有些省份详细规定了抵触的含义，③除此之外，安徽、福建、广东、广西、河南、海南、江苏、江西、辽宁、宁夏、青海、山西、陕西、浙江这 14 个省或自治区还详细规定了与上位法抵触之后的处理。关于处理方式以及其中的问题，本书稍后分析。在正式审查中关于较大的市地方性法规与省级人民政府规章相抵触的情况，一般的处理方式是协调处理，也有部分省详细规定了处理方式，一般情况下，哪一方出问题，对哪一方进行处理，地方性法规存在问题，则要求地方性法规进行修改，省政府规章有问题，撤销或责成省政府修改。

（六）立法解释

《立法法》第 47 条规定："全国人大常委会的法律解释同法律具有相同的效力。"按照这样的立法精神，关于较大的市立法解释也应当与较大的市具有相同的效力。在实践中，关于较大的市立法解释应当由谁做出，有三种不同的规定：较大的市常委会做出；较大的市做出并报省级人大常委会备案；较大的市常委会做出并报省级人大常委会备案。具体如表 4—2。

----

① 如《福建省人民代表大会及其常务委员会立法条例》第 38 条规定：法制委员会审查认为省人民政府规章、较大的市人民政府规章同本省的地方性法规相抵触的，可以向制定机关提出书面审查意见。制定机关应当在两个月内提出是否修改的意见，并向法制委员会反馈。

② 《湖南省地方立法条例》第 42 条规定：较大的市地方性法规若与省级人民政府相抵触，先由法制委员会和有关专门委员会组织协调、提出处理建议，再由主任会议提请常委会做出处理决定。

③ 如《河北省地方立法条例》第 40 条第 2 款中规定：不抵触，是指报请批准的地方性法规应当符合法定权限和程序，符合上位法的立法宗旨、基本原则和具体规定。

表4—2　　　　　　　　　　较大的市立法解释主体

解释主体	省份
较大的市人大常委会	湖南、宁夏、四川、新疆
较大的市人大常委会 + 批准	安徽、甘肃、河北、河南、辽宁、青海、山东、西藏
较大的市人大或常委会 + 备案	福建、广州、贵州、湖北、吉林、江苏、黑龙江、江西、内蒙古、山西、陕西、浙江、云南、海南

其中，湖南、宁夏、四川、新疆四省只规定了解释权属于较大的市人大常委会，但是没有规定备案制度或者批准制度，而且在长沙、银川、成都、乌鲁木齐的立法文件中也没有发现备案或批准的规定。

二　较大的市地方性法规批准实践中存在的问题

问题一：较大的市地方性法规与上位法抵触后的处理方式。

前文归纳总结了抵触的真正含义是与上位法的基本精神和原则相抵触。那么出现了抵触现象之后如何处理？笔者对全国22个省5个自治区关于较大的市地方性法规与上位法相抵触的处理规定进行了统计。

表4—3　　　　　　　较大的市地方性法规与上位法抵触的处理

发现与上位法抵触后的处理方式	省份
不予批准；提出修改意见，经修改后提请常委会表决	安徽
退回修改	宁夏
不予批准	福建，广西
不予批准；附修改意见予以批准；退回修改后再提请批准	广东
不予批准；修改后批准；退回修改后再提请批准	河南
不予批准；修改后批准	江苏，辽宁，浙江
不予批准；附修改意见批准	江西
经报请机关同意后进行修改；退回修改	青海
不予批准；退回报请机关修改后再提请批准；修改予以批准	山西
直接修改后批准；退回修改后批准	陕西
直接修改后批准；提出修改意见，由报请机关修改后再报请批准	海南

注：吉林、黑龙江、湖南、湖北、内蒙古、四川、河北、山东、云南、甘肃、贵州、西藏、新疆没有规定。

有学者总结各个省、自治区人大常委会的立法实践，得出对于与上位法相抵触的地方性法规一般采取以下六种处理方式：（1）不予批准；（2）搁置；（3）附修改条件通过，即省级人大法制委员会对较大的市地方性法规提出修改意见，由常委会表决通过附条件的批准决定，再由市人大常委会对法规进行修改后实施；（4）不附修改条件通过，由较大的市自行修改后实施，即省级人大法制委员会在与地方充分沟通的前提下，对较大的市地方性法规提出修改意见，由省级人大常委会不附任何条件通过，再由较大的市按照修改意见修改后实施；（5）对报批的地方性法规直接修改后表决通过，即省级人大法制委员会提出修改意见，由省级人大常委会通过修改后的地方性法规；（6）退回修改后批准，即提出修改意见，由制定单位按照修改意见加以修改，完成后再次报批。①

上述几种做法，笔者认为都存在一定的问题。对于（1）不予批准的方式，并不合适：其一，阻断了地方通过立法的方式解决实践中的问题的渠道；其二，缺少与较大的市的沟通，也无法使较大的市了解不予以通过的原因；其三，造成较大的市前期立法资源的浪费；其四，这种略显粗暴的模式容易挫伤较大的市立法的积极性，今后很多问题较大的市将不会愿意纳入法治化途径加以解决。

对于（2）搁置，更加不妥，理由如下：其一，长期悬置，较大的市既无法根据立法解决现存问题，同时也不便于通过红头文件处理；其二，久拖未决，不但影响地方性法规的通过，还给地方形成懒政的不良印象，长此以往，影响省级人大之权威；其三，拖延时间，较大的市地方性立法可能在生效之时，已经错过了最佳的时效性，立法收效甚微；其四，超过时限，不符合程序规定，根据《立法法》之规定，四个月内省级人大常委会需给出批准或不批准的结论，选择搁置，不但没有法律依据，而且还违反《立法法》的规定。

对于（3）附修改意见后批准，属于在实践中经常使用的方法，但（3）同样存在问题：其一，程序冗杂，浪费立法资源，附修改意见后批准，较大的市还必须再次召开常务委员会会议，对上级的修改意见再次表

---

① 朱振进：《对较大市地方性法规审查批准的思考》，《观察与思考》2012 年第 4 期。

决通过；其二，较大的市对于省级人大常委会的修改意见若不能表决通过，如省级人大常委会的修改意见触动了较大的市地方性法规的核心要素和实质内容，一旦通过，较大的市地方性法规的所有努力都付诸东流，此时，较大的市如何针对修改条款提出异议？其三，省级人大常委会直接干预了地方的立法实践，架空了较大的市立法权。

对于（4）不附修改条件批准，事前充分沟通固然能够解决修改后较大的市人大不满意的情况，但不附修改条件批准后，较大的市地方性法规已经生效，为什么还要对其进行修改？在理论以及逻辑上说不通。

对于（5）直接修改后批准，存在上述所说的问题，直接架空了较大的市立法权，而且省级人大常委会对下级人大的不适当决定只能撤销，不能更改，对于（5）实质是突破了省级人大的权限，有违法的嫌疑。

对于（6）退回修改后批准，比较符合权力架构模式，既能够保障较大的市地方性法规立法的合法性，又能够不直接干涉较大的市立法权。但是，仍然存在程序烦琐的问题。

问题二：较大的市地方性法规与省级政府规章抵触的处理。

上文所探讨的抵触一般情况下是指与宪法、法律、行政法规、省级地方性法规相抵触的情况，那么较大的市地方性法规与省级政府规章不一致应当如何处理呢？从行政级别上看，省、自治区高于较大的市，但这并不意味着前者制定的政府规章在效力上一定高于后者制定的地方性法规；同时，虽然后者的地方性法规是由省级人大常委会批准的，而省级人大常委会有权撤销省政府的不适当决定，包括省级政府规章，但这也不意味着较大的市地方性法规级别一定高于省政府规章。《立法法》第63条第3款规定："省、自治区的人民代表大会常务委员会在对报请批准的较大的市的地方性法规进行审查时，发现其同本省、自治区的人民政府的规章相抵触的，应当做出决定。"该款规定放置在较大的市地方性法规条款之下，从体系解释的角度可知，较大的市地方性法规与省级政府规章相抵触应该不会影响较大的市地方性法规的批准，但需要做出适当处理。那么如何处理二者关系呢？首先来看实践中各个省是如何处理该问题的。

表4—4　　　　较大的市地方性法规与省级政府规章相抵触的处理

与省级政府规章相抵触的处理方式	省份
交由法制委员会协调，提出意见，再由常委会做出决定	安徽、湖南、陕西
常委会认为地方性法规不合适，要求报请机关对其进行修改或直接修改；常委会认为省级政府规章不合适的，要求省级政府进行修改或撤销政府规章	福建、甘肃、湖北、江西、辽宁、青海、山西、云南、黑龙江、江苏
应当做出处理	广东、贵州、吉林、内蒙古、山东、西藏、浙江、海南
没有规定	广西、河北、河南、宁夏、四川、新疆

从表4—4可以看出，除了少数省份没有直接做出规定之外，一旦出现较大的市地方性法规与省级政府规章相冲突的情况，大部分省份选择的处理方式是：方式一，若较大的市地方性法规不适当，则对较大的市提出修改意见，按照各个省的规定方式处理，要么退回较大的市人大常委会修改，要么由省级人大常委会直接予以修改；方式二，若省级政府规章不适当，则由常委会要求省级政府对规章进行修改或直接对省级政府规章予以撤销。个别省还规定了方式三，若在审查中发现两方规定都不适当，则分别按照上述程序予以处理。但问题是这样的规定似乎还存在一定问题。

首先，对于方式一，其实质上是引入了合理性审查。前文已经有过论述，省级人大常委会对较大的市进行批准时，只能对其合法性进行审查，而对于合理性问题，则尽量不要予以过问，一方面，这是对较大的市立法权的尊重，另一方面，也是践行《立法法》之规定。但是，很多地方立法条例的规定却不是如此，如甘肃省就引入了合理性审查。① 既然较大的市地方性法规没有与上位法相抵触，那么就符合合法性的标准，但又因为与省级政府规章相抵触而遭到修改，这实际上是引入了除合法性标准之外的标准，这种做法固然是实践中最为常见的方式，但是否合适值得探讨。

---

① 《甘肃省人民代表大会及其常务委员会立法程序规则》第43条规定："常委会认为报请批准的较大的市地方性法规与省级人民政府规章相抵触的，若认为报请批准的地方性法规不适当，但同宪法、法律、行政法规和省的地方性法规不相抵触的，可以在批准时提出修改意见，制定机关应当根据修改意见进行修改后公布。"

其次，对于方式二，若政府规章在较大的市范围之外仍然合适是否应当修改？省级人大常委会在审查过程中发现，较大市的地方性法规合法合理，相比较大的市地方性法规，省级政府规章在较大的市的适用出现了问题，则应当责成省政府及时修改或予以撤销。但是，若出现以下两种情况：其一，省级政府规章在较大的市范围以外仍然能够符合实践需求，可以继续指导实践工作，但已经无法适应较大的市的具体环境，那么若省级政府规章在较大的市范围之外仍然适用应当如何处理？其二，较大的市所规定的特殊情况仅仅出现在较大的市范围之内，而较大的市范围之外没有也不会有相应的实践，而较大的市的规定又正好与省级政府规章某些规定相抵触，应当如何处理？

最后，上述处理方式忽略了地方性法规和省级政府规章都适当的情况。这种处理方式固然顾全了法律体系的统一性，但是并不一定符合实际情况，有时会出现以下情形：省级政府规章规定适当，符合全省的实际情况；较大的市规定得更加适当，符合较大的市的具体情况，但是两者相互抵触。省级政府规章规定的是一般情况的处理，较大的市地方性法规规定的是特殊情况的处理，若特殊与一般相抵触如何处理？众所周知，我国现存的较大的市都是各个省内发展速度快、人口多、综合影响力靠前的城市，而其他非较大的市发展情况一般，省政府规章所针对的是全省最一般、最普通的实践和需求，众口难调，容易出现不适应部分城市的需要的情况，此时，较大的市依靠自己的立法权限制定相应的地方性法规弥补漏洞，本是无可厚非，但这样就出现了两个都正确、两个规定皆适当的局面。

问题三：较大的市立法解释权。

目前我国较大的市立法解释存在三种模式，如前文所统计：（1）省级人大常委会负责解释；（2）较大的市人大常委会负责解释并交由省级人大常委会批准；（3）较大的市人大常委会负责解释并向省级人大常委会备案。

对于较大市的地方性法规大多数省份是由较大的市人大常委会进行解释，这是基于以下考虑：（1）较大的市地方性法规是由较大的市人大制定，对文本的理解和把握远超过省人大常委会，由较大市人大常委会解释更接近立法者原意；（2）立法解释是为了更好地适用法规，省级人大常委会并不一定了解地方在适用法规背后的利益之争，解释效果不一定理想；（3）省级人大常委会仅仅拥有法律明文规定的批准权，其审查的是法规内容合法性而不是全部的法规内容，立法解释触及的是对内容各个方面的深入理解，若省级人大常委会全盘接手较大的市立法解释工作，则可能有越权的嫌疑。

综合上述三方面的原因，较大市立法解释应当首先排除由省级人大常委会做出。还剩下两种方式：方式一，较大市人大常委会＋批准；方式二，较大市常委会＋备案。那么哪种方式更为合理呢？笔者赞成方式二，理由如下。

首先，从法律监督的角度来看，备案制度完全可以保障立法解释的合法性。部分省、自治区之所以选择批准而不是备案制度，是因为在通常的意识中，批准更能够保障地方性法规解释的合法性。虽然立法解释的效力等同于立法，但立法解释的工作机制不同于立法本身，立法工作是无中生有，立法解释是在立法的基础上，根据文本，结合实际情况做出对于文本的说明。对于立法来说，可能会出现与上位法相抵触的情况，但只要地方性法律文件获得批准，那么对于文本的解释一般不会超越文本规定的范围，除非是出现特殊情况。同样作为法律监督的两种方式，备案和批准，笔者认为，由于立法解释的特殊性，备案方式已然能够胜任监督的工作，无须再使用批准。

其次，从省级人大常委会的工作任务来看，批准加重了省级人大常委会的工作负担。目前较大的市立法需要由省级人大常委会批准，已经增加了省级人大常委会不少的工作负担，致使省人大常委会每次会议的任务越来越繁重。而且，由于人大常委会的工作除了要对较大的市地方性法规进行批准外，还要集中精力制定省级地方性法规，以及讨论全省范围内的重大问题。因此，若较大的市地方性法规的解释再交由省人大常委会来批准，对省级人大常委会来说无疑是雪上加霜，其结果可能造成批准仅仅成为一种形式。而对于备案来说，则能够大大地减少人大常委会的工作量，仅仅对于那些立法解释明显超越文本的情况做出处理即可，这样抓重点的方式，能够保质保量，反而什么都处理、什么都过问，最终是什么都处理不好。

最后，从备案和批准二者的效率来看，批准模式时效性不佳。由于地方性法规的立法解释是针对地方性法规适用过程中的问题而产生的，对于法律适用问题就存在一定的时效性。若选择批准的模式，从报请到常委会批准中间存在大量的程序，每增加一层级别，增加一道程序，就意味着需要更多的时间，等待常委会常务会议做出解释，然后通过表决，公布、生效等一系列程序之后，也许急需解释的实践情况已经发生了变化。若采取备案的方式，当较大的市人大常委会对地方性法规的解释做出的时候，解释便已经生效，所需要的仅仅是备案程序，能够充分满足地方对于立法解释的时效性需求。

三　较大的市地方性法规批准的完善

（一）加强报批前省级人大常委会与较大市人大常委会的沟通与协调

前文列出了若出现与上位法相抵触后的处理问题，当然任何一种处理方式都存在自己的问题，即便最符合权力运作方式的几种模式也存在程序过于冗杂的问题。为了处理抵触的问题，笔者认为事前沟通是关键，事前沟通之所以重要，有以下几方面原因。

其一，通过事前沟通，使省级人大法制委员会充分了解较大的市地方性法规核心利益所在，在关键条款予以支持和肯定。对于较大的市地方性法规的一般条款，大多大同小异，有些是直接对上位法的移植和借鉴，而关键条款往往是针对地方实践情况提出的，具有鲜明地方特色的条款，这一类条款往往成为争议的焦点。通过事前沟通与协商，能够让法制委员会以及相关的专门委员会了解地方性法规特色条款的内涵与外延，减少因不了解产生的疑问与困惑，从而增加地方性法规通过的概率。

其二，对于较大的市而言，通过事前沟通了解本省立法的红线，对于不能规定和不宜规定的条款和内容尽量规避。各个省对于抵触的理解不尽相同，对于抵触所设定的底线也不相同，如有的省仅规定不得和上位法的基本精神和原则相抵触，而另外的省则规定了不得违背上位法的具体规定。较大的市通过提前和省级人大沟通，能够切实明白省级人大常委会的真实看法和观点，以方便及时修改或更正地方性法规的表述。

其三，事前沟通既可以节约大量的立法成本，又能够避免省级人大常委会架空较大的市立法权。前文所提的各种模式，如退回较大的市修改后批准、不予批准等，直接将较大的市人大及其常委会的前期成果予以否定，推倒重来，不仅挫伤了较大的市人大及其常委会的立法热情，而且消耗了较大的市的立法成本；另外的几种模式，如直接由省级人大常委会修改后通过、附条件修改后通过、通过后由较大的市修改并予以公布等，在逻辑上、合法性上等方面存在瑕疵，经不起进一步的质疑。若较大的市事前与省人大常委会法制委员会、专委会等加强沟通，尽量减少抵触现象的发生，既可以节约立法成本，又能够避免因过度行使职权架空较大的市立法权。

其四，事前沟通有利于提高立法质量。相比较大的市人大及其常委会组成人员的法学素养而言，省级人大常委会接受了更多的立法培训，更长时间的立法实践，积累了更多的立法经验，处理了更多的立法问题。在理论上，省级人大常委会在立法上应当比较大的市更加接近于科学立法，就像法律的立法质量一般要高于省级地方性法规一样，省级在立法质量上相比较大的市更胜一筹。加强沟通的过程，同时也是省级人大常委会法制委员会传授立法经验的过程，很多立法技术问题也是经过不断的请教和磨合过程逐渐解决的，虽然省级人大常委会对合理性无法直接干预，但通过事前沟通能够提前发现较大的市立法中的合理性问题，提出建议，从而提高立法质量。

（二）完善较大的市地方性法规与省级政府规章相抵触后的处理

前文所提及的各个省对于较大的市地方性法规与省级政府规章相抵触的情况如何处理中反映的问题，是对中央立法理解不足造成的，《立法法》中规定的是，若较大的市地方性法规与省级政府规章相抵触，则省、自治区人大常委会应当予以处理，但是没有规定如何处理。可以《立法法》中关于处理省级地方性法规与国务院规章相抵触的方式来解决这一问题，我国《立法法》第86条第2款对此做出了详尽的规定。①

从上面这条规定，我们可以挖掘出以下信息：首先，规定中并没有要求某一方"修改、废止、撤销"，或者认为按照一方规定不合适或者不适当而予以处理；其次，在全国范围内允许存在地方性法规与部门规章之间

---

① 《立法法》第86条第2款规定："地方性法规与部门规章对同一事项之规定不一致，不能确定如何适用时，由国务院提出意见，国务院认为应当适用地方性法规的，应当决定在该地方适用地方性法规的规定；认为应当适用部门规章的，应当提请全国人民代表大会常务委员会裁决。"

的冲突，法律体系的统一性和一致性要求并不是铁板一块；最后，规定中表述的重点是"适用"，也就是说，在中央的意识中，即便出现冲突，首先要解决的不是法制统一问题，而是具体适用问题。

我们可以从中央对于省级地方性法规与省级政府规章相抵触的处理原则中看出中央的态度，但是为什么到了省级规定的立法条例，纷纷出现要求某一方进行修改、撤销、废止等词语呢？

各个省的立法条例中之所以可以大量出现方式一（即便较大市地方性法规与上位法不抵触，但与省级政府规章相比不合适，也应当对地方性法规进行修改），是因为：

首先，在省级人大常委会的思想意识中，较大市立法具有从属性，不具备独立性，较大的市立法权仅仅是省级人大常委会立法权的扩展和延伸。再加上《立法法》中规定了省级人大常委会对较大的市立法拥有批准权，更加强化了较大的市立法权附属于省级人大立法的意识。既然较大的市立法从属于省级人大，那么省级人大就可以在立法条例中增加合法性之外的审查标准，限制较大的市立法的自主性。

其次，省级单位所担心的是立法权的过度使用，而不是较大的市没有充分利用。这是典型的控权和集权思想，担心较大的市的政令、立法等与上级无法保持一致，脱离省、自治区的领导和管辖。然而，这种方式一方面不符合《立法法》和《地方组织法》规定背后的精神，另一方面也无法让较大的市利用立法权发挥主观能动性，解决自身的问题。①

省级立法条例中应当摒弃原有的思路，按照中央立法所体现的精神，在出现较大的市立法与省级政府规章相抵触的情形时，首先关注适用问题，而不是正确与否、合适不合适的问题。

较大的市地方性法规同省、自治区人民政府规章相抵触时，可供选择的处理方式应当如下。

其一，经审查发现，省级政府规章已经不适应全省情况，更不符合较大的市情况，此时，批准较大的市法规，并且撤销不适当的政府规章或者

---

① 事实上，这些问题都是城市化进程中产生的问题，涉及城市管理、社会稳定、城市建设、环境保护等，是无法回避的，即便不给城市立法权，城市也会出台大量的红头文件或者规范性文件，解决这些问题。具体内容请参见本书第二章第三节。

责成省政府予以修改。

其二，省级人大常委会认为较大的市地方性法规规定不适当，但不存在同宪法、法律、行政法规和省级地方性法规相抵触的问题，有两种处理方式：（1）可以予以批准，同时提出修改建议，由省级人大常委会和地方人大进行沟通修改后通过，若较大的市人大不同意修改意见，则可以不予通过；（2）省级人大常委会通过较大的市地方性法规，并决定在抵触的内容上较大的市适用哪个规定。

其三，省级人大常委会认为省级政府规章和较大的市地方性法规都不适当，可以分别按照各自的程序予以处理。

其四，省级人大常委会经过审查认为两者都是适当的，省级政府规章在除较大的市之外的范围内是适当的，但不适应较大的市的情况，较大的市地方性法规在该市是适当的，则两者都不做任何修改。

（三）完善较大的市立法责任

在各个省人大常委会严格把关的条件下，较大的市主动创制严重违背上位法立法精神和立法目的的地方性法规的可能性比较低，但较大的市地方性法规与上位法相抵触的现象仍然屡见不鲜，究其原因，有以下几个方面：（1）原有的直接相关的上位法被废止之后，较大的市人大常委会没有及时予以废止；（2）原有的直接相关的上位法被修改之后，较大的市人大常委会没有及时根据新精神和内容予以修改；（3）新制定的其他上位法与旧有的上位法在某一事项上冲突，较大的市地方性法规是根据旧有上位法制定，与新制定的上位法相抵触，原有的上位法没有被废除，在实践中，地方仍然维持根据旧法制定的地方性法规的正常适用。

除了在政策上要求较大的市常委会提高地方性法规清理的速度，关注上级立法最新动态，努力学习立法理论最新研究成果之外，似乎还可以从制度上加以完善，即完善地方立法责任。

笔者所言的地方立法责任包括以下几个方面：（1）省级人大常委会故意通过明显与宪法、法律、行政法规相抵触的较大的市地方性法规的责任；（2）省级人大常委会对于较大的市立法解释"备而不查"的责任；（3）较大的市人大或其常委会创制明显违反上位法的地方性法规的责任；（4）较大的市人大常委会故意做出明显与上位法相违背或明显不符合文本的立法解释的责任；（5）较大的市或省级人大常委会对地方性法规不及时清理的立法不作为责任。

如何设置责任？是集体责任还是个人责任？笔者认为既是集体责任，同样也是个人责任。作为个人，制定或批准了明显与上位法相抵触的地方性法规，一旦能够证明是故意制定或通过，则应当承担警告、记过、停职察看、开除等相应的责任。对于集体过失，则应当由国家赔偿因不适当立法造成的损失。那么如何判定责任归属？笔者建议在立法过程中全程记录，并留存归档。一方面，这些宝贵的档案可以作为地方立法史研究的重要资料；另一方面，可以作为查看当时立法过程中各个委员或代表观点的佐证，能够表明那些不合适的地方性法规是如何被通过的，以方便归责。那么对立法整体过程进行记录依据在哪里？笔者认为依据就在于中央提出的"民主立法、科学立法"的要求。地方立法难以摆脱地方利益团体影响，因此更加需要开门立法、民主立法，通过程序设置克服地方利益的不良影响。既然选择了开门立法、民主立法，那么就应当公开每一次的立法会议记录，记录每一个委员和人大代表的意见和方案，以便追责。公开能够防止地方立法恣意，还为今后立法责任的归责提供依据。

第 五 章

较大的市立法评估的理论与实践

第一节 较大的市立法评估理论

一 较大的市立法评估概述

（一）较大的市立法评估概念界定与特征

在介绍较大的市立法评估之前，首先要说明地方立法评估，地方立法评估是随着地方立法数量的增加，各个重要领域和重点难点问题都基本做到了有法可依，但是立法质量问题成为地方立法的首要且主要的问题，如何进一步提高地方立法质量？这首先要对已有的地方立法进行评价，在此情况下，各个省分别开展了各种立法评估的实践，如云南省、山东省开展了"立法回头看"，河南省开展了"立法效果评估"，甘肃省进行了"立法质量跟踪评估"等。虽然各个省对于这类活动的称谓有所区别，但实际的活动内容是类似的，即借助一定的标准、程序以及方法，对地方人大及其常委会、地方政府创制的地方性法规、地方政府规章进行评价、判断或预测的一种活动。① 较大的市立法评估属于地方立法评估的一种，对于较大的市立法评估，是指按照一定的标准和程序，对其立法内容、实施绩效、存在问题等进行调查和分析，形成评价结论并提出相应处理意见的活动。②

较大的市立法评估的特征如下：（1）评估对象一般是已经颁布实施了的较大的市地方性法规和地方政府规章，即立法评估与立法论证以及立

---

① 许安标：《立法后评估初探》，《中国人大》2007 年 4 月 25 日。

② 参见《无锡市规章立法后评估办法》（政府令第 142 号）第 2 条，无锡人民政府门户网站，www. wuxi. gov. cn/doc/2014/09/29/546915. shtml，最后访问 2014 年 10 月 20 日。

法规划不同，属于事后评价；（2）评估的主体一般是立法机关，也有实施主体或者责任主体等，同时也存在上述主体委托中立第三方进行评估，如有些地方人大依托地方高校法学院进行评估；（3）评估的指标和方法具有多样性，根据评估对象的不同，可以使用不同类型的评估方法和指标；（4）评估的范围具有灵活性，既可以全面评估，也可以对某一方面，如实施的效果、文本内在逻辑、合法性等方面进行小范围的评估；（5）评估的结果是为了对现行有效的地方性法规和规章进行评价，以便于法规清理的进行，同时能够完善法规、吸取经验、提高立法质量。

（二）较大的市立法评估的功能

首先，较大的市立法评估有助于促进科学立法。通过对较大的市地方性法规与地方政府规章进行评估，有利于发现立法过程中的漏洞与缺陷，通过分析产生缺陷与漏洞的原因，总结经验和教训，在下次立法中尽量避免出现同样的错误。同时，对较大的市立法进行评估能够使地方性法规和地方政府规章更加具有可操作性，对于较大的市立法而言，地方特色和可操作性是其重要的特征，也是其存在的意义，通过立法评估，发现法规、规章中难以操作的条款和逐渐与实践不相符合的规定，通过修正或解释的方式，使得法规和规章的规定更加符合实践需求。此外，立法评估所运用的各种方法，如成本效益分析方法、问卷调查分析方法等手段和方法能够真实地还原立法，通过对立法的分析，对立法的真实情况进行检验、跟踪、评价，最后根据评估结果完善法规和规章，使其更加具有科学性。

其次，较大的市立法评估有助于实现民主立法。民主立法不仅仅反映在立法前的听证会上，立法过程中的开放性中，立法决策中的民意报告中，而且在立法评估中也有所体现。立法评估最为重要的方式之一就是问卷调查。将待评估的法规规章中可能出现的问题，如可操作性、适应性、明确性等各个方面设置成问卷，发放给相关行业、领域的不同人群，通过问卷调查的方式，可以清晰有效地反映民众对于立法的态度、观点和看法。此外，即便不通过调查问卷的方式，采取座谈的方式听取关于法规和规章的意见，发现法规和规章在实践操作过程中存在的问题，采纳法规和规章进一步完善的意见和建议等一系列在立法评估中的重要方法和程序都是民主立法的重要表现。同时，有些立法评估借助科研机构进行，排除了制定机关或实施机关特有的局限，以中立的身份进行评估更易于排除主体的干扰，充分反映较大的市民众对于法规和规章的看法。

再次，较大的市立法评估是法规清理的重要依据。若立法前期的调研和论证是经验到理论，那么立法评估就是从理论回归到经验中。[①] 将已有的地方性法规和地方政府规章根据评估指标，依照评估的方法，对待评估的对象进行检验和评价，即通过立法评估对地方性法规的合法性、合理性、可操作性、特色性等各个方面进行全方位的检测和评估，及时发现漏洞和瑕疵，较大市人大常委会及地方政府根据评估的结果，对地方性法规和地方政府规章进行立改废工作。前文已经指出，较大的市地方性法规和政府规章经常出现"被抵触"现象，即上位法做出了修改或已经被废止，较大的市立法根本没有做出任何修正，这样与新法相抵触的地方性法规一直存续。因此，对较大的市进行立法评估对于法规清理而言，非常重要。

最后，较大的市立法评估是检验法规和规章实效的重要途径。对于有些法规和规章而言，立法的实效如何比较容易看到，如《××市市容市貌管理条例》，在法规实施之后，城市的市容市貌是否得到了改善，还有什么不足之处？法规是否还存在待改善和改进的方面？这些规范即便不需要启动评估程序，也能完成修改和完善工作。但是对于另外一些地方性法规和规章，如《××市食品卫生安全管理条例》，则需要进行座谈、调研、抽样、回访、分析等相关的手段进行评估，才能得知较大的市制定的地方性法规和规章具体效果如何，立法之初的目的是否实现。而在实践中，较大的市制定的各种地方性法规，基本都需要经过一番调查才能真正得知法规规章的实际效果，因此，较大的市应当充分重视立法评估。

（三）较大的市立法评估的原则

首先，较大的市立法评估必须遵循客观原则。所谓客观原则，即评估工作的进行必须遵循客观公正的态度和方法，掌握第一手资料，尽可能全面地搜集真实的信息，获得符合实际的评估结论。地方立法级别越低，其

---

① 史建三主编：《地方立法后评估的理论与实践》，法律出版社2012年版，第52页。

距离地方利益集团就越近，受其影响的可能性就越大，因此，在立法过程中可能会出现维护地方利益的因素。在立法评估过程中，应当尽量排除地方利益的干扰，做到公正中立客观。一般进行评估的主体本身就是利益相关方，如由较大的市人大常委会对地方性法规进行评估，政府对规章进行评估，这样很难做到真正的客观，于是有些地方尝试交由高校或者中立机构进行评估。

其次，较大的市立法评估必须遵循科学性原则。所谓科学性原则，即评估工作应当坚持科学严谨的态度，运用科学的方法，遵循科学的程序，得出科学的结论。这就要求：（1）评估启动要具有科学性，评估的启动应当遵循规律，或以时间为评估启动条件，实施1年、5年、10年进行评估，或以问题为启动条件，针对实施过程中群众重点反映的重大问题进行评估，评估的启动不能以领导人的意志为转移，出现要么不评估，要么一次性打包评估的现象。（2）评估程序要具备科学性，应当尽量让多方利益群体共同参与评估，听取多方意见，如某市对《××市环境保护条例》进行评估，则应当邀请排污企业、受影响居民、相关利益第三人等共同参与评估，不得偏废。（3）评估指标要具备科学性，一般对于地方立法进行评估，都会将立法必要性、合法性、合理性、可操作性、技术性、地方特色等作为指标,[1] 但针对不同类型的地方性法规和规章在指标上应当有所区别，如经济类法规和规章应当注重成本效益性，涉及公民生命健康的领域应当注重安全性。

再次，较大的市立法评估必须遵循民主性原则。所谓民主性原则，即评估工作中应当充分重视公民的参与，使公民充分表达意见，全程公开、透明。这就要求：（1）评估过程应当遵循民主性原则，即评估中应当提供公民参与的平台，使公民易于参与其中，如举行听证会、问卷调查、网页投票等；（2）评估结论应当遵循民主性原则，评估结论应当充分考虑民众的意见，对民众最为关心、最为关注的问题应当在权衡民意基础上做出衡量；（3）评估的过程应当公开透明，即评估过程中除了涉及国家秘密、商业秘密、个人隐私等情况，一切都应当公开。

最后，较大的市立法评估必须遵循实效性原则。所谓实效性原则，

---

① 俞荣根主编：《地方立法质量评价指标体系》，法律出版社2013年版，第29页。

即立法评估应当以提高较大的市立法质量为出发点和落脚点，评估过程中应当注重发现真问题，提出实用的解决方案和思路，使结论能够成为立改废的重要参考。这就要避免评估过程中走过场，重形式，不重结果。因此较大的市立法评估应当：（1）调研需详尽、深入，认真对法规、规章进行评估；（2）对于调研结果应当予以重视，并及时予以落实。

二 较大的市立法评估的方法

（一）法学评估方法

法学的评估方法即利用法学的方法对立法进行价值、技术等各个层面的评估。

所谓价值评估，即运用法学中的价值，如秩序、自由、公平、正义等价值标尺衡量地方性法规和地方政府规章。一般而言，宪法及法律规定了很多具体价值的保护问题，有的规定了禁止就业过程中性别歧视，有的规定了法律面前人人平等，这些价值都具有具体的内容。对于大部分的具体价值，如男女平等价值、不得就业歧视等，我国宪法及相关法律将大部分价值都予以了划定（如对公民人身自由的限制制定法律），基于宪法及其相关法律对一些基本价值的保护，很多价值不可能纳入较大的市立法，因此评估中很少涉及此类价值评价。但对于某些价值，如社会公平、正义等，由于其抽象性，上位法很难做出具体的规定，因此留下了一定的空间，地方立法，尤其是城市立法中常常出现权利及背后的价值相互冲突的现象，所以这种评估方法的运用需要评估者对法学所倡导的价值有着深刻精准的把握和理解。有些是不同价值之间的冲突，如关于城市养犬规定了，为了维护城市管理秩序以及城市居民的生命健康和安全，城市内所有养犬的居民不得在人群密集处遛狗。这里就有可能存在秩序和自由之间的冲突。有些是相同价值之间的冲突，例如城市中越来越多的大妈跳广场舞，成为当下中国城市中一道别具特色的风景线，但是若城市噪声治理条例中规定，为了保证居民休息，晚上 8 点之后禁止跳广场舞，这里存在的价值冲突即喜好广场舞的大妈跳广场舞的自由，以及广场居民免受噪声污染的自由。

立法技术则是立法活动中所遵循的用以促使立法臻于科学化的方法和

操作技巧的总称。① 所谓技术评估，即围绕着法的形式结构技术、法的内容结构技术以及法的语言文字的表达技术三个层面开展评估：②（1）对于法的结构形式技术的评估，即对法规规章的名称、法规的制定机关、公布与施行的日期、正文、附录等内容进行评估。③ 如对于较大的市地方性法规的公布主体只能是较大的市人大或常委会，而不能是较大的市地方政府；对于法规的名称，可以是××条例、××办法、××规定等，但标题不能是××通知；较大的市地方性法规、地方政府规章应当写明何时批准，哪一级单位批准，何时生效实施；对于附录，根据各个较大的市的立法习惯而定，可有亦可无。（2）对于法的内容结构，应当按照立法目的、立法依据、立法调整范围，权力/权利、义务、责任等逻辑排列立法结构，对于权力/权利、义务的设置应当尽量均衡。（3）对于法适宜的语言文字表达技术，这里主要考察法规规章文本是否使用法言法语，表述是否准确，概念是否清晰，是否出现了较大市特殊的方言、俚语等。

（二）社会学评估方法

针对立法评估的社会学方法主要有：调查问卷、听证、座谈、访谈、田野调查等。

若采用调查问卷的方式，则需要注意以下几点：（1）调查问卷的语言要简单明确，尽量少出现专业术语和用词，让做调查问卷的受众能够从直观上了解所问的问题，如对民众的调查问卷不要出现"您认为×××条例中对于善意第三人的权利义务责任配置是否均衡"；（2）调查问卷尽量不要出现暗示性的答案，不能出现倾向性的表述，要客观中立，不要影响受访者的判断，如"当前校园安全事故多发，您认为本市校园是否安全？校园安全条例是否有效？"；（3）调查问卷尽量不要出现令人尴尬的问题，如某市对妇女权益保护条例进行评估，在问题中就可能会涉及家暴、婚姻状况等令女性比较尴尬的问题，应当灵活处理；（4）调查问卷设计要根据调查内容的特征区分受众，如对于牲畜屠宰条例的评估，就需要至少区分出屠宰方、监管方、消费者、销售者等群体，分别设计调查问

---

① 周旺生编：《立法学》，法律出版社 2000 年第 2 版，第 453 页。
② 汪全胜：《立法技术评估的探讨》，《西南民族大学学报》（人文社科版）2009 年第 5 期。
③ 史建三主编：《地方立法后评估的理论与实践》，法律出版社 2012 年版，第 73 页。

卷或者分受众统计结果；（5）调查问卷不要超越被调查者的知识范围，如对于义务教育条例的评估，对小学生的问卷就不要出现"如何看待择校难的问题"，这一类问题超出了小学生的认知和处理能力。

若采取听证、座谈、访谈等形式进行立法评估，需要注意以下几点：（1）听证会、座谈会不能流于形式，要按照一定程序选取各个利益相关方参与，如某市欲对车辆限行规定进行评估，不能只有车管局的参与，还需要考虑一般的车主；（2）访谈之前应当准备好访谈提纲，发放给被访谈对象，避免参与访谈的主体要么信口开河，要么沉默无语；（3）组织座谈会或听证会的主持方最好是中立第三方机构，提前表明自己的身份和态度，使被访谈者能够畅所欲言，否则对于某些基层单位进行访谈，得到的都是赞语和褒奖，偶尔的建议或者批评也是隔靴搔痒，不能深入问题的实质；（4）访谈、座谈、听证之后要梳理观点和意见，对各方参与者的意见和建议要归纳总结；（5）除了涉及国家秘密、商业隐私、个人隐私等因素之外，访谈、座谈、听证的全程应当予以公开。

田野调查是社会学、人类学研究的重要方法，若采取田野调查的方式进行立法评估，则要注意以下几点：（1）田野调查要注意工作的方式和方法，尽量不要让被调查者感觉自己在被调查或观察，以便能够得到最真实的情况；（2）由于田野调查需要调查者与被调查对象长期接触，甚至生活在一起，因此，中立机构或者科研院所进行田野调查应当比较适当，同时田野调查之后也需要科研院所进行理论分析和归纳；（3）田野调查得到的结论比问卷、座谈要来得真实，但其调查的时间成本较高，因此，运用田野调查的前提是问卷和访谈无法真实评价某地方性法规或规章，如对于城中村的管理，城市中少数民族聚居区的管理等诸多地方性法规与规章，采取问卷和座谈方式，很难真实反映情况，需要进行田野调查；（4）对于某地方性法规和规章通过田野调查的方式进行评估，可能会发现诸多问题的原因交织在一起，这里需要认真区分属于法规自身问题的原因和不属于法规自身问题的原因，前者可以通过修改完善法规以达到目的，后者不行。

（三）经济学评估方法

经济学评估方法是立法评估最先采用的方式，[①] 这方面的理论和实践非常成熟。立法经济学评估主要采取成本效益的评估方式。

所谓成本效益评估即对法规、规章的总成本和总效益进行比较分析，能够以最小的成本实现最大的效益的法规、规章就是好的法规、规章。如某市对于农贸市场的规定中确认了大量当地的交易习惯，这种习惯能够降低交易过程中的成本，若一味地抄袭上位法，则可能破坏原有的简明易懂的交易，出现法规规定与实践操作不一致而导致的混乱，增加了交易成本。

成本效益评估的最基本的思路就是将产生的各种成本、效益都量化，进行简单的比较。在此过程中，对于经济类的立法，可以直接以经济发展的各种数字来反映情况。如某市对于企业发展保护条例进行评估，可以从企业因守法支付的成本、立法的固定成本等诸多方面考察立法成本；而从企业数量、规模、经济效益、社会就业等诸多层面考察立法效益。以上内容通过资料的收集和整理，比较容易得到数据。但是对于社会类、环境类立法如何进行量化处理？如某市严格实施环境保护条例，连续 200 天二级以上空气，这种效益如何评估？

对于那些无法直接得到成本效益数据的，一般采取支付意愿的方式进行评估，所谓支付意愿即主体为了某项目标愿意支付多少成本，即可大致估算出该项目的效益。支付意愿分析法是指对那些难以量化的指标，如社会稳定的收益，对社会公平促进的收益等进行分析的方法。一般而言，针对以下三种情况可以使用支付意愿的分析方法：（1）情景评价法。为了一些难以度量的效益进行评估，可以使用"情景评价"方法，这种评估

---

① 立法成本效益评估最早出现于 1936 年美国的《洪水控制法案》，20 世纪 50 年代由美国哈佛大学经济系和兰德公司发展与完善，并于 60 年代得到美国国防部的"计划—规划—预算制度"的系统应用。之后由美国历届总统通过总统令的形式对立法中采用成本效益评估原则进行采用。不仅在美国，而且在其他国家，这种成本效益评估的方法被广泛地以规范性法律文件的形式确定下来，如德国的《联邦法律案注意要点》《立法工作指南》、英国的《准备守法成本评估修正原则》、荷兰的《立法指导原则》、加拿大的《联邦立法政策》、韩国的《韩国行政规制基本法》和《韩国行政规制基本法施行令》等都规定了立法成本效益评估的相关内容。参见季建林《成本效益分析法——研究执政成本优化的指导原则》，《南通纺织职业技术学院学报》（综合版）2007 年第 2 期；魏明、张雅萍《德国立法成本效益分析与评估体系》，《水运科学研究》2007 年第 1 期。

方法要求个人诚实地对自己为实现项目目标所具有的最大的支付意愿进行评估。如对于蓝天白云，问被访者愿意拿多大的代价来换，即可知晓环境保护的收益。（2）显性行为法。情景评价法的一大缺陷在于我们永远也不能完全确定个人是不是对其最大支付意愿做出了准确描述。然而，可以通过个人所做出的真实经济决策，而不是仅仅依靠口头说法，来推断支付意愿。如对于上述问题，被访者大多认为即使关停所有的工厂也要蓝天白云，但真的关停之后，出现经济停滞，被访者可能面临失业的危机，此时，可以询问此人为了应付雾霾等恶劣天气准备了多少装备，是口罩还是空气净化器，什么价位等。（3）预防行为法。一般而言，人们不愿意支付过多的钱来避免某一问题，宁愿花费更多的钱解决某种问题造成的后果，这是因为问题的发生具有一定的概率，当无法直接量化预防行为产生的效益时，可以通过计算没有此预防行为可能造成的损失事故发生的概率估算产生的效益。①

三 较大的市立法评估的指标

（一）设置指标应当考虑的因素

学界对于地方立法评估指标的划分各不相同，任尔昕老师将地方立法评估指标分为：立法条件、目的和依据；法制统一；制度设计和权力配置；地方特色；可操作性；技术规范；公众参与；法规的现实适应性。②史建三老师将立法评估指标分为：合法性指标；合理性指标；协调性指标；操作性指标；规范性指标；实效性指标；适应性指标。③俞荣根老师将地方立法评估指标分为：立法必要性；合法性；合理性；可操作性；地方特色性；技术性。④ 显然理论界对于地方立法评估指标的看法并不统一，而实践中并不是每一种指标都能满足评估的需要，对于不同的地域、不同类型和性质的法规应当有不同的评估标准，那么，在选择较大的市立法评估指标时，应当考虑哪些因素呢？

① 刘雁鹏：《立法成本效益评估略纲》，《生产力研究》2014 年第 9 期。

② 任尔昕：《地方立法质量跟踪评估制度研究》，北京大学出版社 2011 年版，第 100—101 页。

③ 史建三：《地方立法后评估的理论与实践》，法律出版社 2012 年版，第 91—100 页。

④ 俞荣根：《地方立法质量评价指标体系》，法律出版社 2013 年版，第 54 页。

首先，考虑评估的目的。因评估的启动目的不同，其评估的重点也不相同。若评估的目的是进行法规清理，则评估的重点指标是合法性、协调性等指标。若评估的目的是修正现有的规范，则评估的重点指标是合理性、可操作性等。若评估的目的是评价法规、规章的质量，则评估的重点是实效性、技术性等。

其次，考虑评估对象。待评估的地方性法规内容不同，其指标体系的内容以及比重也不会相同。[①] 对一般的法律、法规、规章进行评估时，都可以从合法性、合理性、可操作性、技术性等指标进行评价，但实际上在评估中对所有指标都予以运用，既浪费时间，又存在盲目评估的可能性。打蛇要打七寸，做事抓重点。针对不同类型的立法，在评估中应当有所侧重，如对于经济类立法，其实效性指标就应当有所突出，而对于政治体制建设，如××市立法条例，其合法性就应当成为首选指标。

最后，考虑地方特色。地方特色是较大的市立法的灵魂，也是较大的市立法必要性的前提之一。规制相同内容的地方性法规在不同城市的管理重点不同，如同样是食品安全管理方面的地方立法，因西安小吃比较多，其就重点规制街头食品的卫生和安全问题，制定了《西安市街头食品卫生管理条例》；而包头市因民族和地域的原因，则将重点放在清真食品的管理上，制定了《包头市清真食品管理条例》。虽然对于食品立法方面的评估都要重视安全性，但对于清真食品管理条例的评估中还要考察对民族习惯的尊重问题。因此，在选择较大的市地方立法评估指标时，要考虑地方特色。

（二）立法评估指标设置中的问题

当前我国立法评估的标准虽然存在稍许差异，但总体而言超不出以下范围：合法性、合理性、可操作性、规范性、适应性、实效性（经济效益性、社会效益性等）、技术性、协调性、特色创新标准、可行性标准等。学者们的

---

① 俞荣根老师将地方立法的类型分为宪法类立法、经济类立法、社会类立法、行政类立法，并划定了这四类立法评估指标不同的比重。俞荣根：《不同类型地方性法规立法后评估指标体系研究》，《现代法学》2013年第5期。该学者对于地方立法的划分，是基于法律体系的七大部门的分类方式，排除中央专属立法之后的结果。但是对于较大市而言，其立法分布并非如此，根据笔者第三章立法空间的研究，对于较大市立法分为城市建设与城市管理类立法、社会管理类立法、经济类立法、环境保护类立法、科教文卫体类立法、政治建设类立法。笔者运用俞荣根老师的思路，继续讨论这个问题。

工作是将这些标准选择若干认为比较重要的内容排列、赋值、打分，或者在这些指标之下设置二级指标，或者三级指标。我国几乎所有的地方立法评估都是采取这种方式，但在笔者看来，这种指标设置存在以下问题。

1. 指标设置大而全，缺乏对评估对象的针对性

对于某些地方立法尤其是较大的市立法评估存在指标浪费的问题。如对于《青岛市实施水法若干办法》进行立法评估，由于这部地方性法规属于典型的执行性立法，为了实施上位法做出的细则规定，几乎不可能与上位法相冲突，也不存在与其他法规、规章不协调的现象，那么合法性、协调性等问题几乎可以不予以考虑。学者抑或地方人大在对地方性法规、地方政府规章进行评估时，其对象并不是仅仅对一部法规、规章，而是若干，这些法规规章内容可能涉及经济类立法、社会类立法、环境保护类立法，这些立法的内容决定了评估的侧重点和运用的指标不同，而实践操作中，为了顾及所有的立法，指标设置尽量涵盖所有内容，这种努力的结果要么加大了评估主体的工作量，要么难以突出待评估对象的特色。

2. 指标排列平铺直叙，缺少指标运行的层次性和顺位

学者们在运用评估指标对地方性法规、地方政府规章进行评价时，一般都是列表，从上到下把所有的指标排列，细化二级指标、三级指标甚至四级指标，根据对指标的赋值打分对法规规章进行评估。一方面，各个指标效力平行，难以反映待评估对象的真实情况。如对于××市食品添加剂管理条例的评估，运用合法性、合理性、可操作性、实效性、地方特色等常见的指标进行评估，若合法性、合理性、可操作性、地方特色基本都是满分，但是实效性差，基本没有什么效果，由于其他指标分数较高，那么该条例的整体分数就没有那么差，评估主体可能不会对其进行修改或者完善。另一方面，各个指标没有先后顺序，容易造成重复劳动。若对某地方性法规进行评估过程中发现出现与上位法相抵触的现象之后，是继续评估其他方面，如合理性、协调性、可操作性，还是直接进入法规清理程序？在没有先后顺位的情况下，评估主体极有可能将所有的内容都评估完成，然后发现某一项指标反映出的情况极其严重，如与上位法明显抵触，应当建议修改或废止，那么对该法规其他方面的评估是不是在浪费劳力？

3. 指标设置缺少对评估目的的考虑，任何类型的评估基本使用一套评估指标

如前文所述，我国的立法评估大致有三种目的：为法规存废打好基

础；为法规修改提供依据；检验法规质量。这三种评估目的适用的指标有所差异。但实践中，评估之前目的不清，基本是对地方性法规和地方政府规章进行全面评估之后，发现瑕疵问题，则对法规规章提出修改意见，发现重大问题，则启动法规规章清理程序，没有发现问题，则对法规规章质量给予评价。这种做法值得肯定，但对于较大的市而言，少则40多部地方性法规，多则90多部地方性法规，这还不算数量庞杂的地方政府规章，这样的体量是否能够允许毫无目的地区分全面评估？按照这种方式，要么每年只能针对一小部分法规进行评估，然后排队等候；要么就是腾出半年乃至一年时间对所有法规规章的内容进行评价。这两种方式都导致评估作为一种偶态出现，更多的是凸显地方政绩的作秀。若想把评估作为一种常态，就必须对评估的程序"瘦身"，让评估的速度加快，目的性增强，基于什么样目的的评估就选择什么样的评估指标。

（三）立法评估指标的确立

针对上述问题，笔者提出一套选择地方性法规和地方政府规章评估的方案步骤，按照这个步骤，克服地方立法评估的平面性、无法突出重点、缺少对评估目的考量的问题。

如图5—1所示，对地方性法规规章进行评估分为四个步骤：（1）合法性审查；（2）依据评估目的选择评估指标；（3）依据立法类型选择评估指标；（4）综合上述指标。

按照这个选择评估指标的步骤，可以节约后续评估的时间和精力。

首先，合法性审查排在第一位，因为任何地方性法规和规章存续的基础在于合法，不与上位法相抵触，若出现抵触情形，则无须进行后续评估，直接按照程序之规定，予以修改或者直接废止，待修改之后依情况纳入评估程序。

其次，要区分评估的目的，对于不同的评估目的选择的指标是不同的，以法规清理为目的的立法评估，其重点在于决定地方性法规规章是否需要存续，因此只需要关注合法性和必要性这两个指标即可，合法性作为审查第一步自无须多言，但是对于必要性来说，很多合法的地方性法规经过社会发展已经丧失了存在的意义，不具有必要性，对于这些法规规章无须进行其他方面的评估。基于法规规章修改方面的评估，在上述指标之上

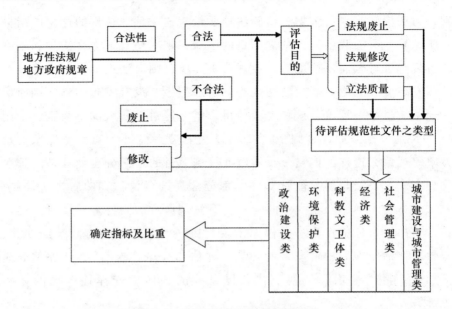

图 5—1　地方性法规规章评估步骤

还应考虑合理性、可操作性、规范性、协调性、技术性。一部法规或规章在上述指标中存在问题，不大可能废止或者推倒重来，但需要进行修改和完善。基于对立法质量的评估，则在上述基础上还需要添加实效性指标，这里需要指出的是，法规规章的具体实际效果影响因素很多，有时并不是简单地修改一部法规或规章就能解决问题，因此，不具有实效性并不是修改法规规章的必需条件，但是实效性绝对能够反映立法的质量高低。

再次，对于不同领域的立法，其评估指标的权重各不相同，甚至评估指标也存在一定的差异。①

如表 5—1 所示，对于城市建设与城市管理而言，最为重要的是地方性法规规章具有可操作性，由于各地在城市管理过程中需要解决的问题各不相同，因此地方特色比较重要，而对于城市管理方面的立法基本都是排水、供热、城市交通等解决城市基本生存需求的内容，其效果与立法的关

---

① 国内学者对此进行了比较深入的研究。笔者结合对较大的市立法分类以及立法内容、性质等因素做出分类以及赋值。笔者所列举的各类指标并不是较大的市评估中一定会采用的指标，而是以这些指标为例，说明不同类别立法指标之间的差异。另外，在笔者所列的指标中没有出现合法性指标，这是因为在笔者建构的评估体系中，合法性属于前置性指标，不参与后续评估。

联性不大，那些没有立法权的城市在供热、供水等方面做得也不差，因此实效性比例居中；对于社会管理而言，因社会管理类立法要么是为了实施上位法而制定执行性立法，要么是针对特有的社会问题做出的规定，与上位法、省级政府规章抵触的可能性微乎其微，因此协调性赋值较低，同时，社会管理类立法应当重视立法的实际效果，因此实效性赋值较高；对于经济类立法，由于存在地方保护的可能性，因此对地方特色、协调性赋值较高，经济类立法评估中通常用成本效益的评估方式，因此实效性赋值也比较高；对于科教文卫体，地方文物保护极具地方特色，因此地方特色赋值较高，另外对于教育、科技、卫生等方面立法，上位法多，较大的市立法空间小，容易重复立法，因此对合理性以及可操作性赋值较高；对于环境保护类立法，最重要的是可操作性和实效性，因此这两个指标赋值较高；对于政治建设，较大的市立法多是关于人大议事规则，可操作性上一般不存在什么问题，关键是合理性、协调性、技术性。

表 5—1　　　　　　　　不同领域的立法评估指标权重

	合理性	协调性	可操作性	地方特色	技术性	实效性
城市建设与城市管理	15%	15%	25%	20%	10%	15%
社会管理	20%	10%	20%	20%	10%	20%
经济	10%	20%	10%	20%	15%	25%
科教文卫体	20%	10%	20%	25%	10%	15%
环境保护	10%	10%	25%	15%	10%	30%
政治建设	20%	20%	10%	15%	20%	15%

最后，指标与指标之间的关系并不是平行的，其效力也不是相同的，存在适用的先后顺位。笔者除了提出筛选指标的步骤之外，还提出如图5—2所示的指标三阶层顺位，在评估时首先考虑位于第一位阶的合法性，不具备合法性的法规和规章无法进入下一步评估；其次考察第二位阶的诸多指标，这些指标的特点是无须进行大规模社会调研，掌握大量数据，召开研讨会、座谈会、进行审查即可发现问题；最后考察的是实效性，对于实效性需要运用经济学、社会学等工具对实践中的问题进行细致认真的分析，找出问题的原因，难度系数较大，因此位于第三位阶。

图5—2　指标三阶层顺位

第二节　较大的市立法评估实践

一　较大的市立法评估实践概述

我国大部分较大的市并没有进行立法评估的实践，而有些已经有过立法评估经验的城市也没有制定相关的法规、规章将评估工作制度化，表5—2是目前我国仅有的制定评估办法的总结和梳理。

表5—2　　　　　　　　　　目前我国制定评估办法的总结

城市	评估办法名称	评估主体	评估启动条件	评估方法	评估标准
厦门	《厦门市规章立法后评估办法》	市政府法制部门负责组织，具体实施部门负责评估；可委托中立第三方	实施满5年	通过新闻媒体征集社会公众意见	合法性；合理性；科学性；协调性；规范性；可操作性；实效性
			拟上升为地方性法规的	座谈会、专家论证会	
			拟做重大修改的	走访行政单位、司法机关、行政相对人或者其他利益相关人征求意见	
			公民、法人或其他单位提出较多意见的	发放调查问卷、实地考察、专题调研	
				相关立法比较分析、个案分析	
				成本效益分析	

续表

城市	评估办法名称	评估主体	评估启动条件	评估方法	评估标准
无锡	《无锡市规章立法后评估办法》	市政府法制部门负责组织，具体实施部门负责评估	拟上升为地方性法规的	通过新闻媒体征集社会公众意见	合法性、合理性、协调性、可操作性、规范性、实效性
			拟废止或者做重大修改的	座谈会、专家论证会	
				走访行政执法单位、监督机关、行政相对人或者其他利益相关人书面征求意见	
			人大代表、政协委员或社会各界意见、建议较为集中的	发放调查问卷	
南京	《南京市人大常委会立法后评估办法》	市人大常委会；根据需要可委托中立第三方（评估机构、高校、社会团体）	有重大影响的	听取汇报、召开座谈会和论证会	合法性、合理性、协调性、技术性、可操作性、实效性
			对地方性法规提出较多意见的	实地考察、专家咨询、专题调研	
			调整事项的经济社会情况已发生较大变化	问卷调查、网络征询等方法	
			国家、省出台的相关法律、法规或政策，可能对地方性法规造成重要影响的	了解和掌握法规的组织实施部门、相对人和社会公众的意见、建议等相关信息	

续表

城市	评估办法名称	评估主体	评估启动条件	评估方法	评估标准
苏州	《苏州市规章立法后评估办法》	市政府法制部门负责组织协调，规章具体实施部门负责评估；受委托的中立机构	事关经济社会发展全局和涉及公民、法人或者其他组织切身利益的规章实施满3年，其他规章满5年	通过新闻媒体、政府网站征求社会公众意见	合法性、合理性、协调性、可操作性、立法技术性、实效性
				走访或者书面征求相关利益方意见	
			拟上升为地方性法规的	召开座谈会、听证会	
			拟废止或做重大修改	专家论证会	
			人大代表、政协委员提出较多意见和建议的	实地考察、问卷调查	
			公众反映意见较多	专题调研、实地考察	
			市人民政府认为需要评估的	文献检索	
西安	《西安市政府规章立法后评估办法》	市政府法制机构组织协调，并对重要的、直接涉及公民、法人或者其他组织重大利益以及规范政府共同行为的规章进行立法后评估；市人民政府行政主管部门或者直属事业单位对其负责组织实施的规章进行立法评估	与经济社会发展和公共利益密切相关、社会影响面广、社会关注度高，且实施满3年的	成本效益分析	无
				立法比较分析	
				个案分析	
			调整对象发生变化	座谈会	
			人大代表议案、政协委员提案及社会公众提出较多意见的	问卷调查	
			市人民政府认为需要评估的	专家论证	

续表

城市	评估办法名称	评估主体	评估启动条件	评估方法	评估标准
哈尔滨	《哈尔滨市政府规章立法后评估规定》	市政府法制部门负责组织，具体实施部门负责评估；可委托中立第三方	前提条件是规章实施满1年后	利用政务公开平台等渠道公开收集公众意见	合法性、可操作性、针对性、适当性、规范性、准确性
			规定内容涉及人民群众切身利益或对市场、社会发展有较大影响	发放调查问卷	
			上位法变更	组织实施调查	
			规章制定之背景、条件发生变化	访谈、座谈、专家论证	
			社会关注度高，公众要求进行评估	其他	
西宁	《西宁市政府规章立法后评估办法》	市政府法制机构组织协调，并对重要的、直接涉及公民、法人或者其他组织重大利益以及规范政府共同行为的规章进行立法后评估；市人民政府行政主管部门或者直属事业单位对其负责组织实施的规章进行立法评估	实施已满3年的	实地考察	合法性、合理性、协调性、可操作性、立法技术性、实效性
			拟做重大修改的	座谈会	
			拟上升为地方性法规的	问卷调查	
			人大代表议案、政协委员提案提出较多意见和建议的	专题调研	
			行政复议、行政诉讼反映较多问题的	专家论证	
			公众、新闻媒体提出较多意见和建议的	网上征求意见	
			市政府认为需要评估的		

续表

城市	评估办法名称	评估主体	评估启动条件	评估方法	评估标准
贵阳	《贵阳市地方性法规立法后评估办法》	市人大常委会	地方性法规实施满3年	实地考察、专题调研	合法性、合理性、可操作性、技术性、实效性
			拟废止或做重大修改的	问卷调查	
			公民、法人和其他组织提出较多意见和建议的	座谈会、专家论证会	
			市人大常委会主任会议认为需要评估的	收集实施机关、行政管理相对人、专家、公众的意见建议以及相关典型案例材料	
广州	《广州市人大常委会立法后评估办法》	市人大常委会法工委，可以委托高校、科研机构、社会组织	地方性法规5年评估一次，相关单位和市人大代表、市政协委员、社会公众提出较多意见的法规，应当优先安排评估	民意调查	合法性（15%）、合理性（25%）、可操作性（25%）、实效性（25%）、协调性（5%）、规范性（5%）
				实地调研	
				召开座谈会	
				专家论证会	
				通过网站、立法官方微博或报纸征求各方意见	

续表

城市	评估办法名称	评估主体	评估启动条件	评估方法	评估标准
宁波	《宁波市政府规章立法后评估办法》	市政府法制机构	实施满两年的	实地考察	合法性、合理性、协调性、可操作性、完善性、技术性、实效性
			调整对象发生改变，现规定是否适应经济社会发展尚不明确的	座谈会	
			规章实施中发现普遍性问题需要进行评估的	问卷	
			有关国家机关建议立法后评估的	专题调研	
			人大代表议案、政协委员提案或者其他公民、法人、组织建议立法后评估的	专家论证	
			其他	收集实施机关、管理对象和社会公众的意见建议	
本溪	《本溪市人民政府规章立法评估办法》	市政府法制部门	实施满3年	利用政务公开平台、新闻媒体等渠道公开收集公众意见	合法性、协调性、合理性、可操作性、规范性、实效性
			拟修改或废止或上升为地方性法规的	组织开展问卷调查、执法现场评议	
			不能适应经济社会新形势变化或在实施中发现存在普遍性问题的	组织实地调查、访谈、座谈或专家论证	
			公民、法人或其他组织对政府规章提出较多意见的	委托专门机构进行调查、分析	

续表

城市	评估办法名称	评估主体	评估启动条件	评估方法	评估标准
杭州	《关于开展政府规章立法后评估工作的若干意见》	规章中的主要实施机关	无	召开座谈会 实地考察 问卷调查 通过媒体征求意见	合法性、合理性、可操作性、技术性、绩效性；
合肥	《合肥市政府规章评估暂行规定》	市政府法制办	每年选择1—2件与社会公共利益密切相关、社会影响较大的规章进行评估	走访有关执法单位和人员 召开座谈会、专家论证会 对公众发放问卷调查；利用网络平台等收集公众意见 综合运用经济学、管理学、统计学等分析方法做定性、定量分析	合理性、可操作性、协调性、实效性、效益性

二 较大的市立法评估实践分析

（一）评估主体

评估主体，即在立法评估过程中，组织或实施评估的单位或个人。从表5—2可得知，在立法评估中的主体有两种类型：其一，立法机关辅之以执行机关，对于由较大的市制定的地方性法规，主要是人大常委会，对于政府规章则是政府法制部门和具体执行机关；其二，中立第三方，主要包括：科研机构、高校、专业调研机构、社会组织等。但是上述两个主体在调研中存在一定的问题：（1）对于立法机关及其实施机关进行评估而言，由于其掌握大量的信息，包括法规规章的立法信息、法规规章的实施信息，立法机关有能力在充分利用这些信息的基础上完成评估工作。但是由于执法机构或者立法机构与待评估之法规规章有利益关联，或多或少会遮掩自身立法或执法中的不足，放大其他的影响因素，因而无法保证客观；（2）对于中立第三方，固然可以相对客观地对法规规章进行评估，但在获取评估需要的必要信息问题上，需要反复、长期地与立法机关以及执法机关沟通协商，而且上述机关基于保护自身利益的需要，可能会刻意隐藏某些资料和内容，造成评估不便，增加了评估的难度。

（二）评估启动条件

评估的启动条件即出现何种情况需要启动立法评估程序。总结起来有以下几种情况可能会启动评估程序：（1）实施满×年；（2）人大代表、政协委员或社会各界反映强烈；（3）拟上升为地方性法规的；（4）拟废止或做出重大修改的；（5）上位法发生了变化；（6）调整的对象发生了变化，现规定是否适应社会经济发展尚不明确；（7）行政诉讼、行政复议反映较多问题的；（8）立法机关认为应当评估的。除此之外，合肥市并没有规定符合什么条件就应当启动评估程序，而是将评估作为一种长效机制，每年都应当选择一到两部具有重大影响的规章进行评估。基于法的稳定性的考虑，对于地方性法规、地方政府规章的评估不能太过频繁，因此评估的启动条件应当比较严格。上述启动条件可以总结为三类：时间条件；变化条件；问题条件。在时间上，实施了一段时间就需要对法规规章进行评估；在变化上，无论是上位法发生变化，调整对象发生变化，还是立法的外部环境发生变化，都有可能成为立法评估的启动条件；在问题上，即法规规章出现明显问题，引发各界的重大关注，此时也应当纳入评估程序。

（三）评估方法

立法评估方法是指评估主体在评估过程中选择的方式，包括评估工具的选择，运用以及切入的视角等。科学的评估方法是评估工作科学化、系统化、规范化的重要保证。因此，要根据评估目的、评估标准以及评估范围，科学选择适当的评估方法，保证评估信息的真实性，提高评估质量。从表5—2来看，目前我国较大的市采用的评估方法包括：问卷调查、专题调研、座谈会、实地考察、征求意见、专家论证等。但上述方法也存在各自的问题：对于问卷来说，问卷是选择特定的样本展开调查，真实程度比较高，能够客观地反映基本情况，但问卷的工作量大，时间成本消耗较大。对于座谈会，被邀请的座谈人员可能会顾及评估主体的身份，在反映问题时无法畅所欲言，而且评估主体在选择被邀请的人员时已经经过筛选，可能难以保证客观性。对于通过网络征求意见来说，可能会有大量的意见表达，如何才能从大量无效意见中甄别出有效信息则成为问题的关键。对于实地考察，不仅要浪费大量时间和精力，而且如何保障实地考察的质量也是难题，一些执法部门一旦出现上级考察等问题，就会表现出另外一种状态，难以真正发现问题。

三　较大的市立法评估的完善

（一）优化评估主体模式

前文已述，无论是选择立法主体进行评估还是中立机构进行评估都存在一定的问题。而且，对于较大的市来说，评估工作刚刚处于起步阶段，全国49个较大的市仅有十几个城市有评估实践。对于立法评估而言，经验尚不足，对于评估过程中的各种问题难以把握，如对于评估过程中的信息如何公开，公开到什么程度的问题如何处理？因此，应当建立完善的评估主体模式。

首先，由立法机关或者实施机关进行的评估，应当强化评估过程的公开和透明。评估透明化既包括评估前的理由公开，也包括评估过程公开，还包括评估结果公开。对于评估前的理由而言，基于什么理由选择某一部法规规章进行评估需要向社会公开；对于评估过程，座谈会参与人员的选择、调查问卷的内容等应当受到社会公众的监督，由社会公众判断是否客观；对于评估的结果，除涉及国家秘密、商业秘密、个人隐私等不能公开的情况之外，都应当让公众知晓。

其次，由中立机构进行评估，则应当重视加强与立法机关与实施机关的沟通与分工。若对法规规章评估的全部任务由中立机构承担，则立法机关与实施机关应当尽量给予便利，尽可能全面地提供评估所需要的素材和内容；若对于需要提供的内容确实存在无法让中立机构知晓的情形，则可以进行工作分工，由中立机构完成整个评估工作的一部分，余下敏感或者需要保守秘密的部分由立法机关以及实施机关完成。

最后，无论选择哪种评估主体模式，都应当加强评估主体的专业素质。对于省级立法的评估而言，其主体理论水平较高，实践经验丰富。但是对于较大的市人大常委会以及政府法制办而言，其理论水平和立法实践经验要略逊一筹。而且，由于立法评估是近几年来新兴起的学术领域，能够承担评估任务的中立机构并不多。因此，需要充分调动起各个评估主体的积极性，充分发挥各自优势，使各评估主体之间实现功能性和结构性互补。

（二）规范评估启动条件

为了保障每部法规规章能够充分地发挥作用，提高立法质量，在其实施一段时间后，都应当对其进行评估，及时发现其中的问题。但是若全部进行评估，则庞大的数量会降低评估的质量，因此在启动评估之前，应当严格筛选。除前文归纳的启动评估的三类原因（时间条件、变化条件、问题条件）之外，还需要考虑以下因素。

首先，在评估之前要确认评估的时机是否成熟。有些法规规章在制定之后不到一年的时间里，马上出现了由于社会环境发生了巨大的变化，原有的规定已经无法指导实践。我国《劳动合同法》在颁布之初就刚好遭遇了全球经济危机，导致各项规定无法真正地落实。若相似的问题出现在较大的市制定的地方性法规与规章身上，是进行评估还是观望？固然法规规章调整的对象以及社会环境突发了变化，但任何外部环境发生变化就进入评估程序是否真的合适？笔者认为，在确认评估时机是否成熟时，应当综合考虑上述三个启动评估的原因，而不是出现其中一个问题就开始评估。

其次，在评估之前要确认评估的条件是否具备。对立法评估需要消耗人力、物力、财力。在评估之前，要确保有足够的专业素质高、能力强的工作人员，能够完成评估的工作；要保证有足够的资金能够支撑评估工作的进行和完成；确认社会各界对于评估工作能够予以理解和支持，积极配合评估工作的进行。若上述条件尚不具备，则可能需要暂缓启动立法评估。

最后，规范立法后评估的启动时间。在实践中，各较大的市对于启动的时间有不同的规定，但至少是 1 年，如果启动的时间过短，较大的市地方性法规和规章的效果并没有完全显现，马上进行评估，不利于达到评估目的和效果。另外，若启动时间较长，则可能无法将问题扼杀在摇篮，只有等到出现了较大的社会矛盾才开始评估。因此，对于立法评估的启动时间应当在评估规定中明确说明。

（三）科学选择评估方法

调查问卷、座谈、专家论证、实地考察、征询意见等诸多的评估方法各有利弊，任何一种评估方法都不是单独运用的，必须辅之以其他的评估方法与手段，只有综合运用，才能发挥最大的作用和功效，完成立法评估工作。

首先，根据评估对象的特征选择方法。因上述各种方法各有所长，调查问卷适合直接选定样本开展调查，真实程度比较高。实地考察和专题调研针对法规规章中的重大问题进行重点评估，具有极强的针对性，多在评估的后期使用。座谈会比较简单、成本低廉，能够迅速地抓住问题的关键。在具体的评估实践中，应当根据以上各种评估方法的具体特征，选择适合的评估方法。

其次，在利用传统评估方法的同时，重视新平台与方法的引入。上述方法都是各个较大的市评估办法中规定的，在以往的评估实践中经常采用的方式，经过了长时间的检验，非常有效。但随着时代的发展，新技术和新平台的出现，如网络和统计调查软件等，给评估方法注入了新的元素。通过统计或调查软件可以大大减少成本，节约调研的时间，只需在网络上发起调研通知，由网民自行填写调查报告，通过科学的设置问题，可以排除无效信息和留言。通过新技术和新平台可以在某种程度上弥补原有传统方式的不足。

最后，通过不同评估方法得出的结论需要相互印证、相互检验。当评估者选择多种调查方法，如调查问卷、座谈会、实地考察时，很可能会出现不同的结论，根据问卷，法规实施的效果是某种情况，但根据座谈会和实地考察却是另一番光景。此时便要分析实施过程中的问题，是否在某程序和步骤出现了瑕疵？通过协调和调整方法最终得出的结论要能够相互印证和检验。

第 六 章

较大的市立法展望

第一节 较大的市立法发展趋势预测

一 影响城市立法发展趋势的因素

（一）城市化的发展水平

何谓城市化？城市化是在农村农产品和劳动力剩余的前提下，农村人口不断转变为城市人口，由此使得城市人口规模以及比重不断增加的过程。城市化存在两种方式，一种是农村人口涌入城市，这种被称为迁移城市化；另外一种是农村地区转变为城市使得原有的农村人口变为城市人口，这种城市化叫就地城市化。① 城市化的进程中，涉及人口、土地、住房、户籍、医疗、教育以及社会保障等诸多方面的内容，是问题的多发区。被媒体曝光的热点性事件，很多都和上述问题息息相关，要么就是房屋拆迁、土地征收引起的群体性事件，要么就是在城市管理过程中城管暴力执法产生的流血冲突。

具体而言，城市化进程对城市立法的影响包括以下几个方面：（1）城市化是城市立法产生的根基。前文已述，在较大的市立法中，城市管理和城市建设方面的立法占绝大多数。② 这是因为城市在发展过程中产生的种种问题需要城市立法加以解决，而这些问题存在特殊性，无法通过中央立法以及省级立法进行处理。因而可以说，城市化进行是城市立法产生的

---

① 王贵新：《城市化基本理论与中国城市化的问题及对策》，《人口研究》2013 年第 11 期。
② 据笔者统计，截至 2014 年 11 月，城市建设和城市管理方面的地方性法规在各个较大的市所占比重非常高，最高的是徐州市，占 53.3%，最低的是大同市 23.4%，其余基本维持在 30% 以上。

前提和基础。（2）城市化的进程不断拓展城市立法的范围。城市化的进程既是不断出现问题的过程，同时也是不断解决和处理问题的过程。在此过程中，城市立法所涉及的领域不断拓展：从原有的供热、供水等完善基础设施领域的立法拓展到管理暂住人口、管理城市养犬等城市秩序领域立法；从市场条例、价格制定条例等保障经济领域的立法到保护妇女、儿童、残疾人等保障民生方面的立法；从保障企业生产等物质文明领域的立法到保护文物等精神文明领域的立法。随着城市化进程的进一步发展，城市户籍管理、环境卫生、市容市貌、城市医疗保障以及社会保障等各个方面的立法都逐步出台。（3）城市化的进程不断深化城市立法的深度。城市化进程不仅扩宽了立法的领域，而且在原有领域内的立法质量也在不断提高。在立法之初，宜粗不宜细，很多条款要么是抄袭上位法，要么就是原则性的规定，随着城市化的发展，原有的规定无法适应经济和社会的规律，因此，需要立法者不断地完善和细化地方性法规和地方政府规章，在这个过程中，较大的市地方性法规和地方政府规章的立法水准不断提高，立法质量不断增强。

（二）经济的发展水平

经济对立法的影响不言而喻，法律法规属于上层建筑的一部分，经济基础决定着上层建筑。在奴隶制时期，口耳相传之简单律令便能完成管理；而时至封建王朝，则需要成文刑律辅之以道德律令方能治理；而自人类进入资本主义以后，经济发展的同时也带来了法制以及相关理论的大发展，不得不依靠庞杂的法律体系完成社会管理。经济对于法制的影响对我国也不例外，改革开放后经济高速发展的 30 多年同时也是法制突飞猛进的 30 多年。而纵观全球，未曾见有国家经济高速发展、法制建设止步不前的情况。

对于较大的市而言，经济对城市立法的影响主要包括以下几个方面：（1）经济发展的速度快慢影响法规制定的时间。我国不同地域较大的市经济发展速度和规模不同，较发达地区的城市可能会比欠发达地区提前遇到一些城市发展中的问题，因而，较发达的城市会比欠发达城市提前制定某项法规。如 1998 年厦门就制定了物业管理方面的地方性法规，而相似的法规，包头市则在 2007 年才出台，这一方面是因为包头在 2000 年后才拥有立法权，另一方面极有可能是时至 2007 年，物业管理在包头才成为必须立法解决的问题。（2）经济发展水平可能会影响立法质量的高低。经济发达的较大的市会吸引更多的法制人才，同时，一些城市还有在国内享有盛誉的法学高等院校，城市在立法过程中与这些高校合作，其立法质量相比经济发展水平差的城市要高很多。（3）经济发展结构影响城市立法的内容。就目前较大的市立法的内容来看，在城市建设和城市管理方面的立法事项基本相似，都是围绕着城市基本功能而制定的地方性法规，但是经济类立法就大不相同，如大同与青岛，大同的经济类立法围绕煤炭，内容比较单一，而青岛发展的经济领域比较广，在知识产权、海洋渔业、民营科技等诸多方面制定有地方性法规。

（三）国家整体大环境

这里所谓的国家整体大环境，是指中国所处时代的任务、需求以及经济社会发展等一切状况的总和。若中国此时所处的环境要求中央集中力量办大事，则中央不会赋予地方过多的权限，更不可能让地方拥有立法权。若中国此时需要激发地方的活力和积极性，则需要进行权力下放，这当然包括了立法权的下放。较大的市拥有立法权并非中华人民共和国成立初始便有，也没有在任何一部宪法及修正案中有所体现，而是中央深思熟虑后的试点性尝试。

具体而言，"外部环境"对较大的市立法权的影响主要表现在以下两个方面：（1）中国所处时代的大环境决定着较大的市是否拥有立法权。在中华人民共和国成立初期，中国首要的目标是加速实现工业、农业、国防、科技四个现代化，但是中国当时刚刚经历过战乱，尚处于恢复期，一穷二白，要实现上述目标，则需要集中全国优势资源。这种集权的模式下，地方必须服从中央的调度和安排，在行动和计划上缺乏自主性，更不可能拥有立法权。当基础工业建设基本完成，国家的主要任务转变为发展经济时，中央开始着手刺激地方积极性，激发地方活力。因而采取了多项措施下放各种权力，此时较大的市才拥有了立法权。可以设想，若国家经历一场大变故，需要集中全国之力完成某事，此时可能会废止或者悬置较大的市立法权以实现全国的协调统一。（2）中国所处时代的大环境决定了较大的市拥有的立法权限范围。《地方组织法》第一次修订时，将较大的市与立法权相关联，但是此时较大的市拥有的是立法"拟制权"，即提出立法建议由省级人大常委会立法。这种立法形式对较大的市仍然是一种束缚，因此第二次修订时，《地方组织法》修改成了立法权。同时，为了完成中央要求的改革试点任务，中央还通过授权立法等形式，赋予了经济特区超越其行政级别的立法权限。这一切政治尝试都是为了满足和实现当时的时代任务和需求，因此，较大的市立法权限也是由时代背景所决定。

二 全国城市化进程数据分析

笔者欲从全国城市化进程的一些数据入手，分析城市化进程已经是不可抵挡的趋势，从我国发展的趋势来看，今后城市化率还将进一步提升。而在过去较大的市立法中都与评价城市化的各项指标（人口、市政设施、公共交通、市容市貌、环境卫生）息息相关。

（一）全国城镇人口

从表6—1和图6—1、图6—2可知，我国人口密度在2012年后趋于稳定，但是城镇人口的比重逐年增加，这也为城镇管理增加了难度。大量人口涌入城市或者大量农村、城镇变成城市要解决的问题不是更换身份证、户籍卡，而是需要创造更多的工作机会。只有在城市化过程中不断地实现经济增长，才能创造出更多的工作岗位，才能解决剩余人口的工作问题，否则就可能出现贫民窟和犯罪街区。同时，在注重经济因素的同时，一定范围内的城市人口密度增加带来的诸多问题，也需要立法加以调控。

表6—1   **全国人口密度**

年份	1978	1979	1980	1981	1982	1983	1984	1985	1986	1987	1988	1989
人口密度（人/平方公里）	100	102	103	104	106	107	109	110	112	114	116	117
年份	1990	1991	1992	1993	1994	1995	1996	1997	1998	1999	2000	2001
人口密度（人/平方公里）	119	121	122	123	125	126	127	129	130	131	132	133
年份	2002	2003	2004	2005	2006	2007	2008	2009	2010	2011	2012	
人口密度（人/平方公里）	134	135	135	136	137	138	138	139	140	140	141	

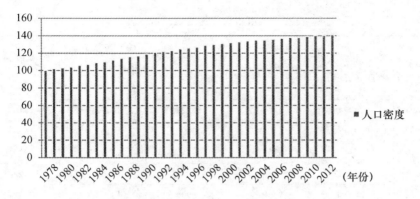

图6—1　全国人口密度（人/平方公里）

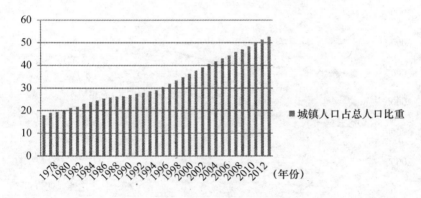

图6—2　城镇人口占总人口比重（％）

（二）城市市政设施

从表6—2和图6—3来看，城市道路、桥梁、排水、排污、照明等一直处于增长状态，但是需要指出的是，除了较大的市可以制定相关的地方性法规（如唐山市制定了《唐山市市政工程设施管理条例》），大部分城市在完成这些的过程中基本处于无法可依的状态。那么在施工过程中所涉及的拆迁、补偿、工程用材采购等诸多方面就会存在阴影，就会被地方政府用来寻租。全国各地出现的贪腐很多是与工程相联系的，有工程就有贪污，而在今后城市化进程中仍然需要大量的市政设施，那么仅依靠事后监督和反腐的方式显然无法阻止权力寻租，必须结合事前立法，通过地方性法规的形式杜绝工程建设过程中的寻租现象。

表6—2　　　　　　　　　　　　城市市政设施建设情况

年份	年末实有道路长度（万米）	城市桥梁（座）	城市排水管道长度（万米）	城市污水日处理能力（万立方米）	城市道路照明灯（千盏）
2008	25974	49840	31522	11172.5	15104
2009	26914.1	51068	34389.2	12183.9	16943
2010	29444.3	52548	36955.3	13392.9	17739.9
2011	30889.7	53386	41407.4	13304.1	19492.1
2012	32708.1	57601	43908	13692.9	20622.2

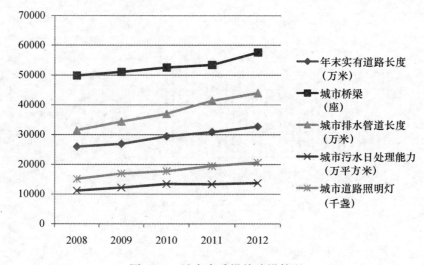

图6—3　城市市政设施建设情况

（三）城市公共交通

从表6—3、图6—4可知，我国城市公共交通发展迅猛，运营线路网呈几何倍数增长，公共交通客运量总体上升，而且出租车运营量远超公共汽车。上述城市交通的繁荣背后隐藏着巨大的危机，因城市居民收入增加，越来越多的城市居民拥有私家车，此时政府为了保障交通顺畅，要么拓宽道路，要么进行限购或限行。而政府在进行第二方案时，往往依照行政命令而非地方性法规，甚至有些拥有立法权的较大的市依然使用红头文件的形式达到限行的目的。更有甚者，地方政府执政者刚刚辟谣限行之事，又马上下达命令推行限行，这种行政行为是对法治的践踏。城市交通与居民的生活息息相关，政府的任何举动都会造成巨大的影响。因此，从城市交通来看，需要城市人大拥有立法权限制政府恣意命令。

表6—3　　　　　　　　　　城市公共交通情况

年份	公共交通运营数（辆）	运营线路网长度（公里）	公共交通客运总量（十万人次）	出租汽车（辆）
2008	371822	147349	702999.6	968811
2009	370640	209249	676758.9	971579
2010	383161	490283	686749.7	986190
2011	412590	521253	743918.5	1002306
2012	432021	551794	788791.4	1026678

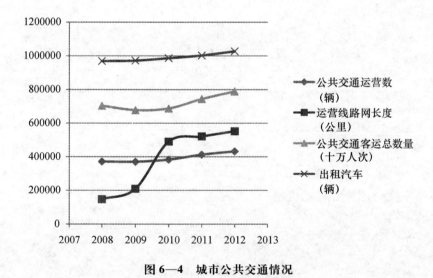

图6—4　城市公共交通情况

（四）城市供水供气供热

从表6—4和图6—5可知，我国城市燃气、用水的普及率接近100％，城市生活用水、家庭用天然气、集中供热面积逐年增加。但是城市对于供水、供热、供暖的收费以及质量标准并不是国家层面或者省内可以决定的。如有的省整体比较干旱，但不免有一两个城市因有江河流入，水资源比较丰富，则不能以统一的价格和质量要求供水。对于城市的供热、供水以及供暖的问题必须由城市来规定，而且，地方政府在发布供水供热供暖的红头文件时，存在创收的可能空间，因此，最好能利用地方立法程序平衡政府和民众之间的利益，既能监督地方政府，又能够实现供暖供热供水有法可依。

表6—4　　　　　　　　　　　城市供水供气供热情况

年份	城市生活用水（亿立方米）	城市用水普及率（%）	家庭用天然气（亿立方米）	燃气普及率（%）	集中供热面积（亿平方米）
1990	100.1	48.0	11.6	19.1	2.1
1995	158.1	58.7	16.4	34.3	6.5
2000	200.0	63.9	24.8	45.4	11.1
2007	226.4	93.8	66.2	87.4	30.1
2008	228.2	94.7	78.0	89.6	34.9
2009	233.4	96.1	91.3	91.4	38.0
2010	238.8	96.7	117.2	92.0	43.6
2011	247.7	97.0	130.1	92.4	47.4
2012	257.2	97.2	155.8	93.2	51.8

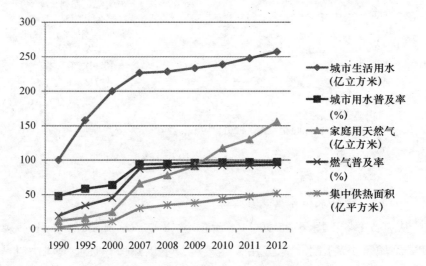

图6—5　城市供水供气供热情况

（五）市容市貌及环境卫生

由表6—5和图6—6可知，城市绿地面积、人均公园绿地面积以及城市垃圾正在逐年上升。为了维护城市的市容市貌以及环境卫生，不少城市制定规范性文件，规定随地吐痰或乱扔杂物要罚款。但是此处罚款依据在哪里？由于大部分地级市不拥有立法权，省级立法又不会对城市中的吐痰或乱扔杂物进行规制和处理，因此城市处罚权的合法性就成为问题。对此，需要赋予城市立法权，能够对一些破坏城市环境卫生的不文明行为进行处罚。

表6—5　　　　　　　　　市容市貌及环境卫生

年份	城市绿地面积（万公顷）	人均公园绿地面积（万平方米）	生活垃圾清运量（百万吨）	粪便清运量（百万吨）
1990	47.5	1.8	67.67	23.85
1995	67.8	2.5	106.71	30.66
2000	86.5	3.7	118.19	28.29
2007	170.9	9.0	152.15	25.06
2008	174.7	9.7	154.38	23.31
2009	199.3	10.7	157.34	21.41
2010	213.4	11.2	158.05	19.51
2011	224.3	11.8	163.95	19.63
2012	236.8	12.3	170.81	18.12

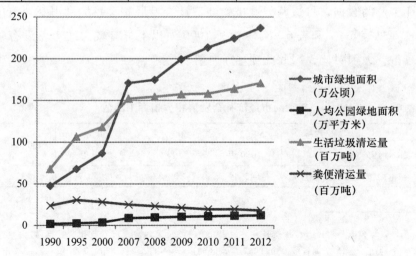

图6—6　市容市貌及环境卫生

三 较大的市与其他地级市数据对比

(一) 人口数量

人口数量可以衡量城市经济的发展水平，一般而言，越是经济发达的城市，人口规模也就越大。因此，笔者从城市常住人口数量分析较大的市与其他地级市之间的差别，从而进行对比。笔者参照《国家新型城镇化规划 (2014—2020)》关于城市人口规模等级的划分，将较大的市和其他地级市分为 1000 万以上、500 万—1000 万、300 万—500 万、100 万—300 万和 100 万以下等五个等级，分别统计各等级城市数量。表 6—6 为较大的市与其他地级市城镇常住人口规模等级分布情况。①

表 6—6　　　较大的市与其他地级市城镇常住人口规模等级分布情况

	1000 万以上	500 万—1000 万	300 万—500 万	100 万—300 万	100 万以下	总计
较大的市	4	14	13	17	1	49
其他地级市	0	4	15	152	66	237

(二) 经济社会发展的主要指标平均值

为比较较大的市与其他地级市经济社会发展情况，笔者根据 2013 年统计年鉴的数据，将这两类城市的经济社会发展相关指标做出平均值进行比较 (见表 6—7 和表 6—8)。由于 1000 万以上只有较大的市，没有其他地级市，无须对比，因此此项不予计算。

表 6—7　　　　　　较大的市经济社会发展相关指标平均值

指标均值　　　人口规模	500 万—1000 万	300 万—500 万	100 万—300 万	100 万以下
年末城镇人口 (万人)	643.49	406.33	195.37	22.21

① 以下数据是根据《中国统计年鉴 (2013)》以及第六次人口普查相关数据做出，全国共有 271 个地级市，15 个副省级城市，282 个设区的市。中山市、东莞市、三沙市、嘉峪关市 4 个地级市不设区，所以较大的市与其他地级市数量之和比设区的市多 4 个。

续表

人口规模 指标均值	500万— 1000万	300万— 500万	100万— 300万	100万以下
年末城镇人口比重（%）	71.79	63.14	69.75	44.07
GDP（亿元）	6863.70	3802.94	1700.78	260.04
人均GDP（万元）	7.71	5.73	5.99	5.16
地方财政一般预算收入（亿元）	687.16	323.44	137.57	34.36
城镇居民人均可支配收入（元）	30029.57	25717.74	23406.94	19545.00

表6—8　　　　　　　其他地级市经济社会发展相关指标平均值

人口规模 指标均值	500万— 1000万	300万— 500万	100万— 300万	100万以下
年末城镇人口（万人）	633.91	373.02	181.54	69.98
年末城镇人口比重（%）	77.66	48.80	46.18	48.58
GDP（亿元）	4998.77	3059.61	1340.23	530.46
人均GDP（万元）	6.21	4.18	3.58	4.11
地方财政一般预算收入（亿元）	330.88	229.95	94.35	41.13
城镇居民人均可支配收入（元）	36156.68	25150.94	21175.69	19999.48

（三）各项指标的对比分析[①]

1. 城镇人口规模比较

对于城镇常住人口数量来说，较大的市城镇常住人口规模超过百万的有48个，占98%，其他地级市城镇常住人口规模超过百万的有171个，占73%。笔者排除4个人口超过1000万的城市（广州、深圳、成都、哈尔滨），因为其他地级市没有如此规模，而且这4个城市本身属于副省级城市，因此与其他地级市不具备可比性。在500万—1000万城市等级中，其他地级市城镇常住人口平均规模比较大的市中的地级市低1.4%。在300万—500万城市等级，低8.8%。在100万—300万城市等级，高7.1%。在100万以下城市等级，其他地级市平均规模高于较大的市中的地级市3倍多（见图6—7）。

---

① 以下数据来自《中国统计年鉴（2013）》、国家统计局网站公布的数据，但笔者进行了些许处理。

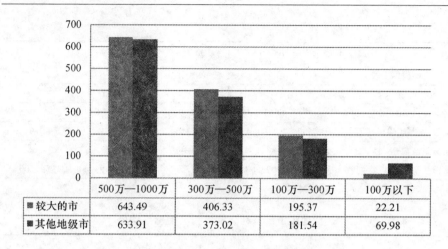

	500万—1000万	300万—500万	100万—300万	100万以下
较大的市	643.49	406.33	195.37	22.21
其他地级市	633.91	373.02	181.54	69.98

图6—7 较大的市与其他地级市城镇人口规模对比（万人）

2. 城镇人口比重比较

对于城镇人口比重来说，较大的市与其他地级市的差距不是很大，甚至在 500 万—1000 万以及 100 万人口以下两个级别上，其他地级市城镇人口比重超过了较大的市城镇人口比重（见图6—8）。

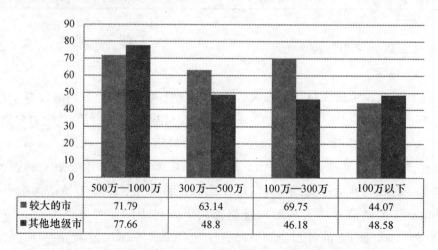

	500万—1000万	300万—500万	100万—300万	100万以下
较大的市	71.79	63.14	69.75	44.07
其他地级市	77.66	48.8	46.18	48.58

图6—8 较大的市与其他地级市城镇人口比重对比（%）

3. GDP 规模比较

对于 GDP 规模来说，较大的市大多超过了其他地级市，这一方面是因为较大的市要么是一省的省会城市，要么是在全国经济排名靠前地级市，一般的地级市的 GDP 要明显地弱于较大的市。但是，也需要注意的是，两者相差并不是很大，在可接受的范围之内：在 500 万—1000万人口范围内，较大的市的 GDP 比其他地级市高约 1800 亿元；在 300万—500 万人口范围内，较大的市的 GDP 比其他地级市高约 800 亿元；在 100 万—300 万人口范围内，较大的市的 GDP 比其他地级市仅高约 360亿元；在 100 万人口以下，较大的市的 GDP 反而低于同人口级别的其他地级市。

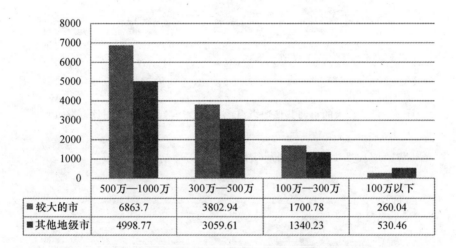

	500万—1000万	300万—500万	100万—300万	100万以下
■ 较大的市	6863.7	3802.94	1700.78	260.04
■ 其他地级市	4998.77	3059.61	1340.23	530.46

图 6—9　较大的市与其他地级市 GDP 对比图（亿元）

4. 人均 GDP 比较

	500万—1000万	300万—500万	100万—300万	100万以下
■ 较大的市	7.71	5.73	5.99	5.16
■ 其他地级市	6.21	4.18	3.58	4.11

图 6—10　较大的市与其他地级市人均 GDP 对比（万元）

5. 地方财政一般预算收入比较

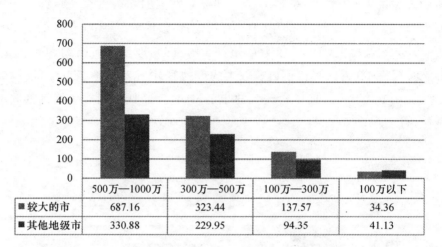

	500万—1000万	300万—500万	100万—300万	100万以下
■ 较大的市	687.16	323.44	137.57	34.36
■ 其他地级市	330.88	229.95	94.35	41.13

图6—11 较大的市与其他地级市地方财政一般预算收入对比（亿元）

6. 城镇居民人均可支配收入比较

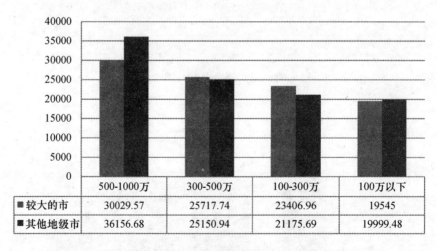

	500-1000万	300-500万	100-300万	100万以下
■ 较大的市	30029.57	25717.74	23406.96	19545
■ 其他地级市	36156.68	25150.94	21175.69	19999.48

图6—12 较大的市与其他地级市城镇人均可支配收入对比（元）

从上述比较可以看出，在相同人口等级的较大的市与其他地级市的比较中，较大的市占据优势，但也有一些其他地级市表现较好，可以说，两者的差异仅是在量上，并没有升级为质的差异，总体而言，两类城市依然发展在同一层次上。

四　权力下放的政治决策

我国近两年以来的政治实践表明，我国正在经历新一轮的权力下放过程。

首先，中央正在简政放权。2013 年初，国务院进行机构改革，压缩了国务院部委的数量和规模，对职能和功能相同或类似的部委进行合并。同年，国务院取消或下放了 461 项行政审批项目，积极推动工商登记改革，大幅度减少行政审批事项，取消和免征行政事业性收费 348 项。[①] 2014 年 3 月 17 日，国务院中编办公布了国务院各部门行政审批清单，在清单中详细地写明了审批的具体情况，如项目编码、审批对象、设定依据等。

其次，政府列出权力清单。公布权力清单是简政放权的基础，在清单之外，法无明文规定不可为，成为制约和限制政府的利器。十八届三中全会关于《全面深化改革若干重大问题的决定》提出："推行地方各级政府及工作部门权力清单制度，依法公开权力运行流程。"本届政府在党中央的领导下，积极响应党中央的号召，一些如安全部、保密局等部委首次公开了自己的"权力清单"。除了中央之外，各个地方政府也在积极地配合中央，出台权力清单目录。[②]

最后，中央在地方开设自贸区。2013 年 8 月，开辟上海自贸区，2014 年 12 月划定天津、广东、福建自贸区范围。中央此举正如当年划定计划单列市、较大的市、经济特区一样，都是权力下放的举动，只是在此过程中权力下放所担负的任务不同，当年计划单列市是为了尝试税收改革，较大的市是为立法改革做试验田，经济特区是为改革开放做试验田。此次开设自贸区的目的是寻找新一轮的经济增长点。

总之，无论是上海自贸区的建立，取消部分行政审批，列出权力清单

---

① 李克强：《2014 年政府工作报告》，中央人民政府门户网站，http://www.gov.cn/zhuan-ti/2014 - 03/05/content_2634364. htm，最后访问 2015 年 1 月 1 日。

② 如山东省出台权力清单目录，纳入权力事项 4227 项，其中省级直接行使的 2876 项，省市县共有由市县属地管理的 1351 项。涵盖行政审批、行政处罚等 10 大类行政权力。参见王彬《山东省级权力清单目录出炉》，《济南日报》2014 年 12 月 19 日第 A01 版。

都在说明我国目前的大形势和大背景是权力下放，简政放权。中共中央十八届三中全会所提的"逐步扩大拥有立法权的较大的市"正是在此大背景下产生的。

五　较大的市立法趋势预测

上述分别分析了全国城市化进程的发展、较大的市与其他地级市社会经济发展对比、中央权力下放的政治实践三个方面。得出以下结论：首先，全国城市化进程不可逆转，而城市化进程中产生的各种严重问题需要城市立法加以解决；其次，我国较大的市的各方面发展基本都领先于其他地级市，但两者发展基本在同一水平和层次，并没有质的差异；最后，从整个国家大环境来讲，中央正在尝试新一轮的权力下放实践。

从上述三个结论，笔者对较大的市立法发展趋势做出以下预测：未来将会从较大的市立法逐步发展为城市立法。

第二节　较大的市立法到城市立法

一　拥有立法权城市数量增加引发的争议

我国《立法法》草案中欲将拥有立法权的城市从原有的 49 个增加到 282 个所有设区的市，该项修改一方面是为了回应社会经济发展的需求，另一方面，也是在落实中共十八届三中全会的精神。但是，对于拥有立法权城市的扩容方式，一些学者提出了质疑，① 总结起来，观点大致如下。

（一）破坏法制统一

我国是统一的单一制国家，国家的统一有赖于法制的统一，中国历史上的地方独立和分裂首先表现出的就是财政和政令的独立与分裂，因此，维护社会主义法制统一就是维护国家的统一。我国《宪法》第 5 条第 2 款规定："国家维护社会主义法制的统一和尊严，一切法律、行政法规和地方性法规都不得同宪法相抵触。"为此，地方立法批准和审查的首要要

---

① 如秦前红老师和郑毅老师对较大市扩容的方式提出一些质疑。参见秦前红《地方立法权主体扩容利弊》，财新网，http：//opinion. caixin. com/2014 - 12 - 29/100768890. html，最后访问 2015 年 1 月 2 日；郑毅《较大的市扩充模式值得商榷》，《检察日报》2014 年 10 月 13 日第 6 版。

求便是合法合宪性原则，一旦出现与宪法及上位法相抵触的情形，则不会被批准，亦可能被要求修改或废止。

由于我国地域辽阔、各地发展很不均衡，各个地方面对的重点难点问题又各不相同，因此，我国立法体制从二级立法逐步走向三级立法，除了国家层面和省级层面的立法之外，还存在较大的市立法。但是对于使全部设区的市拥有立法权则会出现重大隐患。

首先，较大的市地方性法规易出现与上位法相抵触的规定。立法是一门精细的技术，越是下位法其要考虑的因素也就越多，除了要具备地方特色、解决地方具体问题之外，还要处理与上位法的关系。对于法律而言，其上位法是宪法，因此，法律只要不和宪法相抵触即可；对于行政法规，其上位法有宪法、法律，对于行政法规而言，只要不与宪法、法律相抵触即可；对于省级地方性法规而言，只要不与宪法、法律、行政法规相抵触；但是作为较大的市立法，除了宪法、法律、行政法规之外，还不得与本省的地方性法规相抵触。随着立法主体地位的降低，立法过程中的制约因素也越来越多。很多情况下上位法之间本身就存在相互冲突的可能，较大的市依据行政法规而制定的法规可能与省级地方性法规相冲突；较大的市依据省级法规制定的地方性法规可能与法律相抵触。由于上位法的数量和层级的增多，出现与上位法相抵触的概率也就越来越大。

其次，地方性法规易出现与上位法"被抵触"现象。前文已述，所谓的"被抵触"是指在地方性法规制定之初，是符合上位法的规定及基本精神的，但是由于上位法的修改或者变动，导致下位法被迫与上位法相抵触。这种"被抵触"有两种情况：其一，直接相关的上位法发生变动，下位法未做修改或废止导致的"被抵触"（参见第三章被抵触相关内容）。其二，直接上位法未发生变动，相关的上位法发生变化，导致地方性法规与上位法"被抵触"。这种情况下，由于并不是地方性法规的直接上位法，地方人大常委会一般不会予以关注，则会出现下位法的某些条款与相关上位法相抵触。假设上位法《未成年人保护法》发生了变化，其中规定了未成年人在校期间的安全责任等，而某市并没有规定未成年人保护条例，因而不关注该上位法的最新修改情况，也就没有发现其制定的《××市义务教育条例》与《未成年人保护法》相抵触。从本书第五章较大的市立法评估可知，我国 49 个较大的市进行或开展立法评估的城市仅十几个，绝大多数较大的市并没有评估的意识和实践，以至于不能及时更改过时的地方性法规。立法权主体扩充至全部设区的市，以现有城市的立法理论水准和经验来看，很难重视立法后评估和法规清理工作，因而增大了"被抵触"出现的概率。

最后，城市立法储备力量不足极易破坏法制统一。城市在创制地方性法规之前，需要有足够的人力、物力、财力，尤其是法制人才的储备尤为关键。前文已述，由于立法主体的地位越低，立法掣肘也就越多，这就要求城市立法者对我国庞杂的法律体系有着深刻的了解，而且还需要有高超的立法技术和能力在解决地方问题的同时维护法制统一。正是因为立法难度大，因而较大的市立法速度较低，每年平均 1—3 部。① 轰动一时的河南"种子案"就是地方性法规与上位法相抵触的现实案例。作为省级人大常委会尚可能出错，那么立法经验、法制人才储备、工作能力等各个方面上都略逊省级人大常委会一筹的城市人大常委会更无法保证不与上位法相抵触。

（二）立法质量难以保证

若较大的市立法权扩容至所有设区的市，则无法保障城市地方性法规的立法质量，原因有三个。

首先，大多数设区的市人大常委会不具备高素质的立法人才。目前拥有立法权的较大的市有三类：省级政府所在地的市、经济特区所在地的市、国务院批准的较大的市。这些城市经济文化比较发达，法制人才储备比较充裕，更有些城市所在地就有国内数一数二的法学高校。如厦门市的厦门大学法学院，济南市的山东大学法学院，这些法学类高等院校每年承担了很多较大的市立法咨询和论证以及评估任务，对较大的市立法质量的提高做出了巨大的贡献。但是反观其他设区的市，人大常委会的组织松散，成为政府领导和党委干部的养老和退休场所，根本无法承担立法的责任。不仅如此，这些设区的市大部分没有专司立法的工作机构，而且常委会组成人员中，法制人才储备凋零，熟悉立法理论与实践的人才几乎为零。在此情况下，所有设区的市拥有立法权如何才能保证立法质量？其

---

① 参见第三章第二节中对较大的市立法速度的分析。

结果极有可能要么是对上位法的抄袭，要么是对其他城市立法的简单拼凑。

其次，立法权主体数量的扩张加重了省级人大常委会的工作负担，降低了工作的质量。较大的市创制的地方性法规需要省级人大常委会批准之后方有效，才能够实施。原有较大的市一省之内基本都是1—2个（辽宁有5个），每年创制1—3部地方性法规交由省级人大常委会审议批准。若将立法权扩张至所有设区的市，省级人大常委会工作量可能会陡增6—10倍（一个省平均有12个设区的市），除了审批城市立法之外，省级人大常委会还有自己的立法任务，以及其他事务性工作，如监督省级人民政府、组织召开省级人大会议等。在如此大强度的工作量下，很难期望人大常委会能够对城市的立法者做出实质性的指导，更不可能使人大常委会还保持原有的工作质量。

最后，大多数设区的市法治思维尚未养成。[①] 其需要长时间法治实践的积累和内化，需要长时间的积淀，否则赋予其他设区的市立法权不仅无法起到治理模式转变的作用，反而使法治成为地方政府镇压民众的工具和利器。由于我国大部分设区的市并没有立法经验，很难用法治思维指导立法，缺乏法治思维指导的立法，其质量很难保证。立法过程中依照领导的意见控制法规的制定程序，压缩开门立法和民主立法的空间，选择性地忽略部分的利益诉求就是缺乏法治思维的重要表现。如地方制定供水供热条例展开听证时，只邀请同意高收费标准的群体参加听证会，阻挡那些反对者。这种情况下，地方政府仅仅将原有的不合法、不合理的红头文件摇身一变，穿上了合法性的外套，纳入了我国法制体系，此时，民众对地方规范性文件的不满就会牵连至整个法律体系，而不仅仅是地方政府。

（三）助长地方保护主义

让所有设区的市拥有立法权，虽然能够在某种程度上促进地方积极性，但同时也有可能使地方保护主义抬头。之前城市未曾拥有立法权之

---

① 法治思维是一种国家治理的理念、视角和思路，重视运用法律手段来化解社会矛盾，使法治成为一种普遍的行为模式，参见蒋传光《法治思维：创新社会管理的基本思维模式》，《上海师范大学学报》（哲学社会科学版）2012年第6期。

时，就存在地方保护主义的现象，如今一旦城市拥有立法权，地方党委、政府必然会将其发挥到极致。

首先，立法保护地方经济利益，忽视环境保护。在城市尚无地方立法权之时，部分城市为了保护当地 GDP 的数字以及经济利益，对环境保护置若罔闻，甚至还主动下发红头文件保护地方污染企业。① 若所有设区的市拥有了立法权，则可能出现主动立法保护污染企业，地方在立法过程中可能会隐藏一些免检条件，或者以严格执法为名，增加环保部门以及监察部门执法的难度和成本。这样原本以红头文件偷偷摸摸保护的行为经过立法转化成了依法行政的典范。

其次，利用地方性法规，影响司法判决。我国地方司法判决多受地方政府和党委的影响已经受到学界的诟病，中央对此将采取巡回法庭、领导打招呼备案制度等一些举措克服地方对司法的影响。但若设区的市都拥有立法权，则地方党委和政府对司法的影响将会化于无形，以往要求法院的判决结果可能无法可依，现在有了地方性法规，地方党委和政府会利用自身的影响力，强迫地方法院在法律适用过程中选择地方性法规而不是上位法。这让本来岌岌可危的司法独立与司法权威蒙上一层阴影。那么之前中央推行所有的司法改革措施都将被地方化解，最终可能是"播下龙种，收获跳蚤"。

最后，以正当理由创制新的贸易壁垒。地方政府基于经济利益以及政绩的考量，会扶持当地企业，对外地产品可能会有不公正的待遇。当然，中央一级立法已经禁止地方设置贸易壁垒，但是，地方仍可以通过立法的形式阻挡外来企业的产品。如地方声称为了保护本地人民的生命健康安全，对于未经食药监局检验检测的小吃类食品（如辣条）都禁止上架。这种规定看似在关心群众生命健康和饮食安全，但在实践的操作中，地方食药监局优先检验检测本地食品企业，对于外地食品企业则延后处理甚至久久不经检验，以增加外地企业的间接成本。通过类似的方式，地方就可以合法地建立起新的贸易壁垒。

---

① 如河南省封丘县黄河化工有限公司 2008 年年底被勒令停产，而 2010 年 3 月起又开始生产高污染的甲醇，5 月 7 日，封丘县政府还下发了红头文件，组建领导小组为该厂的正常生产保驾护航。参见傅万夫《红头文件为何敢给污染企业当伴娘？》，《华商晨报》2010 年 5 月 12 日。

二 对争议的评论及反驳

以上对于赋予设区的市立法权的担忧不无道理，但也不是否定对设区的市赋权的理由。因为在笔者看来，赋予城市立法权利大于弊。

（一）赋予城市立法权能够整顿基层法制秩序

前文中列举了部分学者的担忧，认为赋予所有设区的市立法权将会扰乱法制秩序，不利于法制统一，在笔者看来，恰恰相反，对城市赋予立法权不仅无害于国家法制统一，反而能够彻底地整顿法制秩序。

首先，破坏法制秩序的不是地方性法规而是红头文件。由于城市立法是城市化进程的必需品，而我国仅有 49 个较大的市拥有立法权，剩下的那些城市在解决城市问题时，只能通过红头文件。[①] 而对于红头文件来说，由于其存在混乱、恣意、独断、越权四宗罪，[②] 应当被进一步地遏制与废弃。相比于城市的地方性法规而言，红头文件扰乱我国法制秩序的可能性更大。因此，赋予城市立法权实质上是迫使城市管理创新与转型，由原来的独断式转型为协商式，由压制型转换为回应型，由管理型转变为服务型。

其次，地方性法规的制定能够有效地限制地方的恣意。红头文件的制定基本没有任何程序性限制，地方领导早晨有一个想法，下午或晚上就可能发布红头文件全市实施。这种治理城市的方式与依法治国格格不入，近些年来，城市发展过程中表现的问题越来越突出，也越来越尖锐，一定程度上和治理模式相关。而创制地方性法规则不同，从创制主体上，并不是当地政府，而是极具代表性的人大及其常委会，因此可以最大限度地吸收民意；从创制方式上，地方性法规需要前期调研、座谈、论证等相关程序，在程序设置上排除了政府一家独大，限制了政府的恣意；从法规生效

① 参见前文第二章，笔者详细对比了唐山市（较大的市，有立法权）和保定市（非较大的市，没有立法权）这两个城市在管理城市过程中的规范性文件，发现两个城市都制定了城市建设和管理、市容市貌、义务教育等相关规定，只不过一个被称为地方性法规，具有法律效力；另一个叫红头文件，但具有实效。

② 有的红头文件要求地方政府官员帮助开发商征地，如"嘉禾强拆案"；有的地方红头文件要求政府年内公款消费 N 斤当地产的品牌酒；有的红头文件要求官员替开发商卖房。请参见前文第二章，红头文件四宗罪。

的条件来看，由于城市立法需要经过省级人大常委会批准之后方能有效，这实质上是加强了省级人大对城市的监督和管理，进一步缩小了地方恣意的空间。

最后，赋予城市立法权能够整顿法制混乱。赋予地方立法权的过程实质上是逐渐让城市治理真正纳入法制轨道的过程。由于我国中央一级以及省级立法中很少有解决城市问题的专门规定，如城市卫生问题，城市停车罚款问题等。而这些问题的处理需要一定的规范来指导，原有的处理方式又存在合法性的质疑，如没有立法权的城市通过发布政府令的形式规定停车收取 2 元/小时的停车费，那么该项规定的合法性依据在哪里？类似于这种收款行为，地方政府的很多政府令以及行政行为都缺乏合法性依据。可以说，我国城市治理之所以混乱，就是因为城市创制的规范性文件长期没有纳入法制体系，若能赋予城市立法权，则基层法制秩序必将得到整顿。

（二）赋予城市立法权能够促进法制工作队伍建设

前文所言的地级市法制人才储备无法承担立法任务确实是事实，但是目前这个情况并非不可解决。

首先，法科学生量大且就业率极低。全国共有 470 多所高等院校培养法学教育人才，每年毕业人数在 30 多万人。[①] 然而法学毕业生的就业情况却不容乐观，有将近一半的法科毕业生在从事与法律无关的工作。[②] 这一方面是因为法科毕业生量大且质量堪忧，另一方面因为法科就业的敲门砖是司法考试，而司法考试的高门槛阻断了绝大多数的法科毕业生。

其次，城市法制人才后备力量充足。正是因为法科学子难以就业，形成了大量的待就业市场，这样使得解决城市立法后备力量不足有了可能性。以往由于城市没有立法权，在制定政府令以及发布红头文件时完全不必考虑技术性问题，只要规范性文件能够解决实际问题即可，因此地方对于法学人才的需求处于可有可无的状态。而开放城市立法权之后，城市的

---

① 胡伟：《法学教育改革之首：教育目标的准确定位》，《才智》2014 年第 25 期。

② 根据《2014 年中国大学生就业报告》，法学类本科毕业生，工作与专业对口率仅为 47%，排名倒数第二。也就是说，一半以上的法学类毕业生没有从事与法律有关的工作。参见李晓健《法学就业红牌记》，《民主与法制时报》2014 年 9 月 22 日第 9 版。

执政者将会发现创制地方性法规与发布红头文件的区别，在立法过程中需要解决各种难题，这必然导致城市对法科人才的需求，可以解决大量的法科毕业生就业问题。

最后，城市大量吸收法制人才能够提高地方依法执政的水平。不仅城市立法需要大量的法制人才，对于执行地方性法规的执法机关同样需要拥有法律思维和法学素养的优秀人才。这样地方机关在思考问题时的思维方式将会得到转变，以往在学校所学习到的法治思维模式将会逐渐影响执政者的执政理念，能够间接地提高地方依法执政的水平。

（三）赋予城市立法权能够培养法治思维

固然，法治思维之养成并非一朝一夕，需要数十年的不断努力。目前绝大多数城市的执政者、执法者、公民的法治思维尚处于较低的水平。即便是较大的市也是如此，但是这并不是限制城市立法的理由。反而，若城市拥有立法权，有利于法治思维方式的养成和提升。

首先，城市立法有利于立法者法治思维的提升。对于城市人大常委会来说，在长期的政治实践和学习中，了解法治的基本精神和内涵。但是理论与实践仍然有不小的距离，倘若没有真正的立法实践，可能无法真正理解什么叫"不抵触"，无法真正明白什么叫"科学立法、民主立法"。通过立法实践，立法者会组织学习最新的立法理论与实践，会紧跟最新法治思想。同时，各省对于城市立法有沟通、指导以及批准的过程，也是城市立法者理论和实践水平提高的过程。因此，可以说城市立法有利于立法者法治思维的提升。

其次，城市立法有利于执法者行政思维的转变。对于城市执法者来说，想要依法行政最大的问题就是无法可依。当城市管理者或执法者在驱赶小摊贩时，当对随地乱扔垃圾者进行罚款时，当对停车者收停车费时，他们的依据在哪里？大部分没有立法权的城市每天都在面对这样的问题，这些城市的执法者在执法时并没有任何法规或规章的支撑，久而久之，就会形成一种思维模式：我之所以有权驱赶小贩、对随地吐痰者进行罚款、收停车费不是因为法律或者法规的规定，而是因为我这身制服。这种思维引导下的执法者很容易就会说出"我就是王法！"这样的话。当一个城市拥有立法权，执法者的每一个行为都会去思考有没有依据，地方性法规是如何规制，等等。因此，城市拥有立法权有利于改善执法者的思维模式，将法治思维方式逐步灌输至潜意识之中。

最后，城市立法有助于民众法治思维的觉醒。执法者和守法者的法治思维方式的觉醒或转变是一个硬币的两个方面。执法者行政思维的转变过程也是守法者（即民众）法治思维的觉醒。在城市不曾拥有立法权时，任何一个穿着制服的人禁止摊贩摆摊或者收取停车费，公民一般都会乖乖地服从，很少有人质疑。若城市拥有立法权，那么城市的公民就会充分了解城市管理的规定，就会死抠细节，对于那些超越管理者权限的行为就会予以抵制。公民争取自身权利的过程也是法治思维觉醒的过程，而这一过程必须以城市拥有立法权为前提。

（四）赋予城市立法权能够刺激违宪审查制度的生长

若所有设区的市都拥有立法权，则会增加与上位法相抵触的概率。但是同时也需要看到，增加与上位法相抵触的概率并不一定是件坏事，其大量出现有助于刺激违宪审查制度在我国的生长。

我国的违宪审查之所以无法成为长效机制，主要有两个原因。

其一，违宪出现的概率较低。我国是单一制国家，全体人民直接将权力授予中央，不像美国或者其他联邦国家，其权力来自州的授权或让渡。因此，在我国立法权是由全国人大及其常委会垄断的，按照宪法以及《立法法》的规定，下位法会自然避免与上位法相抵触，因此我国在逻辑上不应该出现抵触现象。即便存在一定的抵触，其数量也是极少的，可以通过内部协商的方式进行处理，启动违宪审查有点儿像大炮打蚊子，能不启动则尽量避免。

其二，违宪主体在我国政治权力体系中"位高权重"。孙志刚案出现以后，曾有学者对全国人大常委会提议要求对《收容遣送办法》进行违宪审查，这是我国历史上第一次由公民行使违宪审查建议权的案例，但是该事件最后以国务院废止《城市流浪乞讨人员收容遣送办法》而结束，并没有启动审查程序。同时 2014 年出现了黄海波嫖娼被收容教育事件，再次将违宪审查制度推向了风口浪尖，但是对于明显违宪的《卖淫嫖娼人员收容教育办法》依然没有进行违宪审查。这两个违宪主体都是国务院，位高权重，想要对其进行违宪审查难度可想而知。

若赋予所有设区的市立法权，则可以克服上述两个理由。首先，由于城市数量巨大，而且对于这些刚刚拥有立法权的城市而言，其水平和能力无法保障立法质量，大大增加了与上位法相抵触立法的可能性。国家为了维护法制统一，此时不可能还用内部协商的方式处理，不得不依靠一种长效的机制处理该问题。其次，城市在我国政治权力体系中的地位较低，没有像国务院那样的权力能够影响全国人大常委会的决策。而且由于只要全国有一例违宪审查的实践，就会有第二例、第三例以至于更多的宪法实践案例，最终会成为全民共识，使得宪法尊严在民众意识之中的地位不可撼动，最终形成全国范围内的违宪审查制度。

三　完善城市立法的若干建议

（一）推进城市立法的民主化、科学化

虽然城市立法在我国立法层级中地位最低，但城市立法事关城市居民的方方面面，城市建设、居民生活起居、科教文卫、市容市貌、环境卫生等都与居民生活息息相关。党的十八届四中全会指出："深入推进科学立法、民主立法。"作为城市立法，更应当加强科学立法和民主立法。

为了实现科学立法，城市立法者应当重视以下几点。

首先，要重视城市立法规划的编制。编制立法规划有利于立法工作有序化、科学化、系统化地展开，能够最大限度地保障城市法律体系的协调与和谐。城市立法者要将立法项目按照需求的轻重缓急做出分类和排序，对于紧急需要制定的地方性法规，应当优先制定。而对于尚不成熟的立法项目可以排后或责成政府制定规章，待时机成熟之后再提升为地方性法规。

其次，提高立法起草质量。对于以往没有立法经验的城市立法来说，在刚开始创制地方性法规的阶段，很难制定出高质量的地方性法规。这需要城市立法者不断总结教训，向其他较大的市学习立法经验，不断提高立法质量。

最后，将立法评估作为长效机制。前文已述，在上位法做出修改之后，较大的市反应速度较慢，经常是2—5年之后才对相关的地方性法规进行修改或废止。对于其他地级市来说，一开始立法就应当有立法评估的意识，每隔若干年就进行评估，及时清理过时的地方性法规。

对于民主立法，城市立法者应当注意以下几点。

首先，要坚持开门立法的原则。这就要求城市立法者在立法规划、法案起草、法案论证等相关阶段公开、透明地邀请民众参与。对于一般城市而言，其立法质量的提高需要民主立法作为基础和保障，当立法事项和草案暴露在民众眼下时，其各种弊端和问题也会随之曝光，积极甄别和采纳民意也是提高立法质量的重要途径。

其次，要明确民众参与立法的方式。从较大的市立法经验来看，民众参与立法往往通过座谈会、听证会等方式。但在中国的政治实践中，听证会往往被主管机关操纵利用，民众无法真正地反映想法。因此需要通过制度规定保障民众参与立法的方式。

最后，重视新技术的运用。我国目前互联网技术高速发展，截至2014年底，全球5家最大的互联网公司，中国就有3个。对于立法者而言，应当充分借鉴和吸收新兴的互联网技术，通过网络平台充分吸收民意，听取民众的呼声和意见，并及时开辟官方微博和微信平台，借助平台解答疑惑。

（二）立法突出城市特色

突出地方特色是地方立法存在的重要理由之一，也是评价地方立法质量的重要指标之一。若地方立法没有特色，则要么可能属于照搬照抄其他城市或者上级立法，要么不符合本地的实际情况。但是，城市立法在顾及地方特色的同时，也要注意以下几个方面。

首先，突出特色要以不抵触为前提。不抵触是我国地方立法必须坚持的首要原则，也是突出特色的底线。可能有一些城市会以地方特色或地方特殊情况为由，制定与上位法相抵触的地方性法规，如此便破坏了我国的法制统一原则。但是，地方对于不抵触的真正含义还有待改进。笔者认为，不抵触并不是指严格与上位法相一致，而是不能与上位法的基本立法精神相抵触。举例而言，假设建筑材料耐火性从低到高可分为1—10级，1级易燃，10级不燃。省级立法规定公共场所建筑物材料耐火性不得低于5级，某市因天干物燥，经常发生大火，因此规定公共场所建筑物材料耐火性不得低于7级，这样市级立法就把7级以下的材料列为禁止使用，从具体规定来看，是对上位法的违背，但从立法精神来看并无不可。①

其次，突出特色要反映当地真实需要。在强调城市立法应当突出特色

---

① 详细论证请参见第四章关于什么是"不抵触"。

的同时，不能为了创新而创新，而应当实事求是，反映地方真实情况。一般城市立法的特色会和城市的特殊情况高度相关，如南京市《中山陵园风景区保护和管理条例》就是和当地特有的旅游资源中山陵紧密结合在一起。此外，因每个城市面对城市化进程中的问题都具有一定的特殊性，但凡真正解决问题的立法都在某种程度上具有特色。如《南宁—东盟经济开发区条例》就是为了加强南宁与东盟各国的经济交流与合作而制定的地方性法规，该法规的特色就是利用东盟各国的华侨资源，解决南宁市开发区的经济发展问题。

最后，突出特色要克服地方保护主义。除了不得与上位法相抵触之外，立法突出地方特色的另一个边界是：防止产生地方保护主义。城市想要通过立法保护的、具有鲜明城市特色的，同时也有可能是与城市利益间相关的。假设某市对于本市的非物质文化（如当地曲艺）进行立法保护，其中规定本市应当积极宣传当地曲艺，禁止外来曲艺在本地进行传播和表演。这就有可能越界，形成了地方保护主义，不利于文化的交流与发展。

（三）加强立法的各项保障

对于除原有较大的市之外的城市，由于法制人才储备较少，缺乏立法经验和实践，在初次立法过程中可能会存在各种各样的问题。因此需要在以下几个方面加强立法保障。

首先，应当加强立法的人才保障。所谓立法的人才保障即要充分吸收高素质的法制人才，为立法提供人才支撑。我国除较大的市之外的城市法制人才储备较低，在人大常委会中很少有法学科班出身的人才，这极大地限制和制约了我国城市立法的质量和水平。在今后地方招考公务员的过程中，应当尽量多选择法学毕业生作为候补对象，将这些科班出身的法学人才收录在城市立法机关，充实立法队伍，强化立法人才储备。

其次，应当加强立法的财政保障。所谓立法的财政保障即城市应当为立法提供充足的财政支持，保证城市立法能够顺利进行。立法过程中需要立法者进行调研、论证、开座谈会、开研讨会，甚至需要立法者出差学习其他城市先进的经验，可以说，这些活动若没有相应的财政支撑，是无法顺利完成的。

最后，应当加强立法的制度保障。这里所说的制度保障主要是将科学立法、民主立法制度化。前文所提的立法规划、立法评估、开门立法等各项保障科学立法和民主立法的建议若不能够制度化，则可能成为立法者手中可有可无的工具，很难保证立法者不会主动规避其中某一项要求。如很多城市并不将立法评估制度化，制定专门的地方性法规或规章，也很少有立法评估的实践。因此，若想要保证立法质量，实现科学立法和民主立法，还需要在制度上保证，将立法中必须经历的程序制定成规章或法规，以供地方立法遵循。

第 七 章

较大的市个案分析——以珠海为例

第一节　珠海立法权的取得

珠海作为经济特区拥有两种立法权，其一为经济特区立法权，其二为设区的市立法权。珠海立法权的取得并非一蹴而就，而是经历了"间接授权立法—直接授权立法—法律赋权立法"的过程。所谓间接授权立法，即 1981 年，全国人大常委会授权给广东省人大及其常委会制定经济特区各项单行经济法规的权力。① 此时珠海等经济特区的地方立法都由省级人大及其常委会来制定，珠海尚未有独立的立法权，而且广东省人大及其常委会所能制定的经济特区法规仅限于经济领域，对于城市管理、社会建设、文化交流及文物保护等相关的地方性法规是无权制定的。由于广东省需要顾及汕头、深圳、珠海三个经济特区的立法工作，故珠海立法发展相对缓慢，珠海改革的很多需求无法得到立法保障。1996 年 3 月 17 日，全国人大直接授予珠海经济特区立法权，从此珠海的经济发展有了制度保障，改革举措有了法规支撑，制度创新有了规则的指引。② 此时，不仅珠海市人大及其常委会能制定经济特区法规，而且珠海市政府还可以制定经济特区政府规章，大大提高了规范性文件

---

① 根据决议，广东省、福建省人大及其常委会，可以根据有关的法律、法令、政策规定的原则，按照该省经济特区的具体情况和实际需要，制定经济特区的各项单行经济法规，并报全国人民代表大会常务委员会和国务院备案。参见《全国人民代表大会常务委员会关于授权广东省、福建省人民代表大会及其常务委员会制定所属经济特区的各项单行经济法规的决议》（1981 年 11 月 26 日通过）。

② 参见《全国人民代表大会关于授权汕头市和珠海市人民代表大会及其常务委员会、人民政府分别制定法规和规章在各自的经济特区实施的决定》（1996 年 2 月 17 日第八届全国人民代表大会第四次会议通过）。

的制定效率，保障了政府颁行的有关改革的各种规范性文件的合法性，同时也赋予了珠海更大的改革自主权。包括经济体制改革、城市管理建设、文化交流等诸多方面在内的改革举措都有法规和政府规章予以保障，珠海立法进入了快车道。2000 年《立法法》将经济特区所在地的市冠以较大的市，于是珠海市拥有了较大的市立法权，[①] 自此珠海市作为经济特区和较大的市拥有了两套立法体制。从 1996 年珠海正式拥有独立立法权到 2016 年这 20 年来，珠海合理利用立法权，积极开展立法工作，共通过法规及有关法规问题的决定 120 件，政府规章 108 项。珠海市立法工作始终走在全国前列，切实保障和促进了珠海经济特区的腾飞，为全国性立法和其他地方立法提供了经验和样板。回顾珠海这 20 年来的立法经历，大致可以分为三个阶段。

一　特区立法阶段

珠海市立法的第一阶段是从 1996 年到 2000 年。1996 年全国人大授予珠海经济特区立法权，自此珠海经济特区拥有独立制定地方性法规和地方政府规章的权力。珠海制定的经济特区法规无须经过省级人大常委会的批准，由于对珠海经济特区进行立法授权的主体是全国人大，按照授权立法的文件规定，珠海经济特区的立法权限非常大，不但可以制定一般的地方立法，还可以在不违背中央立法的原则和精神的前提下对中央立法进行变通。在此阶段，珠海市制定了诸如《珠海市企业技术秘密保护条例》（1997）、《珠海市授予荣誉市民称号办法》（1997）、《珠海市房地产抵押管理条例》（1998）等 26 部极具创新性的地方性法规，对于珠海的改革发展具有指导意义。但需要指出的是，由于经济特区的管辖范围小于珠海市管辖范围，原则上经济特区立法仅能在经济特区范围内有效，规范的效力无法覆盖整个珠海市。[②]

---

① 2015 年《立法法》修改后，较大的市的提法被设区的市所取代。

② 需要说明的是，1996 年至 2000 年珠海制定的很多经济特区立法可以在全市范围内适用，如《珠海市房地产登记条例》（1997）第 2 条规定，本条例适用于本市行政区域内的房地产登记。这是因为珠海经济特区在批准之初范围非常小，无法起到先行先试的功效，故珠海市与全国人大法工委达成口头协议，珠海经济特区立法可以在全珠海实施，但 2000 年之后，《立法法》赋予了珠海较大的市立法权，这项协议马上作废。在 1996 年至 2000 年，珠海市人大常委会利用经济特区立法权制定了很多全市通行的法规，但在 2000 年之后陆续修改和废止。

二　两法并存阶段

珠海市立法的第二阶段是从 2000 年到 2010 年。2000 年中国出台了"管法的法"——《立法法》，《立法法》进一步确定了经济特区的立法权，同时也赋予了经济特区所在的市拥有较大的市立法权。自此，珠海便正式拥有了两种立法权：经济特区立法权和较大的市立法权。但是这两种立法权的立法权限、立法程序、适用范围有所不同：在立法权限上，在不违背上位法立法精神的前提下，经济特区立法可以对法律、行政法规、地方性法规进行变通，而较大的市立法权则不能；在立法程序上，经济特区立法无须经过广东省人大常委会的批准，而较大的市立法需要经过广东省人大常委会批准后方能生效；在适用范围上，经济特区立法仅在经济特区内适用，珠海市较大的市立法则在全市范围内有效。珠海市灵活应用这两种立法权，对于不涉及全市范围且需要对上位法变通的规范，珠海市人大及其常委会行使经济特区立法权制定地方性法规，涉及全市范围且不需要变通的规范，珠海市人大及其常委会行使较大的市立法权。在此阶段珠海市人大及其常委会制定地方性法规共计 40 件。

三　两法共处阶段

珠海市立法的第三阶段是从 2010 年至今。珠海市立法和珠海经济特区立法变化的第三阶段并非某个重要的法律出台，而是由于珠海经济特区面积变化所造成的。1980 年 8 月 26 日，五届全国人大常委会第十五次会议批准了国务院提出的《中华人民共和国广东省经济特区条例》，正式宣布珠海成立经济特区，此时批准珠海经济特区的面积仅为 6.8 平方公里，由于经济特区发展卓有成效，随后国务院不断扩大了经济特区的面积范围，但经济特区的范围依旧小于珠海市所辖范围，由于经济特区立法仅能在特区范围内适用，因此很多先行先试的地方立法受到了限制，珠海市政府在适用经济特区法规中存在诸多不便。直至 2010 年 8 月 26 日，经国务院批准，从 2010 年 10 月 1 日起，将珠海经济特区范围正式扩大到全市。[①]

---

① 参见《国务院关于扩大珠海经济特区范围的批复》（国函〔2010〕87 号，2010 年 8 月 26 日）。

自此，经济特区立法的辐射范围遍及全市。2015 年《立法法》修改，将较大的市立法权变更为设区的市立法权。在立法权限范围上，设区的市立法权进一步限缩，仅限于城乡建设管理、环境保护和文化。在这一时期共计制定法规 23 件。

第二节　珠海立法的实施

经过 20 年的努力，珠海市无论在立法数量还是立法质量上都取得了较为丰硕的成果，截至 2016 年 4 月 20 日，珠海市人大及其常委会共通过地方性法规及有关法规问题的决定 120 件。回顾珠海 20 年的立法经历，可以发现珠海行使立法权具有如下特点。

一　珠海立法效率高

从立法效率来看，在过去 20 年里，珠海市平均每年制定 6 件地方性法规或有关法规问题的决定。无论是从横向比较的角度还是从工作强度的角度来考虑，珠海立法的工作效率都非常高。从横向比较的角度来看，与全国其他拥有立法权的城市相比，珠海年均立法数量位居全国前列。笔者对于国务院批准的 18 个较大的市年均立法数量有过一个简单的统计，截至 2016 年 1 月，青岛市年均立法数量最多，为 3.24 部，其次是宁波市和苏州市，分别为 2.7 部和 2.55 部。若排除珠海市做出的有关立法的决定，仅算珠海市制定的 89 部地方性法规，年均立法数量也远超青岛、宁波和苏州等城市。从立法的工作难度和强度来看，立法工作的开展不可能仅仅端坐在书斋之中凭空想象，抄袭上位法或其他城市的相关立法，这样的地方法既不能指导工作，又无法适应社会需求。制定一部合格的地方性法规需要经过前期调研、论证分析、制定草案、征求意见、修改草案、表决通过、法规报备等一系列环节，任何一环都需要立法者投入大量的精力。此外，对于规范性文件，珠海市人大及其常委会每年还要进行法制宣传、法规清理、法规修改等相关工作，这些工作的繁重程度不亚于制定一部新的地方性法规。由此可见，无论是横向比较还是考虑到立法的工作强度，珠海的立法效率都非常高。

二　特区立法比例大

珠海市制定的 89 件地方性法规中，有 56 件经济特区立法，有 33 件设区的市立法，经济特区立法与设区的市立法比例大约为 1.7∶1。可见，珠海在过去的 20 年里以经济特区立法为主，设区的市立法为辅。珠海经济特区立法比例之所以如此之大，有以下几个方面的原因。首先，经济特区立法程序简单。经济特区立法无须经过广东省人大常委会的批准便可以生效实施，而设区的市立法程序复杂，批准时限最长可达 4 个月，对于一些急需出台的地方性法规，珠海都愿意选择使用经济特区立法而非设区的市立法。其次，经济特区立法空间大。很多可能会对上位法有所变通的法规，或者是一些先行先试的地方立法，珠海市基本都会选择经济特区立法，这样就可以绕过广东省人大常委会的审查批准，减少了不必要的麻烦。最后，经济特区立法起步早。珠海自 1996 年便拥有了经济特区立法权，而直至 2000 年之后才有了较大的市立法权（2015 年变成了设区的市立法权），在立法起步上，经济特区立法比设区的市立法提前了 4 年，故经济特区立法数量略多于设区的市立法。

三　立法质量有保障

珠海市不仅立法数量多、立法效率高，而且还定期开展法规清理工作，对地方性法规进行审查，及时修改或废止以保障立法质量。在珠海市制定的 89 件地方性法规中，现行仍然有效的为 60 件，废止的为 29 件。对于被废止的地方性法规，有的是由于其丧失了存在的基础，如《珠海市外来务工人员劳动管理条例》；有的则是被新法所取代，如《珠海市人民代表大会常务委员会制定法规规定》（1996）被《珠海市制定法规条例》（2016）废止。但是废止旧法不代表规范的断裂，新法将会在某种程度上继承旧法中的部分要素，如《珠海市制定法规条例》吸收了很多《珠海市人民代表大会常务委员会制定法规规定》中仍然有益的内容，这样保持了立法的连续性，保障了立法质量。对于修改的地方性法规，一方面是由于新的法律、行政法规出台，地方性法规中的若干规定与上位法不符，珠海市人大及其常委会对地方性法规进行修改，如《劳动争议调解仲裁法》（2008）中规定了对于追索劳动报酬的案件可以裁决先予执行，故《珠海市企业工资支付条例》（2001年制定，2010年修改）中第34条将"先予给付"改为"先予执行"。另一方面则是地方性法规中所描述的内容发生了变化，因此需要通过修改使法规表述更加准确，如因《治安管理处罚条例》变为《治安管理处罚法》，故《珠海市商品交易市场管理条例》将第37条中"按照《治安管理处罚条例》规定予以处罚"修改为"按照《治安管理处罚法》规定予以处罚"。

四　立法领域覆盖广

珠海立法所涵盖的领域非常广泛，且分布较为科学合理。从现行有效法规所涉及的领域来看（参见图7—1），珠海市共有经济类法规12件，占20%，如《珠海经济特区商事登记条例》《珠海经济特区民营经济促进条例》等。城市建设和资源环境类法规14件，占23.3%，如《珠海经济特区城乡规划条例》《珠海经济特区市容和环境卫生管理条例》等。社会建设类法规17件，占28.3%，如《珠海经济特区人民调解条例》《珠海经济特区志愿服务条例》等。政治类法规14件，占23.3%，如《珠海市人民代表大会常务委员会议事规则》《珠海市人民代表大会常务委员会关于珠海市人民政府规章备案的规定》等。文化类法规3件，占5%，如《珠海市法制宣传教育条例》《珠海市授予荣誉市民称号办法》等。除文化类法规数量较少之外，其他法规的数量大体相当，这也从侧面反映了珠海在立法过程中重视均衡发展，在政治、经济、城市建设和环境保护、社会建设等方面都有大量的制度规范作为支撑。

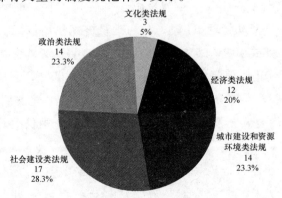

图7—1　现行有效法规所涉及的领域

第三节　珠海立法的成就

一　科学民主立法举措得力

珠海市人大及其常委会坚持贯彻科学立法、民主立法，摸索出了一套规范有效的制度体系。为了保证科学民主立法，珠海市人大及其常委会不断扩大公众参与的广度和深度。首先，出台《珠海市法规制定公众参与办法》，明确所有法规草案都以登报和网络等形式广泛征求意见，并充分运用立法听证会、专家论证会、问卷调查、实地考察、基层调研、上门走访、公众论坛、网络互动等方式拓展公众参与立法途径。其次，为了了解并收集基层的第一手资料，珠海市建立了基层立法联系点制度。选取了10个具有代表性的镇街、司法所等单位设立基层立法联系点，收集基层对立法工作的意见和建议。再次，建立了立法咨询制度。制定《立法咨询专家工作规定》《立法咨询服务基地工作规定》，建立立法咨询专家库和高校立法基地，发挥高校及专家的专业优势。最后，建立立法工作联络员制度。在政府部门、高等院校、科研机构、企事业单位和社会组织的专业人才中选聘立法工作联络员。

除了上述四项制度之外，珠海市正在制定法规立项论证制度和立法后评估制度。法规立项论证是提高立法质量，发挥法规实效的首要环节，是立法成功与否的基础前提。合适的时机制定合适的法规，适当阶段出台适当的制度关系到珠海市经济发展和社会进步。诸多地方性法规甚至是法律出现事与愿违甚至南辕北辙的情况，正是因为没有把握好最佳的出台时机，如《劳动合同法》出台遭遇全球经济危机，导致该法与实践格格不入，因此做好制定法规立项论证至关重要。若制定法规立项论证是提高立法质量的首要环节，那么立法后评估就是检验和提高立法质量的末尾环节。对已经生效并施行一段时间的法规进行评估，可以有效地检验法规实施的真实情况，正确地判断法规是否有效，进而对法规的进一步修改提出珍贵的建议。

二　立法引领改革成效显著

在中国改革开放的很长一段时间内，立法的步伐往往滞后于改革，很多改革举措是在良性违法、良性违宪的前提下进行。如 1983 年中共中央下发了《关于印发农村经济政策的若干问题的通知》，根据该通知，全国农村开始推行包干到户。而在 1982 年的《宪法》中并未承认家庭承包制，到了 1993 年修宪时才将这一制度予以确认。正因为如此，党中央反复强调："凡重大改革要于法有据，需要修改法律的可以先修改法律，先立后破，有序进行。"① 珠海市人大及其常委会重视通过立法引领改革发展，通过立法确认改革成果，通过立法激励改革创新。

在市场经济体制改革领域，珠海市人大及其常委会制定了《珠海经济特区商事登记条例》《珠海市私营企业权益保护条例》《珠海经济特区民营经济促进条例》《珠海经济特区科技创新促进条例》和《珠海市企业技术秘密保护条例》（失效）、《珠海市技术成果入股与提成条例》（失效）。尽管上述条例部分已经失效，但在制定并出台之时，有效地推动了珠海市经济体制改革，激发了市场主体的活力，促进了自主创新，为珠海的经济发展奠定了扎实的制度基础。在政府管理体制改革领域，珠海市人大及其常委会制定了《珠海经济特区政府投资项目管理条例》《珠海经济特区相对集中行政处罚权条例》《珠海经济特区行政执法与刑事司法衔接工作条例》。上述法规明确了政府依法行政的制度依据，规范了政府及相关部门审批、投资以及执法行为。在社会建设领域，珠海市人大及其常委会制定了《珠海经济特区社会建设条例》《珠海经济特区见义勇为人员奖励和保障条例》《珠海经济特区志愿服务条例》等条例，这些条例的出台既强化了社会管理和创新，又推动了社会主义和谐社会建设。在民主法治建设领域，珠海市人大及其常委会制定了《珠海市人民代表大会议事规则》《珠海市人民代表大会常务委员会议事规则》《珠海市人民代表大会代表建议、批评和意见办理规定》《珠海经济特区审计监督条例》《珠海经济特区人民调解条例》等地方性法规，使得珠海市的民主建设走上了法治道路。

三 "立法试验田"作用明显

先行先试是特区立法的使命。近年来，珠海人大及其常委会大胆探

---

① 参见《凡属重大改革都要于法有据》，《中国改革报》2014 年 10 月 29 日第 1 版。

索、开拓创新，针对珠海市的实际情况以及市场发展的规律，出台了大量先行性、试验性的立法。这些地方性法规的出台，一方面为珠海的改革开放提供了法制保障，另一方面也为国家立法积累了大量的经验，充分地发挥了"立法试验田"的作用。

在民商事领域，珠海通过制定《珠海经济特区商事登记条例》，该条例体现了有限政府、企业自由和创新发展的理念，改革内容具有一定的首创性和突破性，具有重大的示范效应。随后，厦门出台了《厦门经济特区商事登记条例》，广东省出台了《广东省商事登记条例》，都是从珠海立法中汲取的经验。在生态文明领域，珠海于 2013 年出台了广东省首个生态文明建设条例——《珠海经济特区生态文明建设促进条例》，这是十八大以后全国首部生态文明建设促进条例，其以法规形式明确各类主体功能区管理要求，探索自然资源资产离任审计制度，并首次在立法中规定排污权交易等创新制度。在城市建设领域，珠海于 2016 年出台了《珠海经济特区地下综合管廊管理条例》，该规定是国内首部专门规范地下综合管廊建设与管理的地方性法规，对地下综合管廊的规划与建设、运营与维护、档案信息管理、法律责任等做出了详尽的规定。在行政执法领域，珠海市出台的《珠海经济特区行政执法与刑事司法衔接工作条例》是全国首部规范"两法衔接"工作的地方性法规，该法规的出台，有利于充分发挥行政执法与刑事司法之间的优势和资源，减少两者之间衔接成本，在依法行政与公正司法之间搭建桥梁。在反腐败领域，珠海市人大常委会制定了《珠海经济特区预防腐败条例》（2013），该条例对重要的腐败预防措施都得到了很好的贯彻和落实，有些措施也起到了很明显的作用。另外还出台了《珠海经济特区预防腐败条例实施细则》（2015），规定了领导干部个人事项报告等，并采用大数据系统对于招投标行为进行监控，其还解决了三资管理、国企的交易平台等社会问题，该立法收到了很好的社会效果。

第四节 珠海立法存在的问题

一 立法公开存在遗漏

立法公开是将立法过程中各个阶段以及相关成果向社会公开，收集公众的意见，接受公众的监督，解答公众疑问的过程。① 之所以需要立法公开，一方面是由于立法的结果会产生对辖区范围内所有公民的约束力，直接或间接影响到辖区内每一位公民的利益，因此需要立法者及时公开相关的材料，便于公民及时了解其利害关系；另一方面由于立法者的有限理性，导致法律法规的制定会出现这样或者那样的疏漏，有些规定甚至超出了实践基础，一旦出台非但无法实现立法目的，而且还极有可能造成负面影响，因此需要及时公开法律法规草案，以供公众了解并提出建设性的意见，提高立法质量，增加法律法规的可操作性。正是由于立法公开的重要性，中共十八届四中全会要求："要把公正、公平、公开原则贯穿立法全过程。"《立法法》是立法公开的法律依据，其中第 37 条规定了法律草案及其起草、修改的说明等向社会公布，征求意见。但《立法法》对于地方性法规应当公开哪些内容，怎样公开，公开时限等没有具体规定。在上位法立法精神的指导下，珠海市出台了《珠海市制定法规条例》，该条例详尽规定了珠海立法公开的内容以及具体的时限，为珠海立法公开工作提供了制度依据。根据该条例的规定，珠海市立法公开的内容有：立法规划和年度立法计划（第 6 条）、法规草案（第 39 条）、法规文本（第 46 条、第 47 条）、法规解释草案（第 52 条）。根据《珠海市制定法规条例》的规定，审查珠海立法公开情况发现以下问题较为突出。

（一）已经废止的法规未能在门户网站公开

珠海有着 20 年的立法经验，截至 2016 年 10 月，珠海市人大及其常委会共通过地方性法规及有关法规问题的决定 120 件，其中现行有效的法规 60 件，废止的法规有 29 件，已经被废止的法规无疑占据了很大的比例。废止的法规对于解决一些历史遗留问题、分析管理理念举措等的演进具有重要意义，因此，也有必要对社会公开。珠海市以往仅在公报、报纸等媒体上将已经废止的文件公开，告知公众该法规已经失效。但在公报和报纸上公开不利于公众事后查询，而珠海人大常委会网站中仅公开了部分被废止的文件。《珠海市饮食娱乐服务企业环境管理条例》（2006 年废止）、《珠海住宅小区物业管理条例》（2007 年废止）等法规被废止的信息则无法在网站中显示。

---

① 肖萍：《透明度原则与地方立法公开制度》，《南昌大学学报》（人社版）2003 年第 4 期。

（二）立法规划尚未公开

立法规划是地区立法有序进行的保证，也是地区战略发展的重要布局之一。一个地区今后的发展方向在某种程度上体现在立法规划之中，重视经济发展的地区，在立法规划中必然会加大经济立法的力度；重视环境保护的地区，立法规划中则会有大量的环境保护类法规出台。对此珠海市有着很清醒的认知，在《珠海市制定法规条例》第6条中便要求公开立法规划和年度立法计划。尽管珠海每年都制订年度立法计划，但并没有立法规划出台。

（三）立法的公开还不到位

立法草案不但要公开征集意见，还需要公开草案说明，以方便公众了解立法意图，此外，还应以适当形式对公众就法律草案提出的意见建议做出反馈，以利于吸纳公众合理化建议，做好与公众的沟通工作，减少制度实施的摩擦力。但调研发现，珠海市往往只公开法规草案，而没有同步公开立法说明，更没有就任何一部法规草案公开反馈意见或者建议采纳情况。

二 立法计划有待强化

地方立法计划是地方立法的重要准备，也是当年立法工作的重心。有立法权的地方人大常委会每年根据本地政治、经济和社会发展的实际需要，在立法规划的框架内，制定年度立法计划，用于指导和规划地方立法活动。[①]《立法法》第52条规定了立法计划应当向社会公开。《立法法》之所以要求人大编制立法计划并予以公开，是因为一个好的立法计划能够帮助人大常委会合理地配置立法资源，明确本年度的立法重点和中心任务，增强立法的计划性，增加立法的科学性，提高立法质量，并最终做到事半功倍。在编制立法计划的过程中，需要注意以下几点内容。首先，立法计划需合法，即地方人大常委会在编制本年度立法计划时，不得超越其自身的立法权限，不得侵犯中央专属立法权。其次，立法计划需科学，即纳入年度立法计划的立法项目须经过反复论证，保证立法项目的科学性，符合当地经济社会发展要求，不盲目模仿和复制其他地区的立法。再次，

---

① 王群：《改进地方立法计划工作的几点思考》，《中国人大》2002年第9期。

立法计划需可行，即立法项目可能在当年内完成并实现，而不会将无法完成的项目罗列至立法项目之中。最后，立法计划要成熟，即凡是列入立法计划的项目都应当是急需且条件成熟的项目。珠海市人大常委会公开了自2012年以来的年度立法计划，将这些立法计划与当年立法实践进行对比，不难发现以下问题。

（一）立法计划出现变动

立法计划出现变动一般是指两种情况：其一，立法计划中明确表示要修改某项地方立法，结果该法规却被废止；其二，立法计划中列明了地方立法的名称，在最终通过时名称发生了变化。对于第一种情况，珠海有3部地方性法规在立法计划中标明为修改，却最终被珠海人大常委会废止。① 对于第二种情况，有两部地方性法规最终通过的名称与立法计划不一致。② 之所以出现上述情况，是因为在编制立法计划之初，未能充分考虑到实践需求，以至于在制定或修改法规过程中发现需要废止，或者需要更改法规名称。但考虑到立法计划的严肃性和规范性，建议通过科学论证尽量减少上述情况的发生。

（二）立法计划来源单一

珠海人大常委会在公开2012—2016年立法计划的同时，也公布了起草单位。起草单位来自党委、人大、政府以及司法。其中4项立法计划项目由党委起草，4项立法计划项目由人大各专委会起草，64项立法项目由政府及各职能局起草，1项立法项目由检察院起草。除了上述四类主体之外，人大代表、企事业单位以及其他科研院校很少参与项目的起草活动。③ 这样很可能会出现立法计划与实践需求相脱节的情况，很多政府认为急需上马的立法项目却并非是民众热烈期盼的，相反很多民众希望出台的法规却无法被纳入立法计划。

---

① 这三部地方性法规分别是《珠海市城市规划条例》《珠海市消防条例》《珠海市出租小汽车管理条例》。

② 这两部地方性法规是：《珠海经济特区生态文明促进条例》变为《珠海经济特区生态文明建设促进条例》，《珠海经济特区电力设施保护条例》变为《珠海经济特区电力设施保护规定》。

③ 珠海以立法的方式确认了其他单位、个人提出制定法规建议的权利。《珠海市人民代表大会及其常务委员会制定法规规定》第5条规定，一切国家机关、政党、社会团体和其他组织以及公民都可以以立法建议书的形式向人民代表大会常务委员会提出制定地方性法规的建议。

三　新区立法亟须加强

为了进一步实现国家战略，寻找经济发展的新增长点，激发地方经济活力，中央陆续通过了若干地区的自由贸易试验区方案。2013年9月上海自贸区成立，2015年3月24日，中共中央政治局审议通过广东、天津、福建自由贸易试验区的方案，2015年4月23日珠海横琴自贸区正式挂牌。珠海横琴自贸区在地理位置上与港澳毗邻，同时能够实现与港澳优势互补，可以在投资、贸易、金融、行政管理以及营商环境等诸多方面进行合作。横琴自由贸易试验区的建设不仅要有过硬的硬件设施，而且还要有优质的软件条件，尤其是要不断加强以立法为基础的法治建设。中共十八届四中全会指出："做到重大改革于法有据、立法主动适应改革和经济社会发展需要。"为推进自贸区建设加速发展，应当积极发挥立法的引领作用，保障自贸区建设于法有据，始终保证立法走在改革之前，确保所有改革创新都有制度支撑。但在横琴的考察中不难发现以下问题。

（一）自贸区立法数量严重不足

截至目前，有关横琴的地方立法仅有6部，其中地方性法规2部，地方政府规章4部。这2部地方性法规分别是《珠海经济特区横琴新区条例》（2011）、《珠海经济特区横琴新区管理委员会行使部分市一级行政管理权规定》（2010）。4部地方政府规章分别是《珠海经济特区横琴新区商事登记管理办法》（2012）、《广东省第一批调整由横琴新区管理委员会实施的省级管理权限事项目录》（2012）、《珠海经济特区横琴新区诚信岛建设促进办法》（2014）、《珠海经济特区促进中国（广东）自由贸易试验区珠海横琴新区片区建设办法》（2015）。仅仅6部地方立法对于珠海横琴自贸区而言，根本无法满足正常的需求。

（二）自贸区立法内容尚需完善

横琴自贸区建设所覆盖的领域包括投资、贸易、金融、行政管理以及营商环境等诸多方面，上述领域的运转需要突破很多现有的制度规范，在一些制度上需要大胆创新、突破陈规。这就要求在每一项创新和每一个突破做出之前要有立法依据。而目前对于相关领域的立法仍然处于初级阶段，没有针对横琴自贸区的某一项改革制定匹配的地方性法规。

（三） 自贸区立法交流有待加强

早在 2013 年 9 月，上海自贸区便已经成立，经过了 3 年的尝试，积累了大量有益的经验。作为后来者的珠海横琴自贸区应当借鉴之前的立法经验。同时，与横琴一起成为自贸区的还有广州南沙自贸区、深圳前海蛇口自贸区，虽然这三个区域建设的着重点各有不同，但仍然有一定的参考和借鉴意义。此外，珠海横琴自贸区承担着连接港澳的重要职责，如何强化港澳之间的联系，如何加强海峡两岸及港澳立法的交流，如何使珠海横琴立法发挥最大功效，成为摆在新一届人大及其常委会面前的立法难题。

四　人大立法有待强化

《立法法》并没有详尽地划分地方人大及其常委会的立法权限，仅在76 条规定了："规定本行政区域特别重大事项的地方性法规，应当由人民代表大会通过。"但这并不意味着地方人大只能制定涉及本地区重大事项的地方性法规，地方人大的立法权限应当涵盖本行政区域内所有的地方立法，但由于人民代表大会召开时间短、议事内容多、决议法律案程序复杂等诸多方面的限制导致常委会立法成为常态。但地方立法工作理应由地方人民代表大会主导，这是因为：首先，人大主导立法体现了民主立法。民主立法是科学立法的前提保障之一，立法只有充分吸收民众的想法、观点、意见才能更符合实际需要，才能有效实施并实现立法目的。相比人大常委会，人民代表大会组成上更具备民主性，由人民代表大会主导立法能够最大限度地吸纳民意。若在立法工作上人大退居二线，而人大常委会长期主持立法工作，久而久之人大立法地位便会被无形架空，则地方性法规丧失其民主基础，失去民众的支持，影响了立法的科学性和可行性。其次，人大主导立法可以克服立法部门化。从前文可知，珠海市立法草案的起草绝大多数来自政府及政府职能部门，人大各委员会起草的立法草案少之又少，这就必然导致部分由政府职能部门起草的立法带有部门利益。由人大主导立法尽管无法从根本上遏制立法部门利益化，但由于人大代表的存在可以最大限度地让更多的人参与立法博弈，充分表达选民以及其他利益群体的诉求，在一定程度上保证立法不被某个行政部门操控。最后，地方人大有条件主导立法。相比于全国人民代表大会和省级人民代表大会而言，珠海市人民代表大会的代表能够更加便捷地联系选民，可以更加容易地了解民众的想法。为人大主导立法提供了最扎实的群众基础，人大可以充分利用人大代表所提交的议案、发表的意见、提交的建议完善立法草案，改进立法工作，并最终有效地完成对立法工作的主导。尽管理论上应当由人大主导立法，但实践中，由于存在以下问题，珠海人大基本退出立法舞台。

（一）重大事项缺少判断标准

《珠海市人民代表大会及其常务委员会制定法规规定》第 9 条规定了一些应当由珠海市人大制定的地方性法规。① 其中涉及本市重大事项的立法应当由人大制定，但关于什么是重大事项，如何判断重大事项却没有硬性标准。因此从珠海立法文件的梳理中不难看出，除了如《珠海市人民代表大会及其常务委员会制定法规规定》《珠海市人民代表大会议事规则》是由人大制定之外，其他法规基本都是以人大常委会立法为主。即便诸如《珠海经济特区横琴新区管理委员会行使部分市一级行政管理权规定》《关于 2010 年 10 月 1 日前制定的经济特区法规在扩大后的经济特区适用的决定》等影响珠海未来发展的重大决定，仍然是由人大常委会做出。

（二）珠海人大代表参与度低

人大代表参与立法本是珠海重要的立法经验，如 2013 年的人代会，将代表提出的立法保护珠海市老城区历史文化街区、历史建筑风貌议案列为大会一号议案，并进入了市人大常委会的立法程序。该法规项目当年立项、当年审议，并于次年审议通过，收到良好的社会影响和效果。但不能否认的是该案例在珠海立法中尚属特例，至今仍然没有一个合理的机制能够吸引代表参与到立法的论证、起草、修改、废止的工作当中。

（三）珠海人大立法束之高阁

由于人大立法数量少，人大代表在立法中又无法发挥作用，原本应当由人大主导的立法机制被人大常委会架空，人大常委会逐渐削弱了人大的立法权。在这种情况下，无论人大常委会采取何种措施加强公众参与也无

---

① 应当由珠海市人大制定的地方性法规包括：规定本市特别重大事项的；规定市人民代表大会及其常务委员会立法程序的；对市人民代表大会的法定职责、议事程序做出具体规定的；其他必须由市人民代表大会制定地方性法规的。

法弥补人大立法的缺位，没有人大代表参与的民主立法不能称之为民主立法，缺少人大代表批评的立法不能称之为科学立法，失去人大代表表决的立法不能称之为合格的立法。

五　一市两法仍存混乱

珠海拥有两套立法权，其一作为设区的市拥有《立法法》赋予的设区的市立法权，其二作为经济特区拥有全国人大授权并由《立法法》确认的经济特区立法权。根据全国人大及其常委会的决定及《立法法》的规定，经济特区立法权的适用范围仅限于经济特区范围内。很长一段时间以来，珠海经济特区的范围小于所在市的行政区域范围。① 正因如此，便出现了在一个城市中拥有两个立法权限的问题，即"一市两法"的问题。这样既影响了立法效益，也增加了法律适用的难度。随着珠海经济特区范围与珠海市行政范围的重合，"一市两法"的问题被认为已经得到了解决，但事实上，在珠海"一市两法"仍然存在混乱。

（一）立法权选择缺乏标准

由于珠海人大及其常委会拥有两种立法权，因此在立法过程中就会面临选择。根据《立法法》的规定，作为设区的市立法权存在一定的限制，在立法权限上仅能在城乡建设与管理、环境保护、历史文化保护等方面制定地方性法规，而且上述法规还需经过广东省人大常委会批准之后方能生效。作为经济特区立法享有特殊的改革权、变通权、创新权，因而无上述限制，不但立法权限和范围更广，而且无须经过广东省人大常委会的批准。可以说，设区的市立法可以实现的立法目标，经济特区立法也可以实现；设区的市立法无法实现的立法目标，经济特区立法仍可以实现。如此则经济特区立法应当完全超越设区的市立法，但目前有效的法规中，经济特区立法和设区的市立法比例约为3：2，可见设区的市立法仍然占据了相

---

① 1980年，五届全国人大常委会第十五次会议批准了国务院提出的《中华人民共和国广东省经济特区条例》，正式宣布珠海成立经济特区，此时批准的经济特区的面积仅为6.8平方公里。时至1983年，经国务院批准，珠海经济特区范围扩大为15.16平方公里，此时经济特区仍未覆盖至全市范围。1988年再次扩大至121平方公里。2009年横琴纳入珠海经济特区，此时珠海经济特区的面积为227.46平方公里。2010年8月26日，经国务院批准，从2010年起，将珠海经济特区范围正式扩大到全市。

当大的比重。问题是什么样的法规需要设区的市立法，什么样的法规需要经济特区立法，其标准是不清楚的。

（二）立法未能标注产生混乱

区分设区的市立法和经济特区立法一般通过以下方法：（1）凡是带"珠海经济特区"字样的，基本都是经济特区立法，带"珠海市"的都是珠海市立法；（2）凡是珠海人大常委会通过的基本都是珠海经济特区立法，经过广东省人大常委会批准的则是设区的市立法。但这样仍然存在以下问题：（1）有些标题存在"珠海市"表述的地方性法规属于经济特区立法，如《珠海市人民代表大会议事规则》虽然带"珠海市"，但其属于经济特区立法；（2）大部分民众并不了解省人大常委会批准的法规和市人大常委会批准的法规之间的区别，更不可能通过这种方式区分经济特区立法和设区的市立法。

（三）已经被废止或替代的设区的市立法未能公开

在梳理珠海法规的过程中，发现就同一立法事项，过去是设区的市立法，之后被修改为经济特区立法，两部法规名称相似，如《珠海经济特区见义勇为人员奖励和保障条例》（2014）和《珠海市见义勇为人员奖励和保障条例》（2003），珠海市将这些法规的修改和名称替换的信息通过常委会公报和经济特区报向公众公开，但在网站中并没有设置专栏公开这些已经被替换。这样极容易造成公众在查阅过程中产生疑问，影响立法公开效果。

第五节　珠海立法今后的建议

一　健全人大立法公开

尽管珠海人大立法公开已经取得了不错的成绩，在地方性法规文本公开、地方性法规草案公开、地方性法规废止公开、年度立法计划公开等均开设了专栏，以便公众查询。但仔细观察不难发现上述栏目所公开的质量有待提高，公开内容有遗漏仍然是目前立法公开应当重点解决的问题。对此建议珠海人大及其常委会从以下几个方面着手。

（一）公开法规废止文件

珠海市每年都会制定促进社会经济发展的新法、修改不符合实践的旧法，废止无法适用的老法。建议珠海市人大常委会将所有修改和废止的情况予以公开，一方面方便民众知晓最新的法规动态，了解到哪部法规出台了，哪部法规修改了，哪部法规废止了；另一方面将所有修改、废止的工作公开，也侧面体现了一段时间内人大常委会的工作重点，便于民众监督。

（二）公开立法规划

一个地区的立法规划是根据本地区未来发展的趋势和重点拟定的，珠海地处港澳之间，在未来几年将会成为连接港澳的重要枢纽，加强同港澳的联系，深化横琴自贸区改革，推进珠海生态文明建设，促进珠海经济社会发展等诸多目标都是珠海立法规划的前提依据。建议珠海根据自身情况和发展特点，及时编制符合客观规律的立法规划。

（三）公开地方性法规草案起草说明

对于普通民众而言，枯燥的地方立法的复杂性和专业性成为民众无法评价法规的障碍之一，在公布法规草案征求意见的同时，建议公开法规草案的起草说明。如此一方面可以令民众更容易理解法规草案的立法目的、重点内容、争议焦点，使民众针对具体情况提出立法建议；另一方面通过公开起草说明可以宣传法治思想，弘扬社会主义法治理念，树立正确的法治思维，为今后普法奠定基础。

二 公开计划执行情况

立法计划执行情况较差是珠海立法唯一比较明显的问题，立法计划完成情况的好坏是人大立法质量高低的重要衡量标准之一，珠海年度立法计划完成率低于20%，从侧面反映了珠海人大立法效率不高、年度立法计划编制不合理、年度立法计划论证不科学。同时，年度立法计划无法落实无疑会降低立法计划的严肃性和指导性，甚至影响到人大及其常委会的公信力。因此，建议珠海人大常委会采取以下措施强化立法计划的执行力度。

（一）加强对立法计划的科学论证

年度立法计划须紧紧围绕立法的必要性及可行性，对立法计划进行认真研究，重点研判立法项目中的重点、难点，科学推断立法计划在规定时间内完成的可能性。在论证和研判过程中，不能仅仅研读由起草部门提交的文字材料，还需要通过召开听证会、专家论证会以及其他方式对立法项目进行全方位的论证，剔除那些不合法、不科学、不可行、不成熟的立法项目。此外，在制订年度立法计划时，一定要充分考虑到人大及其常委会的工作精力，合理配置立法资源，确保每一件立法都能成为精品。

（二）鼓励人大代表、社会团体和个人提交立法计划建议书

建议征集立法项目、编制年度立法计划，直接向人大代表发出征集立法项目意见建议函，充分听取人大代表的意见；主动联系代表参与立法工作，将常委会当年的立法计划发给代表。同时珠海市人大及其常委会开通提交立法计划的渠道，选取人大代表、社会团体和个人提交的优质立法建议作为年度立法计划项目，加强对人大代表提交立法建议能力的培训，提高立法建议的质量，增加立法建议书成为年度立法计划的概率。

三　完善自贸新区立法

2009 年底，横琴新区挂牌成立，珠海市提出了"建设横琴，法治先行"。为此珠海市 2010 年出台《珠海经济特区横琴新区管理委员会行使市一级行政管理权规定》，确定横琴新区的法律地位，立法保障横琴新区市一级行政管理权的落实。2012 年制定《珠海经济特区横琴新区条例》，全方位创新体制机制，建立高效科学的决策、执行和监督机制；明确横琴新区的产业准入条件以及税收、人才引进等优惠政策，创设符合国际惯例的商事登记制度，将横琴新区与港澳在交通、资金、人才、商务、旅游、科教研发、公共服务等方面的合作内容法律化。基于珠海横琴新区的定位和未来努力的方向，珠海应当继续完善自贸区立法。

（一）加强相关领域立法

针对横琴自贸区立法数量严重不足的情况，建议珠海市人大及其常委会加强相关领域立法，首先要重点解决的便是涉及事权领域的立法，横琴自贸区与港澳在交通、金融、科研、公共事务等方面将会有长期且深入的合作，其中涉及海关、检验检疫、边检、投资、税收、金融等部分权限原属于中央事权，这些权限如何划分应当由立法确认。

（二）确立改革试错机制

虽然我国首个自贸区已经成立 3 年有余，但自贸区对于我国而言仍属于新生事物，自贸区的硬件和软件建设都处于摸索和试验阶段。而且每一

个自贸区都有其独特的定位，无法照搬照抄，在建设自贸区上没有固定的模板可以复制。因此在建设横琴自贸区的过程中难免犯错，为了保障自贸区创新的积极性和改革的主动性，建议立法规定试错机制，鼓励自贸区改革创新，大胆试错，但凡符合中央和省委有关精神和原则的探索实践，没有违法乱纪的都不得做出负面评价。

（三）加强立法交流合作

建议横琴自贸区积极借鉴上海自贸区、广州南沙自贸区、深圳前海蛇口自贸区的立法经验，吸收其中有益的立法，直接转化为符合横琴自贸区实际情况的地方立法，节约立法资源，降低立法成本，提高立法效率。此外建议加强与香港澳门的立法合作，在金融、科研、公共事务等合作比较密切的立法领域，充分考虑香港、澳门的法律习惯，整合其中的有益因素，制定出符合横琴自贸区定位的立法。

四　加强人大主导立法

珠海市人大常委会是地方人大的常设机构，按照《宪法》及《立法法》的规定享有立法权，但这并不意味着珠海市人大常委会可以完全取代甚至架空珠海市人大。当前从立法数量上来看，九成以上的珠海立法工作都由珠海人大常委会实施；从立法影响力来看，包括横琴新区建设等重大事项的立法工作都由珠海人大常委会完成。可以说，无论立法数量还是立法影响力，珠海人大常委会制定、修改、废止的立法都远远超过珠海人大，珠海人大常委会在立法工作中已经处于完全的垄断状态。对此，建议珠海人大充分利用《宪法》《立法法》以及《珠海市人民代表大会及其常务委员会制定法规规定》中规定的立法权力，加强对立法的主导。

（一）逐步增加人大立法数量

根据《珠海市人民代表大会及其常务委员会制定法规规定》，凡是属于"重大事项"的立法工作都是由人大开展。因此建议珠海市人大及其常委会进一步明确"重大事项"的内涵和外延，提高人大立法的概率，增加人大立法的数量，强化人大对立法工作的主导作用。

（二）积极拓宽人大代表参与立法工作的渠道

首先，建议珠海人大常委会在法规起草、立法调研的过程中积极征求人大代表意见，邀请人大代表参与到立法调研和起草的工作当中，适当地将人大代表有益的意见体现在立法文本中。其次，建议法规征求意见座谈会中邀请人大代表参与，尤其是那些在所涉及领域有所建树的人大代表，保障人大代表有足够的平台能够提交立法建议。最后，建议充分发挥人大代表来自基层、联系群众、熟悉情况的优势，邀请这些人大代表列席法规草案讨论会，提高法规的立法可行性。

（三）发挥人大代表立法议案权作用

珠海人大历来比较重视人大代表立法议案权的作用，凡是由人大代表在人民代表大会期间依法提出的立法议案，经大会主席团研究决定作为大会议案的，都会交给有关部门研究办理，并适时纳入立法计划。在今后的过程中，建议继续加强人大立法议案权的作用，将人大代表所提交的立法议案予以公开，同时公开有关部门研究办理的情况，以促进立法工作的推进。

五　克服一市两法矛盾

经济特区一市两法问题是经济特区立法权适用范围与经济特区所在市范围不一致造成的，2010年珠海经济特区覆盖至全市范围之后，一市两法问题本应消除。但这恰恰是新矛盾的起点，诸如两个立法权如何选择问题，经济特区立法与设区的市立法重合问题，经济特区立法如何规范的问题，等等。因此，建议珠海市人大及其常委会做好以下工作。

第一，确定立法权适用标准。从珠海市人大常委会的访谈得知，珠海市一般采用变通原则，即需要变通的法规一般使用经济特区立法，不需要变通的则使用设区的市立法。但这仅仅是实际操作过程中的具体方法，并不是一个确定的适用标准。建议珠海市人大出台明确的标准，规范两个立法权的适用条件和标准。

第二，强化法规有效性标注。珠海市一市两法就容易出现同一事项存在两个地方性法规，如《珠海市户外广告设施设置管理条例》和《珠海经济特区户外广告设施和招牌设置管理条例》，尽管《珠海市户外广告设施设置管理条例》已经被废止，但仍然建议在网站上开辟专栏，公开法规废止情况，并且标注有效性。

第三，规范经济特区立法。根据《立法法》第98条第5款的规定，经济特区法规报送备案时，应当说明对法律、行政法规、地方性法规做出变通的情况。对于变通的情况不仅需要报送备案，而且应当向公众公开变通情况，以便公众更好地了解和熟知地方性法规。

第四，对经济特区立法和设区的市立法进行标注。如前所述，珠海立法未能有效标注是经济特区立法还是市立法。建议珠海市人大常委会对经济特区立法和设区的市立法进行标注，使公众清晰地了解哪部属于经济特区立法，哪部属于设区的市立法。

参考文献

一 中文部分

（一）专著

1. 《马克思恩格斯全集》第 2 卷，人民出版社 1995 年版。

2. 《马克思恩格斯全集》第 3 卷，人民出版社 1995 年版。

3. 《毛泽东选集》，人民出版社 1977 年版。

4. 《邓小平文选》第 2 卷，人民出版社 1983 年版。

5. 《彭真传》编写组：《彭真传》，中央文献出版社 2012 年版。

6. 《孙大总统广州蒙难记》，正中书局 1937 年版。

7. 《孙中山集外集》，上海人民出版社 1990 年版。

8. 《孙中山全集》，中华书局 1981 年版。

9. 薄振峰：《法律的综合维度：朱利叶斯·斯通法律哲学研究》，清华大学出版社 2013 年版。

10. 陈曹海晶：《中外立法制度比较》，商务印书馆 2004 年版。

11. 金钊主编：《法律逻辑学》，中国人民大学出版社 2012 年版。

12. 陈雪平：《立法价值研究——以精益学理论为视阈》，中国社会科学出版社 2009 年版。

13. 崔卓兰等：《地方立法实证研究》，知识产权出版社 2007 年版。

14. 范愉：《纠纷解决的理论与实践》，清华大学出版社 2007 年版。

15. 费孝通：《乡土中国 生育制度》，北京大学出版社 2007 年版。

16. 封丽霞：《中央与地方立法关系法治化研究》，北京大学出版社 2008 年版。

17. 冯玉军：《法经济学范式》，清华大学出版社 2009 年版。

18. 冯玉军：《法律与经济推理——寻求中国问题解决》，经济科学出版社 2008 年版。

19. 冯玉军选编：《美国法学最高引证率经典论文选编》，法律出版社 2008 年版。

20. 冯玉军主编：《法经济学》，中国人民大学出版社 2013 年版。

21. 付子堂主编：《法理学演讲录》第 6 卷，法律出版社 2010 年版。

22. 高鸿钧、马剑银编：《社会理论之法》，清华大学出版社 2006 年版。

23. 郜风涛：《文律法札》，中国法制出版社 2011 年版。

24. 何跃军：《风险社会立法机制研究》，中国社会科学出版社 2013 年版。

25. 黄佩华：《中国经济改革与财政管理》，中国财政经济出版社 1993 年版。

26. 金太军：《中央与地方政府关系构建与协调》，广东人民出版社 2005 年版。

27. 李步云主编：《立法法研究》，湖南人民出版社 1998 年版。

28. 李传敢：《法治：理念与制度》，中国政法大学出版社 2002 年版。

29. 李林、田禾主编：《中国法治发展报告（2014）》，社会科学文献出版社 2015 年版。

30. 李林、田禾主编：《中国法治发展报告（2013）》，社会科学文献出版社 2013 年版。

31. 李林主编：《立法过程中的公共参与》，中国社会科学出版社 2009 年版。

32. 李林主编：《新中国法治建设与法学发展 60 年》，社会科学文献出版社 2010 年版。

33. 李林主编：《依法治国与法律体系形成》，中国法制出版社 2010 年版。

34. 李林主编：《中国法治建设 60 年》，中国社会科学出版社 2010 年版。

35. 李林：《走向宪政的立法》，法律出版社 2003 年版。

36. 李培传：《论立法》，中国法制出版社 2011 年版。

37. 刘爱龙：《立法的伦理分析》，法律出版社 2008 年版。

38. 刘明利：《立法学》，山东大学出版社 2002 年版。

39. 刘少军：《立法成本效益分析制度研究》，中国政法大学出版社 2011 年版。

40. 刘莘主编：《立法法》，北京大学出版社2008年版。

41. 吕世伦：《社会、国家与法的当代国家语境》，清华大学出版社2013年版。

42. 吕世伦：《西方法律思想史》，商务印书馆2006年版。

43. 南振中：《亲历中国民主立法》，新华出版社2011年版。

44. 强世功：《立法者的法理学》，生活·读书·新知三联书店2007年版。

45. 强世功：《政治与法律评论》，法律出版社2013年版。

46. 任尔昕：《地方立法质量跟踪评估制度研究》，北京大学出版社2011年版。

47. 任强：《法度与理念》，法律出版社2006年版。

48. 阮荣祥主编：《地方立法的理论与实践》，社会科学文献出版社2008年版。

49. 沈国明、史建三、吴天昊：《在规则与现实之间——上海市地方立法后评估报告》，上海人民出版社2009年版。

50. 史建三主编：《地方立法后评估的理论与实践》，法律出版社2012年版。

51. 舒国滢主编：《法学方法论论丛》，中国法制出版社2012年版。

52. 苏力：《法治及其本土资源》，中国政法大学出版社2004年版。

53. 粟丹：《立法平等问题研究》，知识产权出版社2010年版。

54. 孙国华主编：《中国特色社会主义法律体系研究——概念、理论、结构》，中国民主法制出版社2009年版。

55. 孙谦、韩大元主编：《立法机构与立法制度》，中国检察出版社2013年版。

56. 万其刚：《立法理论与实践》，北京大学出版社2006年版。

57. 王爱声：《立法过程：制度选择的进路》，中国人民大学出版社2009年版。

58. 吴浩、李向东编：《国外规制影响分析制度》，中国法制出版社2010年版。

59. 吴玉章：《法治的层次》，清华大学出版社2002年版。

60. 席涛：《立法评估：评估什么和如何评估——美国、欧盟和OECD法律法规和指引》，中国政法大学出版社2012年版。

61. 辛向阳：《大国诸侯——中央与地方关系之结》，中国社会出版社 2008 年版。

62. 熊文钊：《大国地方——中国中央与地方关系宪政关系研究》，北京大学出版社 2005 年版。

63. 杨斐：《法律修改研究——原则·模式·技术》，法律出版社 2008 年版。

64. 姚建宗：《法治的生态环境》，山东人民出版社 2003 年版。

65. 易有禄：《各国议会立法程序比较》，知识产权出版社 2010 年版。

66. 俞荣根：《地方立法后评估研究》，中国民主法制出版社 2009 年版。

67. 俞荣根主编：《地方立法质量评价指标体系》，法律出版社 2013 年版。

68. 张千帆：《宪法学导论》，法律出版社 2008 年版。

69. 张维迎：《信息、信任与法律》，生活·读书·新知三联书店 2006 年版。

70. 张文显：《法哲学范畴研究》，中国政法大学出版社 2001 年版。

71. 张志铭：《法律解释的操作分析》，中国政法大学出版社 1998 年版。

72. 赵利、黄金华：《法律逻辑学》，人民出版社 2010 年版。

73. 周波：《政府财力与事权匹配问题研究》，东北财经大学出版社 2009 年版。

74. 周实主编：《地方立法权限与立法程序研究》，东北大学出版社 2011 年版。

75. 周旺生：《立法学》，法律出版社 2009 年版。

76. 周旺生主编：《中关村立法研究——问题与探索》，法律出版社 2001 年版。

77. 朱景文主编：《法社会学》，中国人民大学出版社 2008 年版。

78. 朱景文主编：《中国法律发展报告——数据库和指标体系》，中国人民大学出版社 2007 年版。

79. 朱景文主编：《中国特色社会主义法律体系研究报告》，中国人民大学出版社 2010 年版。

80. 朱力宇主编：《地方立法的民主化与科学化问题研究——以北京市为主要例证》，中国人民大学出版社 2011 年版。

81. 卓泽渊：《法政治学研究》，法律出版社 2011 年版。

（二）译著

1. ［奥］凯尔森：《纯粹法理论》，张书友译，中国法制出版社 2008 年版。

2. ［奥］凯尔森：《法与国家的一般理论》，沈宗灵译，中国大百科全书出版社 1996 年版。

3. ［德］哈贝马斯：《在事实与规范之间——关于法律和民主法治国的商谈理论》，童世骏译，生活·读书·新知三联书店 2003 年版。

4. ［德］黑格尔：《法哲学原理》，范扬、张启泰译，商务印书馆 1982 年版。

5. ［德］卡尔·拉伦茨：《法学方法论》，陈爱娥译，商务印书馆 2005 年版。

6. ［德］卡尔·施密特：《论法学思维的三种模式》，苏慧婕译，中国法制出版社 2012 年版。

7. ［德］康德：《纯粹理性批判》，蓝公武译，商务印书馆 1960 年版。

8. ［德］康德：《实践理性批判》，关文运译，商务印书馆 1960 年版。

9. ［德］卢曼：《社会的法律》，郑伊倩译，人民出版社 2009 年版。

10. ［德］罗伯特·阿列克西：《法律论证理论》，舒国滢译，中国法制出版社 2002 年版。

11. ［德］马克斯·韦伯：《经济与社会》下卷，林荣远译，商务印书馆 1997 年版。

12. ［德］沃尔夫·盖特纳：《社会选择理论基础》，李晋、马丽译，格致出版社 2013 年版。

13. ［法］卢梭：《社会契约论》，何兆武译，商务印书馆 2006 年版。

14. ［法］孟德斯鸠：《论法的精神》上册，张雁深译，商务印书馆 1959 年版。

15. ［古希腊］亚里士多德：《政治学》，吴寿彭译，商务印书馆 2010 年版。

16. ［美］安·赛德曼：《立法学理论与实践》，刘国福等译，中国经济出版社 2008 年版。

17. ［美］安·赛德曼、罗伯特·赛德曼：《发展进程中的国家与法律：第三世界问题的解决和制度变革》，冯玉军、俞飞译，法律出版社 2006 年版。

18. ［美］本杰明·卡多佐:《司法过程的性质》，苏力译，商务印书馆 2010 年版。

19. ［美］伯尔曼:《法律与革命——西方法律传统的形成》，中国大百科 全书出版社 1993 年版。

20. ［美］E. 博登海默:《法理学:法律哲学与法律方法》，邓正来译， 中国政法大学出版社 2004 年版。

21. ［美］查尔斯·J. 津恩:《美国如何制定法律》，陈若桓译，世界知识 出版社 1979 年版。

22. ［美］富勒:《法律的道德性》，郑戈译，商务印书馆 2010 年版。

23. ［美］凯斯·R. 桑斯坦:《恐惧的规则——超越预防原则》，王爱民 译，北京大学出版社 2011 年版。

24. ［美］理查德·A. 波斯纳:《法理学问题》，苏力译，中国政法大学 出版社 2002 年版。

25. ［美］理查德·B. 斯图尔特:《美国行政法的重构》，沈岿译，商务印 书馆 2003 年版。

26. ［美］罗斯科·庞德:《法理学》第 1 卷，余履雪译，法律出版社 2007 年版。

27. ［美］迈克尔·罗金斯:《政治科学》，林震译，华夏出版社 2011 年版。

28. ［美］迈克尔·桑德尔:《公正——该如何做是好?》，朱慧玲译，中 信出版社 2011 年版。

29. ［美］乔治·霍兰·萨拜因:《政治学说史》，盛葵阳、崔妙因译，商 务印书馆 1990 年版。

30. ［美］塔玛拉哈:《一般法理学:以法律与社会的关系为视角》，郑海 平译，中国政法大学出版社 2012 年版。

31. ［美］约翰·罗尔斯:《正义论》，何怀宏、何包钢、廖申白译，中国 社会科学出版社 1988 年版。

32. ［美］詹姆斯·M. 布坎南:《自由、市场与国家》，平新乔、莫富民 译，北京经济学院出版社 1988 年版。

33. ［意］尼可洛·马基雅维里:《君主论》，潘汉典译，商务印书馆 2010 年版。

34. ［英］弗里德利希·冯·哈耶克:《法律、立法与自由》第 1 卷，邓正来等译，中国大百科全书出版社 2000 年版。

35. ［英］弗里德利希·冯·哈耶克:《自由秩序原理》（上），邓正来译，生活·读书·新知三联书店 1997 年版。

36. ［英］H. L. A. 哈特:《法律的概念》，许家馨等译，法律出版社 2006 年版。

37. ［英］霍布斯:《利维坦》，黎思复、黎廷弼译，商务印书馆 1985 年版。

38. ［英］吉米·边沁:《立法理论》，李贵方等译，中国人民公安大学出版社 2004 年版。

39. ［英］杰里米·边沁:《论道德与立法的原则》，程立显、宇文利译，陕西人民出版社 2009 年版。

40. ［英］洛克:《政府论》，叶启芳等译，商务印书馆 2010 年版。

41. ［英］迈克尔·欧克肖特:《政治中的理性主义》，张汝伦译，上海译文出版社 2003 年版。

42. ［英］梅因:《古代法》，沈景一译，商务印书馆 2010 年版。

43. ［英］A. J. M. 米尔恩:《人的权利与人的多样性——人权哲学》，夏勇、张志铭译，中国大百科全书出版社 1997 年版。

44. ［英］约翰·奥斯丁:《法理学的范围》，刘星译，北京大学出版社 2013 年版。

45. ［英］约瑟夫·拉兹:《法律体系的概念》，吴玉章译，中国法制出版社 2003 年版。

46. ［英］珍妮·斯蒂尔:《风险与法律理论》，韩永强译，中国政法大学出版社 2012 年版。

（三）期刊论文

1. 蔡定剑:《关于什么是宪法》，人大复印报刊资料《宪法学·行政法学》2002 年第 3 期。

2. 蔡定剑:《国家权力界限论》，《中国法学》1991 年第 2 期。

3. 曹海东:《温州申要立法权 18 年持久冲动》，《经济》2005 年第 1 期。

4. 陈端洪:《立法的民主合法性与立法至上——中国立法批评》，《中外法学》1998 年第 6 期。

5. 陈亚杰：《二十世纪八十年代中国城市经济体制综合改革试点论述》，《中央党史研究》2011 年第 9 期。

6. 楚德江：《风险社会的治理困境与政府选择》，《华中科技大学学报》（社会科学版）2010 年第 4 期。

7. 崔立文：《关于地方立法空间的分析》，《人大研究》2006 年第 11 期。

8. 崔英楠：《立法科学化提法质疑》，《人大研究》2010 年第 5 期。

9. 冯玉军：《法经济学范式的知识基础研究》，《中国人民大学学报》2005 年第 4 期。

10. 冯玉军：《论完善中国特色社会主义法律体系的基本原则》，《哈尔滨工业大学学报》2013 年第 4 期。

11. 冯玉军、王柏荣：《科学立法的科学性标准探析》，《中国人民大学学报》2014 年第 1 期。

12. 关保英：《科学立法科学性之解读》，《社会科学》2007 年第 3 期。

13. 郭凯峰：《中国市制发展问题分析——以江苏省为例》，《重庆市科技学院学报》（社会科学版）2007 年第 6 期。

14. 何敏智：《城市机构改革的可贵实践——十六个中等城市机构改革试点工作综述》，《中国经济贸易导刊》1987 年第 12 期。

15. 洪波曲：《我国城市综合配套改革试点起步》，《草原税务》1994 年第 4 期。

16. 胡锦光、秦奥蕾：《宪法实践中的违宪形态研究》，《河北学刊》2006 年第 5 期。

17. 季宏：《较大市法规的批准审查制度》，《经济导刊》2010 年第 4 期。

18. 季建林：《成本效益分析法——研究执政成本优化的指导原则》，《南通纺织职业技术学院学报》（综合版）2007 年第 2 期。

19. 贾红梅：《德国中央与地方立法权限的划分及其关系》，《人大工作通讯》1995 年第 21 期。

20. 蒋传光：《法治思维：创新社会管理的基本思维模式》，《上海师范大学学报》（哲学社会科学版）2012 年第 6 期。

21. 寇铁军、周波：《政府间支出划分的国际经验与启示——基于发达和发展中国家政府支出结构的比较分析》，《财政研究》2007 年第 2 期。

22. 赖祖盛：《对地方立法批准权性质之我见一文的异议》，《人民论坛》

1995 年第 4 期。

23. 李兵：《关于划定具有立法权的较大的市的思考》，《法学》2005 年第 9 期。

24. 李林：《关于立法权限划分的理论与实践》，《法学研究》1998 年第 5 期。

25. 李明强：《论孙中山的均权主义》，《汉江论坛》2003 年第 6 期。

26. 刘克希：《较大的市制定地方性法规应当经批准——兼论贯彻立法法第 63 条》，《人民与权力》2000 年第 12 期。

27. 刘雁鹏、冯玉军：《对通过司法权威化解民意审判之批判》，《法学评论》2014 年第 4 期。

28. 刘雁鹏：《中国司法权威来源问题之再探讨》，《山西大学学报》（哲学社会科学版）2013 年第 3 期。

29. 苗连营：《论地方立法工作中不抵触标准的认定》，《法学家》1996 年第 5 期。

30. 欧修权：《试论科学立法的含义及其实现途径》，《人大研究》2009 年第 1 期。

31. 乔晓阳：《做好立法规划和立法计划工作》，《中国人大》2004 年第 6 期。

32. 沈关成：《对地方立法权的再认识》，《中国法学》1996 年第 1 期。

33. 史彤彪：《法律的比喻赏析和研究》，《政治与法律》2011 年第 8 期。

34. 孙波：《地方立法不抵触原则探析——兼论日本法律先占理论》，《政治与法律》2013 年第 6 期。

35. 孙波：《论地方专属立法权》，《当代法学》2008 年第 2 期。

36. 孙波：《试论立法质量的科学性标准》，《内蒙古民族大学学报》2006 年第 2 期。

37. 谭波、李洁：《经国务院批准的较大的市之立法权探讨》，《福建江夏学院学报》2013 年第 3 期。

38. 唐芬、刘永红：《较大的市及立法权探析》，《西华师范大学学报》（哲学社会科学版）2009 年第 6 期。

39. 陶友伦：《关于较大的市立法权讨论》，《行政与法》2003 年第 6 期。

40. 童之伟：《良性违宪不宜肯定——对郝铁川同志有关主张的不同看

法》，《法学研究》1996 年第 6 期。

41. 涂章志、刘丽文：《论网络舆情视角下我国地方政府公信力》，《北京邮电大学学报》（社会科学版）2011 年第 4 期。

42. 汪全胜：《立法的合理性评估》，《上海行政学院学报》2008 年第 4 期。

43. 汪全胜：《立法后评估的标准探讨》，《杭州师范大学学报》2008 年第 5 期。

44. 王贵新：《城市化基本理论与中国城市化的问题及对策》，《人口研究》2013 年第 11 期。

45. 王国华、方付建：《差异化授权：中央地方权力关系改革的新路向》，《华中科技大学学报》（社会科学版）2009 年第 5 期。

46. 王洪：《法律逻辑的基本问题》，《政法论坛》2006 年第 6 期。

47. 王林：《地方立法批准权性质之我见》，《福建人大》1994 年第 8 期。

48. 王锡财：《地方立法要正确理解不抵触原则》，《中国人大》2005 年第 5 期。

49. 王向升：《关于四川扩大企业自主权的调查报告》，《计划经济研究》1981 年第 5 期。

50. 王中夷：《审查批准地方性法规也要进行合理性审查》，《人大建设》2001 年第 6 期。

51. 谢晖：《论规范分析方法》，《中国法学》2009 年第 2 期。

52. 许安标：《关于较大的市的三种含义》，《吉林人大》2001 年第 9 期。

53. 严存生：《法的合理性研究》，《法制与社会发展》2002 年第 4 期。

54. 姚明伟、许晓蕊：《对地方立法中不抵触问题的思考》，《人大建设》2007 年第 5 期。

55. 叶敏：《增长驱动、城市化战略与市管县体制变迁》，《公共管理学报》2012 年第 2 期。

56. 俞荣根：《不同类型地方性法规立法后评估指标体系研究》，《现代法学》2013 年第 5 期。

57. 俞荣根：《地方立法后评估指标体系研究》，《中国政法大学学报》2014 年第 1 期。

58. 袁友军：《毛泽东早期地方自治思想初探》，《学理论》2009 年第 15 期。

59. 张志铭：《转型中国的法律体系构建》，《中国法学》2009 年第 2 期。

60. 郑德梅：《评估：科学立法的有效措施》，《山东人大工作》2013 年第 2 期。

61. 郑贤君：《地方自治学说评析》，《首都师范大学学报》（社会科学版）2001 年第 2 期。

62. 郑信哲：《略论城市民族问题和城市民族工作》，《广西民族研究》2014 年第 2 期。

63. 周红：《政府公信力：服务型政府的基础》，《西北师范学报》（社会科学版）2007 年第 6 期。

64. 周旺生：《关于地方立法的几个理论问题》，《行政法学研究》1994 年第 4 期。

65. 朱长存：《地方分权、晋升激励与经济增长：基于文献的考察》，《社会科学战线》2009 年第 4 期。

66. 朱景文：《法学研究的社会学方法》，《法学研究》2011 年第 6 期。

67. 朱景文：《法治基础的系统性思考》，《人民论坛》2013 年第 14 期。

68. 朱景文：《中国特色社会主义法律体系：结构、特色和趋势》，《中国社会科学》2011 年第 3 期。

69. 朱力宇：《立法体制的模式问题研究》，《中国人民大学学报》2001 年第 4 期。

70. 朱力宇、彭君：《彭真与新中国的民主法制建设——关于彭真民主法制思想研究的综述》，《政法论丛》2013 年第 1 期。

71. 朱振进：《对较大市地方性法规审查批准的思考》，《观察与思考》2012 年第 4 期。

（四）学位论文

1. 许佩华：《经济特区立法研究》，博士学位论文，吉林大学 2012 年。

2. 余卉颖：《"较大的市"政府规章立法程序研究》，硕士学位论文，湖南师范大学，2012 年。

3. 张馨元：《较大的市地方性法规的立法空间及趋势研究》，硕士学位论文，中国海洋大学，2010 年。

4. 朱清源：《较大的市立法权研究》，硕士学位论文，中国政法大学，2011 年。

二 外文著作、论文

1. Julius Cohen, "Legisprudence: Problems and Agenda", *Hofstra Law Review*, Vol. 11, No. 1163, 1982 – 1983.

2. William N. Eskridge, *Legislation and Statutory Iterpretation*, Foundation Press, 2006.

3. Rosco Pound, *Jurisprudence* (Volune 3), St. Paul, Minn. West Publishing Co., 1959.

4. Friedrich A. Hayek, *Law, Legislation and Liberty* (Volume 2), The Universiy of Chicago Press, 1983.

5. Lawrance Busch, *Standards Recipes for Reality*, The MIT Press Cambridge, Massachusettes London, England, 2011.

6. Julius Cohen, "Towards Realism in Legisprudence", *The Yale Law Journal*, Vol. 59, No. 5, 1950.

7. H. Hammer Hill, "A Function Taxonomy of Normative Conflict", *Law and Philosophy*, Vol. 6, No. 2, Aug, 1987.

索　引

抵 触　　4，7，8，56，57，67，
76，77，79，86，100，102—
105，107，109，110，113—
139，142，150，151，153，
181，182，187—191，224

地方性法规　　5，7，10，23，
29，41，44，56，57，59，61，
67，73，75—78，80，85，90，
94—96，98—101，104，107—
111，113—116，118，124，
126—146，149—152，154—
161，163，165—167，169，
170，181—185，187，189—
202，204—210，213，214，
223—225

地方政府规章　　10，54，61，
67，73，76—78，140—142，
144，145，150，151，161，
166，194，205

法律保留　　7，78，80，86，95

规范性文件　　12，57，68，70，
85，104，137，173，183，185，
186，193，194，196

红头文件　　41，58，68，70—
74，89，106，130，137，170，
172，183—187

较大的市　　1—12，24，25，
27—35，38，41，43，44，55—
61，63，65—68，70，73，75—
78，80，85，86，90，95—114，
126—145，148—154，160—
170，174—183，185，187，
189—191，193—197，222，
223，225，227

立法空间　　5—7，75—79，87，
96，100，101，104—107，111，
113，118—120，149，153，
197，223，225

立法评估　　2，7，8，140—146，
148—151，153，154，156，
157，159—164，182，189，
191，192，218

立法权限　　5—7，75，76，78，
80，87，96，100，101，103—
106，111，118，119，121，
133，167，168，171，194—

196，203，206，208，216，
222，224

设区的市立法　　8，38，125，
183—185，188，193，196，
197，208，209，213，214

特区立法　　6，10，77，78，
104，105，193—197，200，
208，209，213，214，225

立法备案

后　记

　　本书是在我的博士论文的基础上修改而成的。尽管已经毕业多年，博士经历仍然历历在目。在中国人民大学的五年中，我追求过白天想、晚上想、做梦都想的梦想；拥有过陷入几乎绝望的境地但又不得不咬牙前行的信念；锤炼出无论内心如何孤独寂寞都依旧不忘初衷的坚强。在明德楼、在品园楼、在校图书馆，我有开心的欢笑也有痛苦的眼泪，有逝去的青春也有沉淀的疲惫，有灿烂光明的辉煌也有无边无尽的黑暗。从中国人民大学法学院毕业之后，机缘巧合下来到了中国社会科学院法学研究所工作，在这里开始了我的学术道路。

　　回顾这些年精彩的经历，首先我要感谢我的家人，在这二十几年里，每当我丧失斗志时，家里的温暖就是我奋斗的出发点和归宿，我至今所有的努力都是想让家里以我为荣。其次，要感谢冯玉军老师的谆谆教诲，冯老师对我的影响深入骨髓，不仅在做学问上，更在做事和做人上。冯老师学识渊博、谦谦君子，勤奋努力，待人宽厚，跟随冯老师这五年，他给了我无私的关怀，小到学术论文的选题和撰写，大到做人做事的锤炼。再次，我还要感谢求学道路上的兄弟们，没有他们我必定一事无成，特别是我的硕士兼博士舍友陈建桦博士，感谢他这么多年来以兄长兼朋友的身份出现在我的身边，是我人生的榜样和指路明灯。最后，我还要感谢中国社会科学院国家法治研究指数中心的各位老师和同事，田禾老师、吕艳滨老师教会了我法治评估的方式方法，刷新了我对实证法学的想法和认知，为我打开了一条经世致用之路；同时还要感谢王小梅老师、栗燕杰老师、徐斌老师、胡昌明老师、王祎茗老师、马明老师以及其他师长，感谢各位给我的帮助与支持，雁鹏必将铭记于心。

刘雁鹏

2017 年 11 月 28 日